Alexander Neuherz

# Alle unter einem Dach

**Möglichkeiten einer Kinder- und Jugendarbeit
für die ganze Familie**

BORN-VERLAG

## Der Autor

Alexander Neuherz hat in den letzten 21 seiner 37 Lebensjahre vielfältige Berührungspunkte zur gemeindlichen, aber auch überregionalen Kinder- und Jugenarbeit. Er arbeitet zurzeit als Gemeinschaftspastor im Chrischona-Gemeinschaftswerk Deutschland. Neben den pastoralen Tätigkeiten liegt sein Arbeitsschwerpunkt vor allem in den Arbeitsfeldern Jungschar und Teenkreis. Hierbei hat er reichhaltige Erfahrungen im Bereich der Familienarbeit gesammelt. Alexander Neuherz ist gern verheiratet und stolzer Vater eines Sohnes und einer Tochter.

Alexander Neuherz lädt dazu ein, an einem *Netzwerk Familienarbeit* mitzuwirken. Angedacht ist eine Internetplattform, auf der man sich über Grundlagen, Projekte und Ideen austauscht und auch Fragen ihren Platz haben. Wer ein grundsätzliches Interesse an einem solchen Netzwerk hat, meldet sich ganz unverbindlich beim Autor (newefa@gmx.de). Besteht genügend Interesse an einem solchen Verbund, wird über einen Newsletter darüber informiert.

**Impressum**

© 2011 **BORN**-VERLAG, Kassel

Printed in Germany – All rights reserved

**Medien für Mitarbeiter auf www.bornverlag.de**

mit Leseproben zu allen Titeln

**BORN**-NEWSLETTER
www.bornverlag.de/newsletter

**BORN**-VERLAG
auf Facebook

Lektorat: **BORN**-VERLAG, Birgit Götz, Marburg

Umschlaggestaltung: Birgit Stückrad, superheld.de, Rotenburg a. d. Fulda

Satz: **BORN**-VERLAG, Claudia Siebert, Kassel

Fotos Umschlag: Marcel Mooij, lunamarina, Sheriff, Daniel Laflor @ Fotolia, istockphoto

Druck und Gesamtherstellung:
AALEXX Buchproduktion GmbH

**Gedruckt auf FSC-zertifiziertes Papier.**

ISBN 978-3-87092-503-1

Bestellnr. 182.503

# Inhaltsverzeichnis

- - - - - - - - - - - - - - - - - - - - - - - - - - - - - - - - - - - - - - - - - - -

**Danksagung**

Mein besonderer Dank geht an Jesus, an meine Familie für ihre Unterstützung und die geschenkten Freiräume, die für dieses Buchprojekt nötig waren; an Reiner Bamberger für das Feedback, an Beate Bergmann und Michael Fritz (Beiträge für Kapitel 2.1.8), Stefanie Meerbott (Café-Linktipp Kapitel 7.3.1), Hans-Conrad Blendermann und Stefan Kaiser (hilfreiche Ergänzungen für Kapitel 4.4), an Claudia Siebert und Birgit Götz vom **BORN**-VERLAG für eine konstruktive Betreuung und die Mitarbeiter der Evangelischen Chrischona-Gemeinden Altheim und Florstadt-Stammheim und der Stadtmission Konstanz für alles gemeinsame kreative Entwickeln und Umsetzen von Projekten und Veranstaltungen in der Kinder-, Jugend- und Familienarbeit.

# Einleitung

Der Abend ist längst vorbei. Wir beginnen, die Dekoration abzubauen. Ein paar Schritte entfernt sitzen einige Eltern mit ihren Kindern beieinander, um sich angeregt und ausgelassen zu unterhalten. Zwei Wochen später findet sich ein Teil dieser Familien zu einem unserer Gottesdienste ein. Sie sind das erste Mal gekommen und scheinen nervös zu sein. Doch bald löst sich ihre Anspannung, weil sie spüren: Sie sind willkommen.

Gemeinde als Heimat für Familien. Alle unter einem Dach. Träumst du diesen Traum und fragst dich, wie er erfüllt werden kann? Vielleicht seid ihr als Gemeinde schon Wege in diese Richtung gegangen, vielleicht keimt dieser Wunsch erst bei dir und es ist noch kein Plan in Sicht. Dieses Buch will eine Hilfestellung geben, damit aus diesem Traum Wirklichkeit werden kann.

In den *Kapiteln 1 und 2* wird es um die thematischen Grundlagen gehen. Ich möchte den Blick dafür öffnen, dass Familienarbeit, Jungschar und Teenkreis zusammengehören. Die *Kapitel 3 bis 6* vermitteln wichtige Hinweise und Werkzeuge, wie eine solche Arbeit aufgebaut werden kann. In *Kapitel 7* werden verschiedene Möglichkeiten vorgestellt, wie eine Familienarbeit umgesetzt werden kann, weil es nicht die ultimative Methode gibt, mit der es hundertprozentig funktioniert. So unterschiedlich die Menschen sind, so vielfältig sind die Möglichkeiten, sie zu erreichen.

Die große Kunst ist es nun, das Richtige zu finden, das zu euch und eurer Situation passt. Deshalb rate ich dir sehr herzlich, Kapitel 1 bis 6 nicht zu überspringen. Auch wenn die Ideenbörse noch so verlockend erscheint.

Nur: Wer etwas Nachhaltiges beginnen möchte, sollte sich im Vorfeld die Mühe machen und verschiedene Fragen durchdenken. Hand aufs Herz: Was aus dem Ärmel geschüttelt wird, ist meistens auch ärmlich, oder? Die Familien spüren es, wenn ihr euch als Gemeinde um ihretwillen Gedanken macht und Mühe gebt, und werden entsprechend darauf reagieren.

Ich möchte dich und dein Mitarbeiterteam einladen, die Möglichkeiten einer Kinder- und Jugendarbeit für die ganze Familie zu entdecken. Begebt euch auf die spannende Suche nach eurem Weg!

*Alexander Neuherz*

# 1. Grundlagen der Familienarbeit

Nach einem kurzen biblischen Streifzug zum Thema Familie geht es um die Sehnsucht, Familien erreichen zu wollen, und warum dies manchmal so schwer umzusetzen ist. Ein paar grundsätzliche Überlegungen zu den Zielen und Motiven einer solchen Arbeit werden ebenfalls angesprochen. *„Möglichkeiten einer Kinder- und Jugendarbeit für die ganze Familie"* - so lautet der Untertitel zu diesem Buch. Was das eine mit dem anderen zu tun hat bzw. zu tun haben könnte, wird ebenfalls in diesem ersten Teil erläutert.

## 1.1 Göttliche Gedanken über Familien

Gott als „himmlischer Vater" hat die Familie als Ganzes viel mehr im Blick als wir in unserer heutigen Individualgesellschaft. Sie ist in seinen Augen etwas sehr Wertvolles. Das merkt man schon daran, dass er sich diese Form des Zusammenlebens ausgedacht und geschaffen hat. Es ist also kaum verwunderlich, dass Familie eine Keimzelle für so vieles ist: Nähe, Geborgenheit, Liebe, Anerkennung, Wertschätzung, lebensfähig werden, voneinander lernen usw.

In einem Bibellexikon findet man unter dem Stichwort „Familie/Haus" weitere interessante Informationen zum Thema Familie. Die dort erwähnten Begriffe, das hebräische *bajit* und das griechische *oikia*, standen zur biblischen Zeit für das, was wir heute unter „Familie" verstehen. Damals wurden alle, die unter einem Dach zusammenlebten, zur Familie gezählt, neben der Kernfamilie waren dies auch nahe Verwandte und Bedienstete. Dies spiegelt das enge und lebensnotwendige Beziehungsgeflecht der damaligen Zeit wider. Manchmal wurde „Haus" für Sippe oder Stamm benutzt. Mit *oikia* wird aber auch die Beziehung der Christen zum himmlischen Vater umschrieben, alle, die mit Jesus leben, sind seine „Hausgenossen"(Eph 2,19; Hebr 3,6).[1]

Bereits die ersten Christen nutzten das familiäre Umfeld, um zusammen ihren Glauben zu leben. *„Täglich kamen sie im Tempel zusammen und feierten in den Häusern das Abendmahl. In großer Freude und mit aufrichtigem Herzen trafen sie sich zu gemeinsamen Mahlzeiten"* (Apg 2,46). Um bestimmte Familien herum gründeten sich im Laufe der Zeit Hausgemeinden (1. Kor 16,19; Kol 4,15).

## Eltern – die Schlüsselpersonen der Liebe Gottes

Bereits das erste Buch der Bibel ist eine Sammlung von Familiengeschichten. Im 1. Mose-Buch geht es vor allem darum, dass und wie Gott in und durch verschiedene Familien wirkt, z. B. bei Noah und seiner Sippe. Noah hielt treu zu Gott, dadurch wurde auch seine Familie beschützt und für eine besondere Aufgabe ausgewählt (Kap. 7-9). Eigentlich hätten ja Noah und seine Frau ausgereicht, um einen *reset* in Sachen Menschheit zu initiieren. Schon früher hat Gott aus einem Ehepaar, Adam und Eva, ein Menschengeschlecht geformt. Warum sollte also Gott bei den Menschen anders verfahren als bei den Tieren, die nur paarweise auf der Arche einchecken konnten? Warum wurden Noahs Söhne und deren Frauen ebenfalls auf diesem riesigen Rettungsboot in Sicherheit gebracht? Weil noch Platz war? Damit die Fortpflanzung nach der Sintflut zügiger voranging? Hätten da ein paar Jahre mehr oder weniger einen Unterschied gemacht? Oder könnte es schlicht daran liegen, dass Gott ein weitaus tieferes Verständnis von Familie hat?

Die Geschichte von Noah und seinen Söhnen macht eines deutlich: Wenn Eltern bewusst mit Gott leben, dann kommt dies auch den Kindern auf vielfältige Art und Weise zugute, schon allein dadurch, dass sie auf natürlichem Weg mit Gott in Berührung kommen und live und in Farbe erleben, was Glaube bedeutet und welche konkreten Auswirkungen er in der Familie hat. Somit lernen sie auch für ihr eigenes Leben, ihre zukünftige Ehe und eigene Familie, die sie später vielleicht einmal gründen werden. Söhne sehen an ihren Vätern und Töchter an ihren Müttern, wie Gott sich den Umgang mit dem Partner wünscht: sich für den anderen aufopfern, sich ehren (Eph 5,25; 1. Petr 3,7), achten und anerkennen (Eph 5,22) usw. Es hat demnach große Auswirkungen auf die Kinder und Jugendlichen in der Gemeinde, wenn auch deren Eltern in einer Beziehung zu Gott stehen.

Und da Äpfel bekanntlich nicht allzu weit vom Apfelbaum liegen bleiben, färbt die Erziehung der Eltern auf deren Kinder ab, und diese vermitteln sie wiederum an den eigenen Nachwuchs weiter. Da der Mensch die entscheidenden Prägungen in seiner Kindheit und dort vor allem durch seine Eltern erhält (Spr 22,6; 2. Chr 17,3; 1. Kön 22,53), können die Segensspuren teilweise über mehrere Generationen reichen, wie z. B. bei Timotheus, seiner Mutter Eunike und Großmutter Lois (2. Tim 1,5; 3,15).

Eltern, die mit Jesus leben, sind der verlängerte Arm der Fürsorge Gottes für ihre Kinder: Sie kümmern sich nicht *nur* um die Versorgung ihrer Kinder wie

Samuels Mutter Hanna, die ihrem in Ausbildung befindlichen Sohn regelmäßig selbst genähte Oberteile brachte (1. Sam 2,19). Eltern wollen ihren Kindern nahe sein und suchen das Beste für sie wie Laban für seine Töchter (1. Mose 31,28). Labans Verhalten als Vater zeigt aber auch, dass „gut meinen", d. h. in diesem Fall auch Lea versorgt wissen, nicht immer gleichbedeutend ist mit „gut machen" (1. Mose 29,14-30).[2] Das alles mag christliche Eltern noch nicht unbedingt von Eltern unterscheiden, die nicht mit Gott zusammenleben.

Christliche Eltern sind auch auf andere Weise ein Geschenk für ihren Nachwuchs. Sie wissen um den himmlischen Vater und haben weit mehr im Blick, dass sie Gott nicht nur um Rat fragen können, wie sie mit ihren Kindern umgehen sollen wie Manoach (Ri 13,8), sondern auch mit ihm um ihre Kinder ringen wie die kanaanäische Mutter um ihre okkult belastete Tochter (Mt 15,22), David um seinen todkranken Sohn (2. Sam 12,16) oder Jaïrus um seine Tochter, die in ähnlich hoffnungsloser Situation war (Mk 5,22-23). Wie wichtig es ist, dass Eltern beten, zeigt 1. Petrus 3,7, wo Mann und Frau aufgefordert werden, das zu beseitigen, was das gemeinsame Reden mit Gott hindert.

Christliche Eltern haben selbst erlebt, dass bei Gott eine Rückkehr möglich ist, wenn sie sich in Schulden verstrickt haben (Lk 15,20). Sie haben die Vergebung der eigenen Schuld erfahren und sind darum eher in der Lage, ihren Kindern eine offene Tür anzubieten, wenn diese mit ihren Plänen und Sehnsüchten abstürzen. Im Gleichnis aus Lukas 15 hat der Vater nicht nur seinen Sohn *nicht aufgegeben*, er ermöglichte auch Versöhnung und somit einen Neuanfang für seinen Sohn, der sich zuvor hoffnungslos verrannt hatte. Gläubige Eltern können mit einem vergebungsbereiten Handeln ein Spiegel der Gnade Gottes sein, die nicht abhängig von menschlicher Leistung ist.
In alledem sind Eltern nicht auf ihre eigenen Möglichkeiten beschränkt, sie bekommen von Gott die Kraft, ihren Kindern auch in schwierigen Lebensabschnitten beizustehen wie Maria Jesus unterm Kreuz (Joh 19,25). Sie stehen nicht allein auf weiter Flur, was die Erziehung der eigenen Kinder angeht, sondern können um himmlische Hilfe bitten. Eine solche Hilfe ist die biblische Richtschnur, die sie in Erziehungsfragen an die Hand bekommen, z. B. Epheser 6,4: *„Ihr Väter, behandelt eure Kinder nicht ungerecht! Sonst fordert ihr nur zum Widerspruch heraus. Eure Erziehung soll sie vielmehr in Wort und Tat zu Gott, dem Herrn, hinführen."*

Selbst diese vielfältigen Pflichten, die Väter und Mütter gegenüber ihren Kindern zu erfüllen haben, sind nur mit Gottes Hilfe stemmbar. In Psalm 127,1 wird deutlich, dass ohne Gott nichts geht. Das dort genannte Haus bezieht auch die mit ein, die unter ihrem Dach wohnen, also Familien. Wenn Gott nicht die Familie baut, hat sie keinen Bestand. Und da Eltern eines hundertprozentig tun werden, nämlich Fehler machen, ist die Vergebung durch Gott und innerhalb der Familie unverzichtbar. Nicht nur Kinder sollen den Mut finden, sich bei ihren Eltern für ihr Fehlverhalten zu entschuldigen, sondern auch Eltern bei ihren Kindern. Dies bedeutet keinen Autoritätsverlust, sondern prägt die Kinder, weil sie sehen, dass auch Erwachsene zu ihren eigenen Fehlern stehen, sie zugeben und Vergebung erleben. Schuld wird dann nicht anderen oder den Umständen in die Schuhe geschoben, wie das Adam und Eva eindrucksvoll negativ vorlebten.

Die eigene Familie als Brutstätte des Glaubens zu sehen und den Kindern davon zu erzählen, dass Gott sie liebt und etwas mit ihrem Leben zu tun haben möchte (5. Mose 6,6-7 *„Bewahrt die Worte im Herzen, die ich euch heute sage! Prägt sie euren Kindern ein."* Jes 38,19 *„Die Väter erzählen ihren Kindern, dass du treu bist und deine Versprechen hältst.").* Diese wichtige Aufgabe wird nicht ausschließlich der Gemeinde überlassen. Dem Judentum kann man bis heute etwas davon abspüren, was es bedeutet, wenn Familie und Gemeinde ineinandergreifen. Jüdische Feste werden nicht nur in der Synagoge gefeiert, um sich gegenseitig an das zu erinnern, was Gott in der Vergangenheit gewirkt hat und bis zum heutigen Tag tut, sondern eben auch zuhause.[3]

Kinder fördern, ihnen Grenzen setzen und in ihr Leben hineinwirken (1. Mose 35,2), das sind die Aufgaben der Eltern. Zwei Anti-Beispiele zeigen Ausprägungen fehlender elterlicher Begleitung: Eli, der seine beiden Söhne zwar auf ihr Fehlverhalten ansprach, aber keine Konsequenzen folgen ließ (1. Sam 2,12-25; 3,13); David, dessen Sohn Adonija aufgrund der väterlichen Vernachlässigung überheblich wurde und die Bodenhaftung verlor (1. Kön 1,5-6).

Die eigenen Kinder sollen gleich behandelt werden. Auch hier zeigt die Bibel anhand konkreter Beispiele, was passiert, wenn ein Kind bevorzugt behandelt wird: Isaak mochte Esau mehr und dessen Bruder Jakob war Rebekkas Sonnenschein (1. Mose 25,28). In 1. Mose 27 wird die Folge dieser Bevorzugungen geschildert: Der Zusammenhalt der Familie wird nachhaltig gestört, deren Mitglieder spalten sich in Grüppchen und spielen sich gegenseitig aus. Jakob, der hier seine Prägung erhalten hatte, bevorzugte später seinen Sohn Josef, der seine Brüder laufend verpetzte (1. Mose 37,2). Jakob ließ ihm edle Kleider und anderes mehr zukommen (1. Mose 37,3; 48,22). Das wiederum förderte den Neid der anderen Söhne, sie hassten Josef, weil er Papas Liebling war (1. Mose 37,4). Da man mit zunehmendem Alter nicht zwingend aus seinen Fehlern lernt, erkor sich Jakob den nächstjüngeren Sohn Benjamin zum Objekt seiner Bevorzugung aus (1. Mose 42,4). Und auch Josefs Söhne mussten unter dieser familiären Unsitte leiden (1. Mose 48). Rebekka, Jakob, Josef, Ephraim – über vier Generationen hinweg wurde dieses Verhaltensmuster zur Belastung für die ganze Familie.

Auch scheinbar selbstverständliche elterliche Fürsorge soll nicht unerwähnt bleiben. Hier einige Beispiele:
- nach seinen Kindern schauen (Mordechai bei seiner Adoptivtochter, Est 2,11)
- sich nach seinen Kindern erkundigen (1. Mose 37,14; 2. Sam 18,29)
- für sie beten (Esra 8,21)
- ihnen die Gemeinde bzw. den Gottesdienst lieb machen (Apg 2,42)
- sie vom Mobbing[4] abhalten, indem ihnen beigebracht wird, andere Menschen zu achten (Mk 12,31; Mt 7,12)
- Highlights und „Erfolge" im Leben der Kinder würdigen und feiern (Lk 15,23-24)
- die Kinder segnen, sprich ihnen in einem Gebet etwas Gutes von Gott wünschen bzw. konkret zusprechen (1. Mose 27).

Auch wenn der Ablauf und die familiären Verwicklungen im Hause Isaak alles andere als vorbildhaft sind, so ist der Segen mit das Beste, was christliche Eltern ihren Kindern mitgeben können. Warum also neben dem Pausenbrote-Schmieren und In-die-Schultasche-Stecken nicht auch für die eigenen Kinder – in ihrem Beisein – beten und sie segnen, bevor sie morgens aus dem Haus und in ihren Alltag mit all seinen Herausforderungen gehen? Der Schüler lebt nicht vom Wurstbrot allein, sondern von dem, was Gott ihm zusagt.[5] Und das ist mit die ehrenvollste Aufgabe, die Eltern ihren Kindern gegenüber erfüllen können: Sie bereits morgens daran zu erinnern und ihnen zuzusprechen, dass Gott sie liebt und begleitet.

Natürlich werden auch Eltern auf vielfältige Art und Weise durch ihren Nachwuchs beschenkt (Ps 127,3-5; Spr 23,24) und manches Kind ist für seine Eltern ein Hinweis auf Jesus, wenn er oder sie von der letzten Jungscharstunde erzählt oder den neuesten Kinderstundenschlager nachträllert. Oder wenn sie aus ihrem kindlichen Glauben heraus ihren Vätern und Müttern etwas weitersagen wie Jeftahs Tochter (Ri 11,36). Gerade darum ist Kinder- und Jugendarbeit wichtig. Auch die Mitarbeiter in der Kinder- und Jugendarbeit prägen oft mehr, als ihnen das bewusst ist.

Darum ist zu beachten, dass bei der Kinder- und Jugendarbeit nicht die Eltern aus dem Blick verloren gehen! Wenn sie für Gott gewonnen werden, sind sie natürliche Multiplikatoren seiner Liebe. Sie bieten ihren Kindern ein Nest, um darin Jesus zu finden. In der christlichen Familie sind Kinder mit ihrem Glauben geborgen und können dort wachsen. Ihr könnt noch so gute Kinder- und Jugendarbeit durchführen, Eltern, die mit Gott leben, sind nicht zu ersetzen. Somit gilt es auch, die Väter und Mütter zu erreichen – und in der Folge zu unterstützen, ihren Glauben zuhause zu leben.[6]

## Familien – zusammen Gott kennenlernen

Heute gibt es fast ausschließlich altersspezifische Gemeindeangebote. Auch im Gottesdienst wird spätestens kurz vor der Predigt ein Teil der Gemeinde, die Kinder, in ihr eigenes Programm verabschiedet. Selbst die Kindergruppenarbeit ist wiederum nach Alter getrennt, was pädagogisch natürlich sinnvoll ist. Es ist darum eine besondere Herausforderung, ein geistliches Programm auf die Beine zu stellen, das alle Altersgruppen anspricht.

Im Neuen Testament, in dem der Familienverbund und die Hierarchie noch anders waren als heute, erzählten die ersten Christen der *ganzen* Familie von Jesus. Erinnern wir uns: Paulus und Silas sind im Gefängnis, Gott befreit sie. In dem ganzen Trubel lernen sie den Gefängniswärter etwas besser kennen: *„Sie verkündeten ihm und allen in seinem Haus die rettende Botschaft Gottes"* (Apg 5,42; s. a. 16,32; 20,20). Daraufhin hat sich die ganze Familie für ein Leben mit Jesus entschieden. Dieses Vorgehen war keine einmalige Angelegenheit wie z. B. auch Apostelgeschichte 11,13-14 zeigt. Natürlich freut sich Jesus über jeden, der zum Glauben findet, sei es ein Kind oder ein Erwachsener. Umso mehr freut er sich, wenn es bei ganzen Familien „klick" macht, sonst hätte er seine Apostel nicht so gezielt zu den Familien geschickt.

Jesus selbst gibt den Auftrag zur Familienarbeit: *„Wenn ihr in ein Haus eintretet, dann sagt: ‚Friede sei mit euch!' Wenn seine Bewohner euch und eure Botschaft annehmen, so wird der Friede, den ihr bringt, in diesem Haus bleiben"* (Mt 10,12-14). Diese Worte bedeuten nichts anderes als: Erzählt allen in der Familie von mir (Jesus). Lukas 8,39 berichtet davon, dass er einen Geheilten gezielt nach Hause schickte, damit er dort erzählt, was er mit ihm erlebt hat.
Das ist jedoch selten von „Null auf Hundert" möglich. Bevor man etwas über „Frieden mit Gott" erzählen kann, braucht es nicht selten eine vorausgehen-

de Phase, damit überhaupt erst einmal die Offenheit für das da ist, was den Mitarbeitern so sehr am Herzen liegt: ein Leben mit Gott.

Ziehen wir ein Fazit aus diesen Bibeltexten: Kinder- und Jugendarbeit, ohne die ganze Familie zu berücksichtigen, ist halbe Arbeit und verschenktes Potenzial. Deshalb sollten in den Gemeinden nicht nur altersspezifische Programme, sondern auch altersübergreifende Mehrgenerationenprojekte angeboten werden.

Im Blick auf den eh schon vollen Gemeindeterminkalender stellt sich hier natürlich sofort die Frage: Lohnt sich all die Mühe? Ich antworte mit einer Gegenfrage: Gibt es etwas Besseres als eine Familie, bei der alle Mitglieder mit und für Gott leben (Jos 24,15)? Würde nicht das bereits schon viele andere Baustellen in der Gemeinde hinfällig werden lassen?

**Zum Weiterdenken:** *Zu diesem Thema gibt es noch weit mehr interessante Bibelstellen, die zum Entdecken einladen: 1. Mose 18,19; 1. Kön 2,1-4; Joh 4,53; Apg 10,2; 16,15; 1. Tim 5,4. Weitere elterliche Gebete findet man u. a. bei 1. Mose 17,18; 1. Chr 29,19; Mt 17,15.*

# 1.2 Gemeinde als Hemmschwelle

Viele Gemeinden sehnen sich danach, Menschen (inkl. deren Familien) mit Jesus bekannt zu machen. Deshalb gehören Evangelisationen, Offene Themenabende und Gäste- bzw. Familiengottesdienste zum Jahresprogramm mit dazu wie Salz auf eine leckere Laugenbrezel. Die Türen stehen sperrangelweit offen, aber die ernüchternde Erfahrung bei nicht wenigen Gemeinden landauf landab ist: Es kommt kaum jemand Außenstehendes. Trotz tiefem Wunsch, anderen Jesus nahezubringen, und trotz breiter Werbung durch Presseartikel und Handzettel verirrt sich kaum jemand Neues in die Gemeinderäumlichkeiten. Die Erfahrung zeigt: Allein mit einer durchgeführten Veranstaltung ist es oft nicht getan. Einerseits könnte es daran liegen, dass es einfach nicht *das* Angebot war, was die Menschen (Familien) am Ort benötigen. Andererseits scheint oft ein Zwischenschritt zu fehlen, der die Hemmschwelle heruntersetzt, die Gemeinderäume zu betreten.

Ein möglicher Grund: Es fehlen die persönlichen Kontakte. Mit den Veranstaltungen versucht man, diejenigen Familien zu erreichen, zu denen die Gemeinde gar keinen Bezug hat. Vielleicht kann auch die Zielgruppe gar nichts mit kirchlichen Institutionen anfangen, weil sie niemanden daraus kennt. Ihnen sind deshalb die Gemeinde vor Ort und der Glaube generell eher suspekt.

Wie findet man nun das richtige Angebot für die Familien am Ort bzw. im Viertel? Wie tritt man an Familien heran, um diese Hemmschwellen zu senken? Diese beiden Fragen sollen in den kommenden Kapiteln geklärt werden.

> **Zum Weiterdenken:** *Wobei empfindest du selbst mehr oder weniger große Zurückhaltung, was bestimmte Gruppierungen, Räumlichkeiten und Veranstaltungen angeht? Wer oder was ist dir suspekt? Warum geht dir das so? Könnten andere in Bezug auf eure Gemeinde und Veranstaltungen genauso empfinden? Wie nimmt ein Außenstehender eure Gemeinde wahr? Wen könntest du fragen? Was könnten diese „Erkenntnisse" für eure Gemeindearbeit bedeuten?*

# 1.3 Welche Familien einladen?

In den letzten Jahren wurde in der christlichen Szene ein Feld besonders beackert: die Kinder- und Jugendarbeit. Warum also nicht das eine, die Jungschar und den Teenkreis, mit dem anderen, der Familienarbeit, verknüpfen? Es müssen ja nicht in erster Linie die Familien erreicht werden, zu denen gar kein Kontakt besteht. Denn das ist weitaus mühsamer, als die Beziehungen aufzugreifen, die bereits vorhanden sind. Selbst wenn der Draht zu den Eltern der Jungscharkinder oder Teenkreisteilnehmer eher lose ist, so ist da doch weit mehr vorhanden, als man vielleicht wahrnimmt.

Eltern, die ihre Kinder in die Jungschar oder den Teenkreis schicken oder zumindest gehen lassen, bringen dadurch etwas zum Ausdruck: Selbst wenn sie keinen Bezug zur Gemeinde oder zum Glauben haben, zeigen sie durch ihr Einverständnis, dass sie religiösen Dingen gegenüber durchaus nicht abgeneigt sind. Gott und Glaube mögen vielleicht nicht unbedingt etwas sein, was diese Eltern tief beschäftigt, aber eine gewisse Offenheit dafür scheint doch vorhanden zu sein. Sonst würden sie so etwas Kostbares wie ihre Kinder nicht in die Gemeinde kommen lassen, wenn sie ihre Sprösslinge nicht gut aufgehoben wüssten und es begrüßten, dass christliche Werte vermittelt werden. Natürlich gibt es leider auch Eltern, denen es mehr oder weniger egal ist, was ihre Kinder den ganzen Tag so treiben. Manche Väter und Mütter wissen nicht, wo sich ihre Kinder nach der Schule aufhalten. Andere parken ihre Kinder ganz bewusst in der Gemeinde. Hauptsache, sie stören nicht. Familienarbeit ist darum vor allem auch Elternarbeit! Diese Eltern sind uns quasi vor die Füße gelegt worden. Sie wollen und können wir einladen!

Wenn sich in den Kinderstunden, Jungscharen, Teen- oder Jugendkreisen keine gemeindefremden Kinder verirren, dann ist die Hürde höher, mit einer Familienarbeit zu beginnen, weil dieser natürliche Anknüpfungspunkt fehlt. Es ist nicht unmöglich, aber doch schwieriger.

Für diesen Fall besteht die Möglichkeit, sich einen starken Partner zu suchen, um mit ihm ein oder mehrere Familienprojekte durchzuführen. So wird man im Ort oder Stadtteil bekannter und anerkannter und kann dadurch auch mehr bewirken. Solche Partner sind z. B. die Stadt- bzw. Ortsverwaltung, lokale Vereine, Feuerwehren, VHS, Schulen, Kindergärten usw. Kirchgemeinden haben es da von vornherein etwas leichter als Landeskirchliche Gemeinschaften oder Freie Gemeinden, denen zuerst einmal ein größeres Misstrauen entgegengebracht wird.

Am besten konzentriert man sich auf ein überschaubares Umfeld in der Nähe der Gemeinde. Je weiter entfernt die Familien wohnen, desto weniger lassen sie sich in der Regel einladen bzw. desto loser und unverbindlicher wird der Kontakt. Auch die heutige Mobilität hat daran nichts geändert.

> **Zum Weiterdenken:** *Habt ihr Kinder und Teenager in euren Kreisen, deren Eltern noch nicht zu Gemeindeveranstaltungen kommen? Könnte das eure Zielgruppe sein? Falls dies nicht der Fall ist: Mit welchen örtlichen Partnern könntet ihr in Sachen Familienarbeit kooperieren?*

## 1.4 Das Ziel

„Ungemein fokussiert" ist nicht nur eine der Lieblingsphrasen von Fußballbundestrainer Joachim Löw, sondern eine hilfreiche Blickrichtung, wie man mit Eltern- bzw. Familienarbeit beginnt. Wer nicht weiß, wohin er will, wird auch nirgends ankommen. Warum will man Eltern bzw. ganze Familien erreichen? Was motiviert dazu, was sind die Ziele und Inhalte, die der Gemeinde wichtig sind? Je konkreter umrissen und je präsenter es in den Köpfen der Mitarbeiter steckt, desto besser. Man kann es sich wie eine Zielscheibe vorstellen: Was soll in der Mitte sein? Was wäre der „Haupttreffer"?

Familienarbeit kann ein Türöffner zu den Herzen der Eltern und ihrer Kinder sein. Die Liebe Gottes soll sichtbar sein, damit sie in die Herzen der Familien, vor allem auch der Eltern, „hineingepflanzt" werden kann. Es geht darum, Familien einzuladen, um sie zu beschenken, um ihnen Gutes zu tun, einfach, weil Gott sie liebt. Und wenn Jesus für die Mitarbeiter das größte Geschenk ist, das sie je ausgepackt haben, werden sie es teilen und weitergeben wollen. Ein ehrenwertes Statement, keine Frage. Nur ist das eher eine Einstellung, eine Haltung oder ein Wunsch, aber noch kein Ziel.

Peter Drucker, ein US-amerikanischer Ökonom (1909-2005), hat den Begriff der „smarten Ziele" geprägt: Ein Ziel soll

**S** wie „spezifisch",
**M** wie „messbar",
**A** wie „akzeptiert",
**R** wie „realisierbar" und
**T** wie „terminierbar" sein.

*Spezifisch* meint: so genau wie möglich umrissen. *Messbar:* Überprüfbar wird ein Vorhaben, wenn erkennbar ist, wo man in der Entwicklung gerade steht und wann das Ziel als erreicht angesehen werden kann. Ein Ziel wird auch nur dann erfüllt, wenn es von den Beteiligten *akzeptiert* wird, wenn die Mitwirkenden einen Sinn dahinter sehen, der ihnen angemessen, attraktiv und lohnenswert erscheint. Ein Ziel sollte *realisierbar* sein. Nichts ist frustrierender als zu hoch gesteckte Vorstellungen, die nicht umgesetzt werden können. Andererseits braucht man nicht tiefstapeln, schließlich leben wir mit einem großen und mächtigen Gott. Darum lohnt es sich, Vertrauen in die Möglichkeiten Gottes zu haben. Ein Ziel benötigt einen *„terminierbaren",* zeitlichen Rahmen. Zu welchem Zeitpunkt soll das Ziel erreicht werden und wann die Zwischenschritte, die dorthin führen?

Ein Ziel erreichen ist wie Weltmeister werden. Bevor man dort ankommt, müssen noch verschiedene Etappen erreicht werden. Ein großes Ziel in kleinere unterteilen ist keine Zeitverschwendung. Das Hauptziel wirkt dann nicht wie ein großer unüberwindbarer Berg, sondern bleibt durch Zwischenschritte überschaubar. Dadurch wird auch die Motivation der Mitarbeiter gefördert, da es immer wieder kleine Erfolge zu feiern gibt. Durch Zwischenziele kann man besser nachprüfen, wo man steht, und das Ziel bzw. den Weg dorthin im Fall des Falles korrigieren.

*Wir wollen als Gemeinde Eltern erreichen.* Dieses Ziel ist nicht deutlich genug formuliert: Was bedeutet „erreichen" konkret? Es ist kaum messbar: Wann gelten Eltern als erreicht? Und auch mit der *Akzeptanz* innerhalb der Gemeinde wird es schwierig werden, denn die einzelnen Mitarbeiter werden jeweils etwas anderes unter „erreichen" verstehen. Die unterschiedlichen Zielvorstellungen erschweren das An-einem-Strang-Ziehen.

Besser geeignet wäre: *In zwei Jahren gehen fünf neue Väter oder Mütter unserer Jungscharkinder in einen unserer Hauskreise.* Darunter kann sich jeder Mitarbeiter etwas vorstellen, das Ziel ist *messbar* (fünf Eltern), wird, je nach Einführung des Ziels durch den Leiter, *akzeptiert* und als lohnenswert angesehen. *Realisierbar* ist es auch, sofern es zur örtlichen Situation passt, und ein *zeitlicher Rahmen* steht ebenfalls fest.

Es ist wichtig, das gesteckte Ziel im Auge zu behalten, und bei allen Planungen zu prüfen, ob das, was man vorhat, dem Ziel dient oder nicht. Am besten formuliert man einen kurzen und knackigen Slogan dazu, der bei den Vorbereitungen immer wieder genannt und auch als Briefkopf bei allen Protokollen verwendet wird.

> **Zum Weiterdenken:** *Welche Ziele habt ihr als Gemeinde, wenn es um Familienarbeit geht? Sind diese „smart" genug? Weitere hilfreiche Informationen stehen u. a. bei Tempus zum Download zur Verfügung.*[7]

Eine geistliche Frage jedoch bleibt: Können wir mit unseren konkreten Zielen Gott so einfach vorschreiben, wie viele Familien er schicken soll? Hinter dem mulmigen Gefühl, sich konkrete Ziele zu setzen, steckt oft das Denken: *„Was, wenn nichts passieren wird? Was wird das auslösen, wenn weniger Eltern erreicht werden?"* Und so verharren wir oft in der sicheren Komfortzone der Nebulösität. Lieber schwammig bleiben, dann wird man auch nicht enttäuscht werden. Ist es Gottes Wille, dass wir Familien erreichen? Ja! Sehnt er sich danach, dass Eltern und ihre Kinder mit ihm und seiner Liebe in Berührung kommen? Keine Frage, ja! Geht es also gegen seine Vorstellungen, sich hier ganz gezielt nach den Familien „auszustrecken"? Erwarten wir etwas Großes und Konkretes von Jesus und sprechen es ihm gegenüber aus (Mt 9,27-29)!

Wenn gesteckte Ziele nicht erreicht werden, kann es viele Ursachen dafür geben. Möglicherweise waren sie unrealistisch oder die Mitarbeiter haben nichts von Gott erwartet. In ihrer menschlichen Begrenztheit haben sie nicht mit Gottes Größe gerechnet. Sie haben ihm nicht vertraut und sind keine mutigen Schritte gegangen. Es kann auch an falschen Konzepten gelegen haben, die an den Familien vorbeigingen. War es der Gemeinde nicht möglich, das Geplante zu stemmen? Könnte es eventuell auch sein, dass die Gründe im zwischenmenschlichen Miteinander der Gemeinde zu suchen sind? Herrschte Uneinigkeit, Neid oder Streit? Gab es persönliche Blockaden?

# 1.5 Die Motivation

Mit welcher Einstellung die Mitarbeiter an dieses Projekt herangehen, ist übrigens genauso entscheidend. Es sollte nicht so sein wie bei den Beutemachern: Sie lebten im tiefen Wald, fernab jeglicher Zivilisation. Kaum einer hatte sie je zu Gesicht bekommen. Doch einmal im Jahr zogen sie aus, um große Beute zu machen. Ist es das Ziel der Gemeinde, große Beute zu machen, um die Statistik aufzubessern? Oder werden die Mitarbeiter von Gottes Liebe angetrieben?

Zwei Leute können genau dasselbe unternehmen, beim einen ist es richtig, beim andern falsch. Dies wird in der Geschichte von Kain und Abel deutlich (1. Mose 4). Beide brachten Gott ein Opfer dar. Die Früchte von Kain hat Gott abgelehnt, das Lamm von Abel angenommen. Mal abgesehen von der Frage, wie die beiden wohl gemerkt haben, dass Gott ihr Opfer gut bzw. nicht gut fand: Was machte den Unterschied? Ich hätte auch eher das Steak als die Früchte genommen, aber Gott ist ja nicht so oberflächlich. Er schaut in unsere menschlichen Herzen und dort bemerkte er bei den beiden Brüdern einen Gegensatz. Kain hat wahllos irgendwelche Früchte vom Acker für den Erntedankaltar eingesammelt. Abel hat Gott die Filetstücke seiner Herde geopfert – nicht aus innerem Zwang heraus, es kam von Herzen.
Nicht nur **was** wir tun, ist wichtig, sondern auch, **warum** wir es tun.

> **Zum Weiterdenken:** *Was ist deine Motivation, dein Antrieb, wenn es um Familienarbeit geht? Für was schlägt dein Herz? Für Statistiken oder für die Sehnsucht Gottes, jedem Menschen, und somit auch den Eltern der Jungscharler bzw. Teenkreisler, nahe zu sein und Gutes zu tun? Ich wollte, ich könnte behaupten, dass meine Motive immer derart edel wären. Aus dieser Erfahrung heraus mag ich behaupten, dass es sehr wohl Einfluss auf die Familienarbeit hat, mit welcher Herzenshaltung man zu Werke geht. Die Eltern werden den Braten riechen, wenn eure Angebote Lockmittel sind, um an ihre „Skalps" zu gelangen. Sie werden es genauso spüren, wenn euer Interesse an ihnen echt ist und ihr ihnen etwas Gutes tun möchtet. Wie sehr du deine persönliche Beziehung zu Gott pflegst, hat ebenfalls eine Auswirkung darauf, wie du die Familien siehst und auf sie eingehen kannst. Nur wer sich selbst von Gott lieben lässt, kann diese Liebe weitergeben. Und nur wer sich von seinen Mitmenschen helfen lässt, ist in der Lage, anderen zu helfen.*
>
> *„Durchforsche mich, o Gott, und sieh mir ins Herz, prüfe meine Gedanken und Gefühle!" Mach diesen Vers (Ps 139,23) zu deinem Gebet.*

# 1.6 Soziale und kulturelle Begegnungsmöglichkeiten

Selbst wenn die Motivation stimmt, bleibt die Frage zu beantworten, wie man an die Familien herantreten kann. Zwei Bereiche möchte ich hier herausstellen:
- Hilfe anbieten, um Familien beizustehen
- Begegnungen schaffen, um außenstehende Eltern kennenzulernen
Zwischen diesen Bereichen gibt es allerdings immer wieder Berührungspunkte.

| Hilfe anbieten | Begegnungen schaffen |
|:---:|:---:|
| SOZIALES | KULTURELLES |
| lat. socius | lat. cultura (von colere) |
| Bedeutung: gemeinsam, verbunden, verbündet | Bedeutung: pflegen, den Acker bestellen |

*Sozial* wird heute im Zusammenhang von „Interesse für jemanden aufbringen" oder „das Wohl eines anderen im Auge haben" gebraucht. Hier geht es um das Zusammenleben, um das Miteinander-Verbundensein, für einen anderen sein, ihm beistehen und helfen. Durch soziale Hilfe kann man den Familien gegenüber etwas von Gottes Liebe spürbar machen. Sozial leben beginnt zuerst auf der persönlichen Ebene mit der inneren Haltung, im Alltag eine Antenne dafür auszufahren, wenn jemand in mehr oder weniger großen Schwierigkeiten ist.

*Kulturell* ist, was der Mensch gestaltet. Für die Familienarbeit bedeutet es, z. B. die von Gott geschenkten Fähigkeiten vor allem auch im kreativen Bereich einzusetzen, um Begegnungsplattformen zu schaffen. Auf diese Weise wird Samen ausgestreut, sprich der Kontakt zu anderen Familien hergestellt und gepflegt. Niederschwellige kulturelle Events ermöglichen ein zwangloses Zusammenkommen mit den Eltern und deren Kindern. Gemeinsam erlebt man etwas, wodurch das Kennenlernen vereinfacht wird.
Kulturelle Veranstaltungen sind übrigens nicht nur Konzerte und dergleichen, sondern bieten eine ganze Bandbreite an Formen und Inhalten: von den klassischen Bunten Abenden über Vater-Kind-Wochenenden bis hin zu sportlichen Events. Und da Gott den Christen nicht nur produktive Fähigkeiten geschenkt

hat, sondern auch künstlerische Begabungen, soll davon reger Gebrauch gemacht werden. Eine helfende Hand berührt das Herz des einen Mitmenschen, ein gemaltes Bild vermag dies bei einem anderen.

> **Zum Weiterdenken:** *Bist du jemand, dem es auffällt, wenn dein Nebensitzer im Gottesdienst kein Liederbuch hat, und bietest du ihm an, bei dir mit reinzuschauen? Hast du einen Blick dafür, wenn eine Person mit beiden Händen schwere Einkaufstüten schleppend auf eine Tür zuläuft, und hältst du sie ihr auf oder bietest ihr sogar an, die Taschen zum Auto zu tragen? Du hörst von einer alleinerziehenden Mutter, die für ein paar Tage ins Krankenhaus muss. Löst das etwas in dir aus? Überlegst du dir, ob du ihre Kinder in dieser Zeit mit in deine Familie nehmen kannst bzw. den Haushalt der Familie übernimmst, weil die Großeltern, die in dieser Zeit auf die Kinder aufpassen, überfordert sind? Tue aus der Liebe Gottes heraus, die er für dich und deine Mitmenschen empfindet, Gutes und Hilfreiches und verstecke deinen Glauben dabei nicht. Schließlich gibt es auch genug Menschen, die anderen aus humanistischen Gründen helfen.*
>
> *Welche Veranstaltungs- bzw. Projektformen holen dich ab und helfen dir, in einer neuen Umgebung zurechtzukommen und dabei neue Menschen kennenzulernen? Liegt dir die soziale oder mehr die kulturelle Richtung?*

Wer einen christlich-sozialen Lebensstil pflegt, geht mit der Gesinnung in den Tag, dass Gott ihn erst in zweiter Linie in die Schule, an den Arbeitsplatz oder zum Einkaufen schickt, um zu lernen bzw. sich seine Brötchen zu verdienen oder zu besorgen, sondern um auch etwas von Gott spürbar werden zu lassen. Als Jesus unterwegs war, hatte ihn oft das Mitleid gepackt[8], und er unterbrach daraufhin seine Reise, um sich um die Menschen zu kümmern.

Sozial zu wirken bietet sich aber auch für die ganze Gemeinde an. Es gibt viele Wege, um über diverse Projekte wie z. B. Hausaufgabenbetreuung, Mittagstisch oder Bügelservice Familien eine Erleichterung zu sein.[9] Auch eine Offene Arbeit (Eltern-Café), bei der kein großes Programm geboten, sondern ein Anlaufpunkt für gestresste und genervte Eltern geschaffen wird, stellt eine Möglichkeit dar.

Jesaja 61,1-3 macht deutlich, was Gott durch Gemeinden für Familien tun will: *„Der Geist des Herrn ruht auf mir, weil er mich berufen hat. Er hat mich gesandt, den armen Familien die frohe Botschaft zu bringen und die verzweifelten Familien zu trösten. Ich rufe Freiheit aus für die gefangenen*

*Familien, ihre Fesseln werden nun gelöst und die Kerkertüren geöffnet. Ich rufe ihnen zu: ‚Jetzt erlässt Gott eure Schuld!' [...] Er hat mich gesandt, alle trauernden Familien zu trösten. [...] Statt der Trauergewänder gebe ich ihnen duftendes Öl, das sie erfreut. Die Mutlosigkeit dieser Familien will ich in Jubel verwandeln, der sie schmückt wie ein Festkleid. Wer sie dann sieht, vergleicht sie mit Bäumen, die der Herr gepflanzt hat. Man wird sie ‚Garten des Herrn' nennen, an dem er seine Größe und Macht zeigt.* "[10]

Zur biblischen Zeit waren es die Witwen, die allein waren und zu kämpfen hatten. Sie konnten sich kaum über Wasser halten und selbst versorgen. Deshalb hat Gott dem Volk Israel die Witwen besonders ans Herz gelegt[11]. Heute scheint es mir, als ob uns Gott die alleinerziehenden Mütter (oder Väter) ans Herz legt. Mein persönlicher Eindruck: Jesus gibt seinen Gemeinden den Auftrag, sich vor allem um diese angeschlagenen Familien zu kümmern, sodass sie ihren Alltag meistern können.

## 1.7 Die Auswirkungen

Wenn man sich in diesen Schwerpunktfeldern engagiert, wird das Auswirkungen in der Beziehung zu den Familien haben. Familien werden gestärkt, weil sie durch die erfahrene Hilfe mit ihren Herausforderungen besser umgehen können.

Kulturelle Veranstaltungen senken Hemmschwellen, Berührungsängste werden abgebaut und Menschen zusammengebracht. Dieser Rahmen hilft den Gemeindegliedern, neuen Familien entspannter zu begegnen. Nebenbei spüren die Eltern, dass Christen zum Lachen nicht in den Keller gehen. Zusammen Zeit verbringen verbindet, zusammen lachen noch viel mehr.

Durch einen sozialen Lebensstil bzw. Projekte wird Offenheit gefördert. Ein leerer Bauch studiert nicht gern und ein Mensch mit einem Problem hört erst zu, wenn man ihm bei seinem Problem hilft und er den Eindruck gewinnt, dass er ernst genommen wird und man sich für ihn und seine Bedürfnisse interessiert. Dann gehen neben dem Herzen auch die Ohren auf und er möchte mehr über das Leben der Christen und ihren Glauben erfahren. Das, was wir leben, spricht viel lauter als das, was wir sagen. Wie wir unsere persönliche Beziehung zu Jesus pflegen und was wir aus dieser Beziehung heraus umsetzen, hat einen großen Einfluss auf unsere Familienarbeit. Die Eltern und Kinder spüren, ob das, was wir ihnen anbieten möchten, auch in uns selbst lebt.

Mit dem Kennenlernen werden Vorurteile gegenüber Christen und der Gemeinde ab- und Vertrauen aufgebaut. Nach und nach entsteht bei den Eltern die Offenheit, sich mit dem Glauben der Mitarbeiter zu beschäftigen, die sie kennen- und schätzen gelernt haben z. B. in Elterngesprächskreisen, bei Familienfreizeiten oder in Gästegottesdiensten, die von den Jungscharlern/ Teenies mitgestaltet werden. Ob man diese Inhalte schon recht früh oder erst später einbringen sollte, hängt sehr von den Familien vor Ort und der Art der Veranstaltung ab.

Wer sich bemüht, die Eltern kennenzulernen, wird sie in einem anderen Licht sehen. Vielleicht ist man manchen Eltern gegenüber voreingenommen, weil man durch die Begegnung mit ihren Kindern in der Jungschar oder im Teenkreis Vernachlässigungen und Erziehungsfehler bemerkt hat. Das Leben mit diesen Eltern zu teilen kann einen verständnisvoller und barmherziger werden lassen, wenn man sieht, welche konkreten Herausforderungen und Schwierigkeiten diese Familien zu bestehen haben. Mir persönlich ging das schon sehr oft so. Man wird aber auch seine Jungscharler und Teenkreisler besser verstehen, wenn man ihre Herkunft und ihr direktes Umfeld kennt und dadurch auch über ihre Lebensumstände Bescheid weiß.

Was man nicht kennt, beäugt man kritisch. So geht es auch manchen Eltern in der nicht vorhandenen Beziehung den Mitarbeitern gegenüber. Die Mitarbeiter prägen die Kinder und geben ihnen etwas von Jesus weiter. Eltern, die dem Glauben nicht ganz so offen gegenüberstehen, werden dann nicht blockieren oder ihren Kindern gar den Besuch der Jungschar oder des Teenkreises verbieten, wenn sie die Mitarbeiter persönlich kennen und einschätzen können.

Neue Familien werden die Gemeinde bereichern, u. a. weil sie für frischen Wind sorgen. Die ganze Atmosphäre wird sich ändern, denn Familien bringen Leben in die „heiligen Hallen". Es findet ein wechselseitiges Profitieren statt. In der Gemeinde finden diese Familien Jesus und dadurch werden viele Probleme mit der Zeit gleich mitgelöst, z. B. die Gewinnung neuer Mitarbeiter.

**Zum Weiterdenken:** *Welche Auswirkungen und Nebeneffekte fallen dir noch ein? Wichtig ist jedoch: Beginnt eure Familienarbeit nicht aufgrund von erhofften Nebeneffekten, z. B. um neue Mitarbeiter für die Gemeinde zu finden, sondern seid mit eurem Herzen und euren Zielen ganz bei den Eltern und ihren Kindern.*

# 2. Alles über Familien

Bevor man in die Hände spuckt, um ein Familienprojekt zu entwickeln, ist es dringend notwendig, sich vorab ein Bild von den Eltern zu machen, die erreicht werden sollen. Hier in diesem Kapitel sind grundlegende Informationen über das Leben der Familien heute im Allgemeinen und der Familien im Speziellen zusammengestellt, die Gemeinden in ihrem Fokus haben.
Diese Beobachtung und Analyse ist wichtig, um herauszufinden, wie man sich der Zielgruppe nähern kann und was als Folge daraus konkret umzusetzen ist.

Manches von dem, was bei meinen bisherigen Familienprojekten schiefging, lag nicht an den falschen Motiven, sondern daran, dass ich mich zu wenig mit den Familien und was sie benötigen befasst habe. Ich wurstelte mit den anderen Mitarbeitern einfach mal munter drauflos. Learning by Doing. Ein Mann braucht ja schließlich weder Handbücher noch sonstige zeitverschwenderische Überlegungen! Ich möchte nicht zu sehr vom Thema ablenken und von meinen technischen Geräten berichten, die diesem urmännlichen Grundsatz zum Opfer gefallen sind. Schließlich geht es um Familienarbeit. Aber auch hier besteht meiner Erfahrung nach die Gefahr, dass mehr Schaden als Nutzen erreicht wird, wenn man sich nicht damit auseinandersetzt, wer da als Familien vor einem steht (oder stehen soll). Je mehr man über die Jungschar- bzw. Teenkreis-Eltern weiß, desto besser kann man die Bemühungen auf ihre Bedürfnisse abstimmen.

## 2.1 Die Welt der Familien

Die Bibel berichtet, dass die Hausbewohner als Großfamilie zusammenlebten. Diener und Mägde waren ebenfalls Teil dieses familiären Netzwerks. So ist es wenig verwunderlich, dass lateinisch „familia" Hausgemeinschaft bedeutet. Hier hat sich viel verändert. Im Vergleich zu damals, als Familien einer gesellschaftlichen Schicht ein sehr ähnliches Leben führten, sind die Unterschiede zwischen einzelnen Familien heutzutage viel ausgeprägter.

Wenn wir uns über die Familie Gedanken machen, stellt sich die Frage: Um wen oder was geht es da überhaupt? Was kennzeichnet die Familie von heute? Was sind ihre Herausforderungen, ihre Stärken und Schwächen? Wie wird Familie heutzutage gelebt? Welche Werte sind den Eltern wichtig, die sie direkt oder indirekt an ihre Kinder weitergeben? Wie verhalten sich Eltern ihren Kindern gegenüber und umgekehrt? Wo gehen Familien gern hin, wenn sie etwas zusammen unternehmen? Sich in Familien hineinzuversetzen bedeutet, sie besser verstehen zu lernen, um anschließend auf sie zugehen und eingehen zu können. Ein altes indianisches Sprichwort sagt: *„Urteile nicht über jemanden, bevor du nicht einen Tag in seinen Mokassins gelaufen bist."* Und in einem von Manfred Siebalds Liedern heißt es: *„Lass mich die Meile mit einem teilen, die er alleine nicht schafft."*[12] Das kann man aber nur, wenn man weiß, wo der andere im Moment steht.

An dieser Stelle ist es nun nicht möglich, eine komplette gesellschaftliche Studie über heutiges Familienleben zu erstellen. Als Sprungbrett möchte ich dennoch ein paar persönliche Beobachtungen weitergeben, die ich durch soziologische Studien ergänze.

### 2.1.1 Verschiedene Familienformen

Es gibt nicht *„die"* Familie, sondern verschiedenste Formen, die jeweils ihre besonderen Herausforderungen zu bestehen haben.

*Mann und Frau als Vater und Mutter*: Diese Konstellation findet man v. a. auch in christlichen Gemeinden vor. In dieser Familienform herrscht aber nicht immer heile Welt, selbst wenn dies zuweilen nach außen hin so vermittelt wird. Oft kämpft sich jede Familie allein durch die Alltagsschwierigkeiten.

*Ehe ohne Trauschein:* die unverbindlichere Variation von Eltern, die mit ihren Kindern zusammenleben.

*Alleinerziehende Mütter/Väter*: Dies ist bereits alltägliche Realität. Ca. jede fünfte Familie gehört zu den sogenannten Einelternfamilien[13], ca. 85-90% davon sind Mutter-Kind-Konstellationen[14]. Jedes Ehepaar wird bestätigen können, dass Kinder großziehen eine der größten Herausforderungen überhaupt ist. Wie viel schwieriger wird es wohl für einen Alleinerziehenden sein, den Alltag zu bewältigen und den eigenen Kindern die Nähe und Geborgenheit zu schenken, die sie benötigen! Wie viele offene Wunden, die dringend geheilt werden müssen, klaffen in diesen auseinandergerissenen Familien? Wie schwer fällt es v. a. Scheidungskindern, Vertrauen zu anderen Menschen aufzubauen? Wie groß ist die Angst, wieder enttäuscht und verlassen zu werden? Dies ist kein vorübergehendes Phänomen, die Scheidungsraten sind weiterhin verhältnismäßig hoch und die Kinder sind die Leidtragenden.[15]

*Patchwork-Familien*: Mutter und Vater bringen Kinder aus vorhergehenden Beziehungen mit in die Familie, evtl. kommen dann noch gemeinsame Kinder dazu. Diese Konstellation führt ebenfalls zu verschiedenen Herausforderungen im Zusammenleben, z. B. die Akzeptanz des neuen Elternteils und der neuen Geschwister. Auch hier bringen die beiden Familienteile ihre oft unaufgearbeitete Vergangenheit mit in die neue Beziehung. Halten die geschiedenen Elternteile weiterhin den Kontakt zu ihren Kindern, bezeichnet man dies als *binukleare Familien* (Kinder mit mehreren biologischen und sozialen Vätern und Müttern).

*Gleichgeschlechtliche Partnerschaften*: Das sind *Kinder mit zwei Vätern oder zwei Müttern* als Folge von gleichgeschlechtlichen Partnerschaften.

Was bringt die etwas weiter entfernte Zukunft? Im Moment gewinnt ein Schlagwort immer mehr an Bedeutung: *„Gender Mainstreaming"*. Setzt sich diese Initiative durch, würden die Geschlechterrollen wegfallen, die Unterscheidung von Mann und Frau aufgehoben, was wiederum erhebliche Auswirkungen auf unser Bild von Familie hätte. Den aktuellen Stand der Entwicklung dieser Gender-Debatte nebst hilfreichen Informationen findet man bei der Offensive Junger Christen.[16] Generell ist die OJC eine sehr ergiebige Informationsquelle, wenn es um das Thema Familie geht.

Egal ob man die vielseitigen Entwicklungen der Familien als gut oder schlecht ansieht, es ist niemandem damit geholfen, die aktuelle Lage zu verdrängen oder zu verurteilen. Jesus selbst hat mit verschiedenen Menschengruppen die Gemeinschaft gesucht: mit gesellschaftlich anerkannten Pharisäern, aber auch mit ausgestoßenen Ehebrecherinnen. Wie er sollten wir uns vorurteilsfrei auf diese Menschen einlassen. Veränderung kommt bei Jesus an zweiter Stelle.

**Zum Weiterdenken:** *Welches Bild von Familie hast du? Wovon ist dieser Eindruck geprägt? Deckt er sich mit der Realität? Gibt es Formen und Konstellationen von Familien, die dich abschrecken und denen du dich nicht nähern kannst oder willst?*

## 2.1.2 Finanzielle Situation

Immer öfter arbeiten beide Elternteile, u. a. aus finanziellen Gründen. Immer mehr Frauen, die sich bisher auf den Haushalt konzentriert haben, suchen sich zumindest einen Minijob. Dadurch muss der Alltag der einzelnen Familienmitglieder sehr gut aufeinander abgestimmt werden. Mütter kehren aus verschiedenen Gründen nach der Geburt ihrer Kinder relativ schnell an ihren Arbeitsplatz zurück, worunter die Nestwärme leiden und das familiäre Beziehungsgeflecht loser werden *könnte*. Sogenannte Schlüsselkinder, die oft allein unterwegs und auf sich selbst gestellt sind, wird es auch unter unseren Jungscharkindern und Teenies geben. In manchen Fällen versuchen Eltern die fehlende Zeit für ihre Kinder mit materiellen Geschenken wiedergutzumachen. Liebe wird zuweilen über Materialismus definiert. Väter arbeiten viel und lange, am Abend fehlt die Kraft, sich mit den eigenen Kindern zu beschäftigen.

Trotz zwischenzeitlicher Wirtschaftstiefs und sinkender Kaufkraft wird ein vergleichsweise hoher Lebensstandard gehalten. Diverse Statussymbole sind weiterhin das Ziel vieler Familien: mein Haus, mein Auto, meine Markenkleider, mein iPhone, mein Mallorca-Urlaub. Vor allem Alleinerziehende drehen jeden Cent mehrfach um und können kaum das Geld für einen Jungscharausflug, geschweige denn eine Teenkreisfreizeit zusammenkratzen. Für diese Familien ist es notwendig, dass die Gemeinde Finanzierungshilfen anbietet.[17]

### 2.1.3 Erziehung

Viele Eltern sind mit der Erziehung ihrer Kinder überfordert. Die relativ hohen Einschaltquoten von Fernsehsendungen wie „Die Super-Nanny" (ca. 15%) sind nicht nur ein Beleg für Voyeurismus, sondern auch für die Hilfsbedürftigkeit der Eltern. Zusätzliches Konfliktpotenzial ergibt sich zuweilen, wenn jüngere Kinder von anderen Personen wie (die in Sachen Spannkraft und Nervenkostüm überforderten) Großeltern oder Tagesmüttern miterzogen werden.

Die Mitglieder einer Familie sind heute noch genauso aufeinander angewiesen, wie das in früheren Zeiten der Fall war. Vieles, wofür die Familie gesorgt hat, wird heute delegiert. Die Eltern sind wegen der nötigen beruflichen Flexibilität auf die Unterstützung anderer, z. B. Tagesmütter oder Ersatzgroßeltern angewiesen. Die Gefahr ist groß, dass das Beibringen von Werten und Verhaltensweisen an die Kindergärten und Schulen abgeschoben wird. Selbst christliche Familien überlassen die Vermittlung von Glaubensinhalten gern der Gemeinde mit ihren Angeboten für Kinder.

### 2.1.4 Freizeitgestaltung

Auch in Sachen Freizeitgestaltung scheint die Familie als gemeinsame Plattform zunehmend auszudienen. Heute finden die einzelnen Familienmitglieder das mit Abstand größte und vielfältigste Freizeitangebot vor, das es je gab. Einerseits erhöht dies in dörflichen Gefilden die Möglichkeit, das passende Hobby auszuüben, andererseits können manche Kinder ihren Terminkalender mit dem eines gestandenen Managers vergleichen. Die Eltern sind dadurch als familiärer Fahrdienst eingespannt. Zudem werden sie von Kindergärten, Schulen und Vereinen als ZbVs (zur besonderen Verwendung) an Grill oder Flohmarktkasse herangezogen.

Um neue Beziehungen und Freundschaften zu finden, bestehende auszubauen und zu pflegen, muss man sich heutzutage nicht zwangsläufig gegenüberstehen. Soziale Internet-Netzwerke wie Facebook oder „Wer kennt wen" boomen. Generell bereichert der Computer den Alltag der Familien. So lässt sich via Internet bei nahezu jedem Problem eine mehr oder weniger passende Antwort finden, von Hinweisen zu Kinderkrankheiten über Reparaturtipps bis hin zu günstigen Einkaufsmöglichkeiten von Matschhosen und sonstigen Kleidern. Auch zum Sohnemann, der sich gerade im Schüleraustausch im Ausland befindet, lässt sich gut und vor allem direkt Kontakt halten.
Die Kinder sind in Computer- und Internetdingen gewandter als ihre Eltern. Ihnen fehlt allerdings oft noch die nötige Reife im Umgang mit diesen Medien. Problematisch ist, dass viele Väter und Mütter ihre Teenies nicht in ausreichendem Maße auf die Gefahren des Internets aufmerksam machen können.

## 2.1.5 Berufliches Umfeld
Ein Handwerker lebt in anderen Zusammenhängen als eine Familienfrau, ein Akademiker lebt anders als ein Künstler usw. Wie können sie zusammen und, falls nicht möglich, getrennt voneinander eingeladen werden? Der Handwerker, indem er etwas mit seinen Händen gestalten kann; die Familienmanagerin, wenn sie ihre Gaben in der Gemeinde entfalten kann und Anerkennung gezollt bekommt, die ihr zuhause manchmal versagt bleibt; der Akademiker, wenn seine Gehirnwindungen herausgefordert werden; der Künstler, wenn er mit den unterschiedlichsten Kunstformen in Berührung gebracht wird.

Welche Konflikte haben sie miteinander? Viele Gemeindeglieder haben im Umgang mit Künstlertypen so ihre Schwierigkeiten, da sie selbst dem traditionellen Mainstream-Broterwerb (Angestellter oder Arbeiter) nachgehen. Haben sie evtl. sogar zwei Arbeitsstellen oder einen Billiglohnjob oder sind sie arbeitslos bzw. krankheitsbedingt berufsunfähig? Wo liegen hier die Herausforderungen? Passende Stichworte wären hier „fehlende Zeit / Überanstrengung", „schikaniert und ausgenutzt werden" und „bröckelnder Selbstwert". Arbeiten manche Elternteile Schicht? Das sollte Auswirkungen auf die gemeindliche Termingestaltung haben.

### 2.1.6 Altersunterschiede

Das Alter der Jungschar-/Teenkreis-Eltern spielt ebenfalls eine große Rolle für die Familienarbeit. Auch wenn es unter den Eltern keine Liebhaber irgendwelcher volkstümlicher Musikantenscheunen mehr geben wird, so ist die Altersspanne doch recht hoch, was mittels der unterschiedlichen Musikgeschmäcker der infrage kommenden Eltern recht plastisch dargestellt werden kann, angefangen bei Musik der siebziger Jahre über die Neue Deutsche Welle bis hin zu wummernden Technobeats oder sonstigen elektronischen Rhythmen, zu denen sie (früher) ihr Tanzbein übers Parkett des örtlichen Zappelbunkers geschwungen haben.

> **Zum Weiterdenken:** *Von SWR1 bis SWR4, oder welche Radiosender mit ihrer jeweils unterschiedlichen Programmausrichtung ihr bei euch empfangen könnt: Hört doch mal in diese verschiedenen Sender rein! Ihr bekommt ein klein bisschen ein Gespür für die unterschiedlichen Elterngenerationen, die bei euch vertreten sind bzw. sein könnten. Welche Lieder werden gespielt – und noch viel wichtiger: Welche Wortbeiträge gibt es? Welche Themen werden dort aufgegriffen? Welches „Flair" verbreitet das ganze Programm?*

Trotz übergroßer Konkurrenten wie Fernsehen und Computer erfreut sich das Radio noch großer Beliebtheit. 78,9% der Deutschen schalten täglich ihr Radio ein. Im Durchschnitt hören sie vier Stunden pro Tag.[18] Radiohörer mögen ihren Sender, weil die jeweiligen Wellen nicht den Spagat probieren, alle auf einmal ansprechen zu wollen, sondern sich auf eine Zielgruppe festlegen. Jeder Sender wird in der Regel von einer ganz bestimmten Altersschicht gehört und auf diese wird das Sendeschema ausgerichtet.

Das zeigt, wie schwer es ist, Programme anzubieten, die jede Generation gleich anspricht. Da sich auch jede Gemeinde einer übergroßen Konkurrenz an Freizeitgestaltungsmöglichkeiten für Familien gegenübersteht sieht, muss man demnach gut überlegen, wie generationsübergreifende Angebote aufgebaut werden, sofern dies der Wunsch der Gemeinde ist. Es gibt durchaus das ein oder andere, was von allen Altersstufen geschätzt wird.

## 2.1.7 Verschiedene gesellschaftliche Prägungen

Das unterschiedliche Alter der jeweiligen Eltern hat nicht nur Auswirkungen auf den Musikgeschmack, sondern geht weit tiefer: Jede Generation hat ihre Prägung, ihre Geschichte und ist zumindest ein Stück weit anders erzogen worden. Sollten die infrage kommenden Eltern eine große Altersspanne darstellen, haben sie unterschiedliche (nicht nur die Kleidung betreffende) Modewellen und gesellschaftliche Wendungen miterlebt und auch deren Kindheit ist jeweils anders verlaufen.

Jeder Altersgruppe wird inzwischen ein besonderes Etikett angeklebt, das sie – oder eher ihre Defizite - näher charakterisieren soll, wobei zu erwähnen ist, dass die betreffenden Autoren Trends herausgearbeitet haben und somit nicht alle Zeitgenossen einer bestimmten Generation über einen Kamm geschoren werden können. Ebenso ist die Altersspanne der jeweiligen Generationen recht unterschiedlich, was die verschiedenen Grenzen zwischen den folgenden Generationenbeschreibungen zuweilen verschwimmen lässt. Bei den Überlegungen über die Eltern der Jungscharler/Teenkreisler bzw. der Eltern, die man im Blick hat, sollte die Mitarbeiter die Frage bewegen, ob folgende Aspekte auf sie zutreffen oder eher nicht.

### *Generation X*[19]

Das sind Eltern, die in den Siebzigern und Anfang der Achtziger aufgewachsen sind. Diese Phase steht für große Umbrüche. Ihre Eltern, die Nachkriegsgeneration, schaffte den Wiederaufbau, damit es den Kindern einmal besser gehen sollte als ihnen. Für die Kinder jedoch wurde die unbegrenzte Auswahl der Überflussgesellschaft zur Herausforderung. Es gab zeitweise zu viele Fernseher und weniger Arbeit. Nach und nach setzte das Denken ein, dass früher alles besser war. Kaum aufgebaut, begann die schöne neue Welt also schon wieder zu bröckeln, auch wenn der inzwischen spürbar abgebremste Aufschwung immer noch mehr als angenehm war. Die vorherige Generation hatte noch ein Ziel vor Augen: Wohlstand schaffen. Als er da war, setzte bei der Generation X eine starke Orientierungslosigkeit ein. Für welche Ziele soll man sich einsetzen? Auch das Ludwig Erhardtsche Ideal „Wohlstand für alle" garantiert doch kein rundum zufriedenes und sorgenfreies Leben. Da die Eltern, die dieser Generation X zuzurechnen sind, noch auf Anhäufung von Konsumartikeln und Statussymbolen geeicht sind, benötigen sie Ziele, die jenseits davon liegen, Werte, die nicht von Motten oder Rost zerfressen und auch nicht geklaut werden können. Es gibt viele Beeinflussungen, die die Das-Leben-ist-machbar-Blase zum Platzen bringen können.

**Zum Weiterdenken:** *Wie könnt ihr mit eurer (Familien-)Arbeit zu diesem Umschwung der besseren Ideale beitragen?*

### Generation Golf[20]

So werden diejenigen bezeichnet, die in den Achtzigern aufgewachsen sind. Auch zu diesem Zeitpunkt waren noch genügend Wohlstandsfrüchte vorhanden. Materielle Sorgenfreiheit und die Jagd nach Markenartikeln, um sich dadurch aufzuwerten, führten zu einer unpolitischen Haltung. Hauptsache, der eigene Teller ist voll und ziert den Aufdruck eines namhaften Herstellers. Mir scheint, dass Eltern dieser Generation teilweise versuchen, ihre Kindheit zurückzuholen bzw. via E-Bay zurückzukaufen. Sind dies Anzeichen dafür, dass sie vom Hier und Heute, von ihrem jetzigen Lebensstil, nicht zufriedengestellt werden (können)? Eltern aus dieser Generation werden leider ebenfalls von der Du-bist-was-du-hast-Mentalität beherrscht und benötigen Werte, die wirklich tragen. Diese Werte sind letztlich nur in der Beziehung zu Jesus zu finden.

**Zum Weiterdenken:** *Bietet deine Gemeinde ein Sicherungsnetz, wenn diese Menschen samt ihrem Luftschloss abstürzen?*

### Null-Bock-Generation[21]

Die Bäume wachsen nicht in den Himmel. Das ist die bittere Erkenntnis der (spät) achtziger *Null-Bock-Generation*. Die einst rosige berufliche, soziale und wirtschaftliche Zukunft wurde immer düsterer. Mal verliert man, mal gewinnen die anderen. Perspektivlosigkeit stellte sich ein, was zu einer Flucht in Auflehnung und in extremen Fällen zu Drogen führte. Bloß nicht so werden wie die eigenen Erzeuger! Sie sind sehr offen für extreme Positionen und somit auch für Sekten. Diese Generation sieht Kirche als Bezugspunkt der eigenen Eltern und Großeltern und meidet sie deshalb.

**Zum Weiterdenken:** *Eltern, die zu dieser Generation gehören, brauchen dich als verlässlichen Freund, der es ehrlich mit ihnen meint und ihnen keine vorschnellen Patentrezepte unter die Nase hält. Zu oft wurden sie schon davon enttäuscht.*

### Generation Praktikum[22]

Die *Generation Praktikum* repräsentiert die jüngere Generation der Zwanzigjährigen Anfang bis Ende der Neunziger. Die Zeiten, in denen man auf jeden Fall eine Lehrstelle fand und bis zur Rente in diesem Betrieb arbeitete, waren längst vorbei. Geschweige denn, dass man einen Arbeitsplatz annehmen konnte, der einem gefiel. Hauptsache Job. So brannte sich der Gedanke, dass Arbeit ein notwendiges Übel sei, weitaus tiefer als in den vorhergehenden Jahrzehnten ein. Nicht wenige Vertreter dieser Generation kennen das deprimierende Gefühl, beim Arbeitsamt eine Nummer zu ziehen und sich zwischen sozial gestrandete Mitarbeitslose zu setzen. Firmen wurden vorsichtiger, was Neuanstellungen anging. Sie suchten billige Arbeitskräfte wie Azubis, die später nicht übernommen wurden, und Mitarbeiter, die keinen langen Kündigungsschutz genossen, sprich Praktikanten. Zeitarbeitsfirmen, die kaum Mindestlohn abdrückten, und andere unterbezahlte Arbeitsplätze, die durch eine Argumentation im Stile von „Wenn du es nicht machst, warten zehn andere vor der Tür!" gefördert wurden, sprossen wie (Gift-)Pilze aus dem Boden. Die Eltern, die diese Phase erlebt haben, wissen, was es heißt, hingehalten, vertröstet und ausgenutzt zu werden.

**Zum Weiterdenken:** *Behandle sie anders, als deren Chefs es taten. Bringe es ihnen gegenüber zum Ausdruck, dass sie wichtig sind – und meine es ehrlich damit!*

### Generation Y[23]

Anschließend daran sind noch die Jahrgänge ab 1980, die *Generation Y,* zu nennen. Diese Generation rückt in Sachen Familie so langsam nach, da sie nun teilweise Kinder im Kinderstunden- bzw. in Ausnahmefällen auch angehenden Jungscharalter haben. Sie kennen größtenteils kein Leben ohne Internet und mobiler Kommunikation. Beziehungen werden zunehmend über Onlineplattformen aufgebaut und gepflegt – mit allen Vorteilen, aber auch Risiken und Nebenwirkungen. Einerseits finden sich in dieser Generation sehr viel Offenheit, Erfindergeist und Mut, Neues anzupacken. Andererseits bildet sich mit der *Generation Chips* ein Gegenpol dazu, der mit übersteigertem Medienkonsum wie (Krawall-)TV und Computerspielen nebst einseitiger Ernährung zu kämpfen hat. Eltern dieser Generation Y suchen und finden vieles im Internet: von Konsumartikeln bis hin zu Informationen, die vorhergehende Generationen auch heute noch über papierene Quellen wie Zeitungen, örtliche Mitteilungsblättchen, Gelbe Seiten usw. aufspüren.

**Zum Weiterdenken:** *Ist eure Familienarbeit im Internet präsent und wird dort auch laufend aktualisiert? Ist eure Onlinevisitenkarte für Suchmaschinen optimiert, auf dass ihr auch gefunden werdet, wenn jemand z. B. nach Lebenshilfe und deinem Ort googelt?*

> *Habt ihr Links zu eurem Internetauftritt auf den unterschiedlichsten Plattformen gesetzt, u. a. bei öffentlichen Homepages der Städte bzw. Kommunen und Infoseiten zu eurem Ort usw.?*

Um die *Generation Chips* vom Sofa herunterzubekommen, muss die einladende Gemeinde sich erst einmal mit draufsetzen. Sprich: Wo kommen die Mitarbeiter in ihrer Lebenswelt vor? Da sie in einem Mediendschungel aufgewachsen sind und ihre eigenen ahnungslosen Eltern sie damals nicht durchlotsen konnten, sind sie nicht selten damit überfordert. Dies gilt nicht nur in Bezug auf sich selbst, sondern auch auf das, was ihren eigenen Kindern guttut und was nicht bzw. in welchem Umfang Medien hilfreich sind und ab wann schädlich. Manchmal fehlt ihnen dafür das richtige Maß.

## 2.1.8 Eltern aus der ehemaligen DDR

Vieles bezog sich bisher auf die Eltern aus Westdeutschland. Das Heranwachsen jenseits des Eisernen Vorhangs sah anders aus. Wie sind Eltern geprägt, die in der ehemaligen DDR aufgewachsen sind? Selbst Eltern, die die Teilung Deutschlands nur noch schemenhaft in Erinnerung haben oder kurz nach der Wende aufwuchsen, sind durch deren Eltern mit beeinflusst.

Michael Fritz, Gemeinschaftspastor in Angermünde, der seine Kindheit in der DDR verbracht hat, steuerte folgende Zeilen zur *„Go-West-Generation"* bei[24]: Die Generation von DDR-Bürgern, die bis zur Wende geboren wurde, ist stark von dem in der DDR herrschenden Weltbild geprägt worden. Dazu gehörten Wertmaßstäbe, ethische Verhaltensregeln, das Selbstbild und natürlich auch das Wissen bzw. Nichtwissen über Gott. Menschen mit dieser Prägung haben die Wende oft als radikalen Umbruch dieser vertrauten Maßstäbe erlebt. Ein abgesichertes Leben mit klaren Ansprüchen an den Einzelnen ist dem Überlebenskampf und den ungeahnten Konsummöglichkeiten gewichen. Diese Verunsicherung, manchmal sogar verzweifelte Überforderung hat in dieser Generation zu ganz unterschiedlichen Lösungsstrategien geführt. „Go West!" heißt nicht nur das Lied der Pet-Shop-Boys, es war gerade für bildungs- und karrierehungrige Ostdeutsche ein Schlachtruf, der zu einem enormen Abwanderungsstrom junger Ostdeutscher in den Westen geführt hat. Ausbildung und Studium, bessere Stundenlöhne und Abenteuerlust waren oft die Motivation dazu. Dadurch kamen in westdeutsche Städte und Dörfer Menschen, die eine andere Sozialisation, Kommunikation und auch Lebenskompetenz mitbrachten. Der Osten dagegen blutete nach und nach aus, so wie z. B. Demmin, die „Hauptstadt der Arbeitslosen", wo „seit 1990 die Hoffnungslosigkeit verwaltet wird" und scheinbar „mehr Gehwagen angemeldet sind als Autos".[25] DDR-geprägte Menschen müssen oft erst viele Lektionen in selbstständigem Denken und Handeln lernen, so beobachtet Michael Fritz es. Im DDR-Alltag regelte der Staat viele Dinge, um die heute gekämpft werden muss. Es reichte, im Strom mitzuschwimmen und keine Fragen zu stellen. Das harmoniert natürlich nicht mit der westdeutschen 68er-Prägung von Selbstbestimmung und Individualismus. DDR-Eltern konnten ihre Kinder schon im Alter von nur wenigen Monaten beim Staat in Krippen abgeben und dann auf die langjährige Betreuung durch staatliche Stellen zählen. Erziehung wurde oftmals delegiert und von vielen Kindern nur punktuell durch die eigenen Eltern erlebt. Auch die Ehe als Lebenskonzept wurde eher als konservative Version neben Lebensgemeinschaften gesehen.

Nun hat eine so geprägte Generation eigene Kinder, die sie erziehen muss, eigene Geschlechterrollen auszufüllen und eigene Ehen durch die Anfechtungen der Gesellschaft zu manövrieren. Die Sehnsucht nach Vorbildern für gelingende Beziehungen wird zweifelsohne existieren. Nicht nur Arbeitsstellen brechen massenhaft weg, sondern auch die Fürsorge des Staates. Hier sind Gemeinden gefragt, Familien zu fördern, beispielsweise beherzte Senioren als Großelternersatz oder Teenager als Babysitter zu stellen.

Menschen mit DDR-Prägung leben oft weniger Individualismus aus als andere. Das DDR-Ideal einer klassenlosen Gesellschaft mit Wertschätzung anderer findet sich in ähnlicher Form auch in der christlichen Gemeinde wieder. In Christus wurden Abgrenzungen aufgehoben, die in der Nachwendezeit von vielen Ostdeutschen als unfair und schmerzend erlebt wurden. Menschen aus der ehemaligen DDR haben auch die staatliche Feierkultur mitbekommen und sind für Feiern und Feste im Gemeindekontext eher offen als ihre individualistisch geprägten Mitmenschen. Die Mangelwirtschaft der DDR hat in der Bevölkerung zu einem starken Pragmatismus geführt. Nicht die hohen Strategien (DDR-5-Jahres-Pläne) sind vertrauenswürdig, sondern hilfreiche praktische Lösungen. Das Ideal vom Arbeiter- und Bauernstaat steht ebenfalls im Kontrast zum westdeutschen Konzept des Bildungsbürgertums. Hochtrabende Gemeindekonzepte müssen daher für solche Menschen praktisch erlebbar und nachvollziehbar gemacht werden. Sensibilität und zwischenmenschliche Offenheit für den anderen helfen meist herauszubekommen, was er denn braucht.

Beate Bergmann, Projektleiterin „Eltern im Kinderland" des ev. Kirchenkreises Merseburg, die ebenfalls ihre Kindheit in der DDR verbrachte, ergänzt:

Die heute über 40-jährigen Eltern haben ihre Kinder relativ früh bekommen. Bei der Geburt des ersten Kindes waren sie etwa 20 Jahre alt. Das hatte die Politik der DDR so eingerichtet. Meistens konnten die Mütter ein Jahr von der Arbeit freigestellt werden und zu Hause bleiben. Nach einem Jahr sind sie an ihren alten Arbeitsplatz zurückgekehrt. In den neuen Bundesländern blieb bis heute die Gewohnheit verankert, dass Kinder nach der Vollendung des ersten Lebensjahres in eine Kindereinrichtung gebracht werden, wobei es den Müttern trotz Gewohnheit schwerfällt, ihre Kinder fremden Menschen anzuvertrauen. Da ihnen die Vorstellung, länger zu Hause zu bleiben, völlig fremd ist, machen sie es so wie ihre eigenen Mütter. Es ist undenkbar, aus dem Rahmen zu fallen und mit seinem Kind länger als ein Jahr zu Hause zu bleiben. Einige wenige Mütter versuchen dies trotzdem und scheitern nicht selten, weil sie nicht wissen, was sie mit dem Kind anfangen und wie sie es fördern sollen. Dies kann man natürlich auch bei Eltern aus den alten Bundesländern feststellen.

Das bedeutet für die Familienarbeit der Gemeinde, inhaltliche Angebote zu unterbreiten, die die Entwicklung von Kindern unterstützt, sie aber nicht festschreibt. Diese Impulse nehmen die Eltern aber nur dann auf, wenn bereits Beziehungen zur Gemeinde bestehen. Allerdings lässt die Beziehungskonstante auch in den neuen Bundesländern nach. Familien sind schneller geneigt, Neues auszuprobieren. So sind Beziehungen meist von kurzer Dauer. Da bleibt nicht viel Zeit, um Nähe aufzubauen. Förderlich sind Familienwandertage, Familien-Koch-Tage und anderes mehr. So ganz nebenbei werden dann auch Fragen über den Glauben geäußert. Familienarbeit in den neuen Bundesländern bedeutet vor allen Dingen, viel Geduld haben, den Zeit- und Arbeitsrhythmus der Eltern berücksichtigen und die Väter und Mütter über die Kinder-Angebote der Gemeinde erreichen.

### 2.1.9 Verschiedene Generationen im Zusammenspiel

Die letzten beiden Shell-Jugendstudien von 2006 und 2010 machen deutlich, dass Jugendliche heutzutage wieder vermehrt an Sinn-Fragen interessiert sind. Es bleibt zu hoffen, dass sie ihre Eltern damit anstecken, vor allem wenn durch die aktuelle wirtschaftliche Lage vermehrt Väter und Mütter arbeitslos werden sollten und mit ihrem Selbstbewusstsein zu kämpfen haben. Schließlich wird der eigene Wert gern an der Leistung festgemacht.

Wenn unterschiedliche Generationen aufeinanderprallen, wird häufig deutlich, dass es schwer ist, sich in die Lage des anderen einzufühlen. Da bilden Erziehungsberechtigte und deren Nachwuchs keine Ausnahme. Jedes Jahr aufs Neue frage ich Konfirmanden, wie sie ihre Eltern erleben, was folgendes Ergebnis brachte: Den Eltern fehle oft das Verständnis für die Situation ihrer Kinder oder sie nähmen sich nicht die Zeit zuzuhören. Sie wünschen sich ihre Eltern als Rückendeckung, als Fluchtburg und als Ermutiger. Eltern dagegen wünschen sich Kinder, die ihre Werte übernehmen und sich von ihnen führen lassen.

Keine wirklich neuen Erkenntnisse. Aber was bedeuten sie für die Familienarbeit? Wie die Kinder so sehen auch die Eltern durch ihre eigene Brille, die noch dazu von Generation zu Generation weitervererbt wird. *„Kinder von heute sind Tyrannen. Sie widersprechen den Eltern und schlingen ihr Essen herunter."* Das sind nicht die Worte eines frustrierten Vaters von heute, sondern entfleuchten bereits dem stoßseufzenden Griechen Sokrates (470-399 v. Chr.). Und so ist jede junge Generation in den Augen der Erwachsenen die jeweils schlimmste. Dieses Vorurteil pflegen allerdings auch die Teenager über ihre Eltern. *„Die erste Hälfte unseres Lebens wird von den Eltern ruiniert, die zweite von den Kindern."*[26] Dieses Zitat deutet an, dass weder Kinder noch Eltern vorurteilsfrei sind, sondern ab einem bestimmten Alter ihre Brille wechseln.

**Zum Weiterdenken:** *Was kannst du dazu beitragen, das Verständnis der Eltern für ihre Kinder und das der Kinder für ihre Eltern zu fördern? Was hilft beiden Parteien, ihre Brille abzunehmen und die Welt mit den Augen des anderen zu sehen?*

*Beachtet bei euren Projekt- und Veranstaltungsplanungen auch das Alter der Kinder bzw. Teens. Während die Jungscharler vor allem das Spielerische anspricht, so sind Teenies bereits viel mehr an ernsthaften Themen interessiert. Seid euch auch bewusst, dass Teenager ab einem bestimmten Alter nur noch sehr selten mit ihren Eltern unterwegs sind. Während Kinder und teilweise auch angehende Teens auch dann noch mitkommen, obwohl sie der Anlass nicht wirklich interessiert, so muss es für ältere Teenager schon einen Anreiz geben, sich den Eltern anzuschließen.*

## 2.2 Sinus-Milieu-Studie

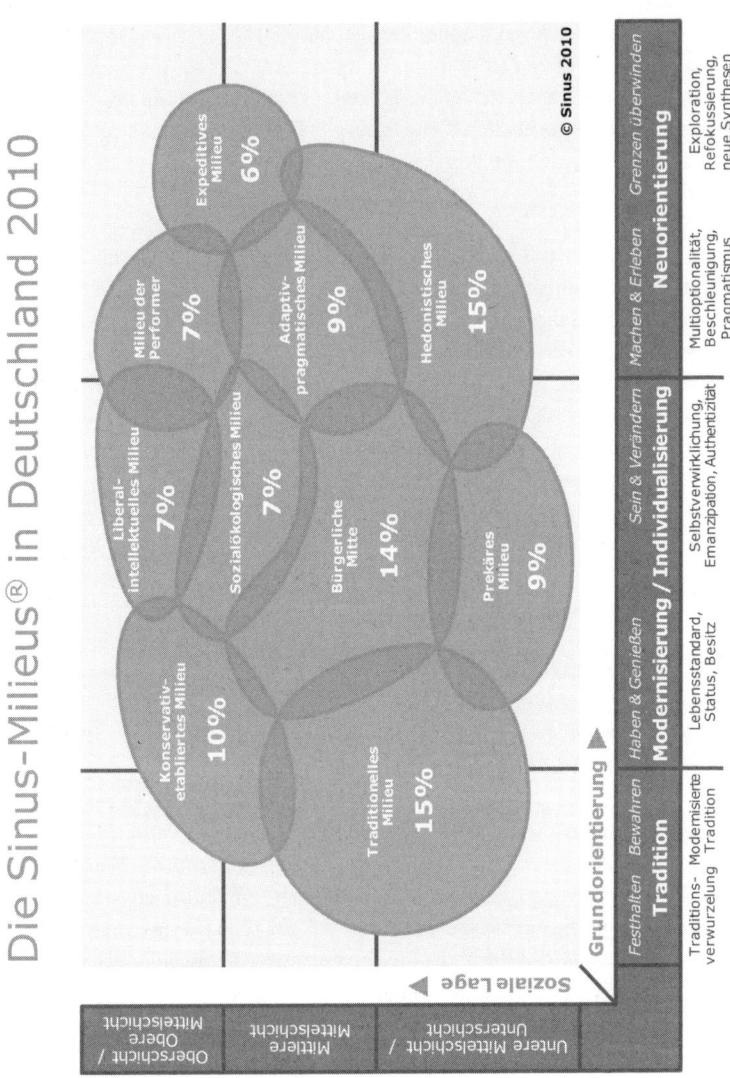

Abdruck mit freundlicher Genehmigung: SINUS-Institut, Heidelberg 2010

Neben vielen anderen hilfreichen Quellen[27] bietet die Sinus-Milieu-Studie einen guten Überblick über verschiedene Gesellschaftsgruppen. Wer sich genau hinter den einzelnen Gruppierungen verbirgt und was diese Milieus kennzeichnet, findet man im Internet unter http://www.sociovision.de/loesungen/sinus-milieus.html.
Hier möchte ich darstellen, wie die einzelnen Milieus zu Glaube und Kirche stehen. Daraus ergeben sich Konsequenzen für die Familienarbeit.

Im Moment erreichen Kirchen und Landeskirchliche Gemeinschaften bzw. Freie Gemeinden nur einen Bruchteil der Gruppen, nämlich diejenigen, deren Grundhaltung die Traditionen und das Genießen von Bestehendem ist (linker Bereich der Grafik). Sie machen insgesamt ungefähr 25-30 % der Bevölkerung aus. Zu diesen Gruppen gehören Menschen der traditionellen Nachkriegsgeneration und der bürgerlichen Mitte, einige wenige sind aus der konservativen Mittelschicht. Zu den anderen Milieus besteht kaum bis gar kein Kontakt. Für 70-75 % spielt Kirche keine Rolle. Für die Familienarbeit muss selbst hier noch einmal genauer hingeschaut werden, denn die Gruppe der Traditionellen, damit ist die Nachkriegsgeneration gemeint, und teilweise auch die Konservativ-Etablierten haben bereits erwachsene Kinder, gehören also somit nicht mehr zur eigentlichen Zielgruppe.

Warum erreichen Kirche und Gemeinde Familien aus einem bestimmten Milieu und aus vielen anderen nicht? Wie könnte man dort einsteigen, ohne sich und die eigenen christlichen Werte zu verbiegen? Das ist eine spannende Frage, die manche unserer heutigen Gemeindeprogramme und Konzepte total über den Haufen werfen könnte! Hier ein kleiner Eindruck von denjenigen Milieus, die für die Familienarbeit relevant sind.

Familien aus dem *prekären Milieu* versuchen, sich die Dinge zu leisten, die sich die bürgerliche Mitte gönnt, um ihre soziale Situation zu übertünchen. Sie haben mit Perspektivlosigkeit und ihrem geringen Ansehen in der Gesellschaft zu kämpfen. Da sie mehr an Materiellem als an religiösen Werten interessiert sind, ist es schwer, sie mit den klassischen Gemeindeprogrammen zu erreichen. Eine Tafelarbeit (Lebensmittelverteilung) oder andere soziale Hilfestellungen scheinen hier ein geeigneter Zugang zu ihnen zu sein.

*Hedonistische Familien*, Eltern und Teenager bzw. Jugendliche, verbinden mit Gemeinde den erhobenen Zeigefinger und viele Regeln, die ihnen die Freude am Leben nehmen wollen. Sie selbst sind spaß- und erlebnisorientiert und ergreifen die Flucht, sobald irgendwelche Erwartungen an sie herangetragen werden. Sie leben auf den Feierabend und das Wochenende hin. Das ein oder andere zwanglose Event könnte ihr Interesse wecken und sie spüren lassen, was das Besondere an einer Gemeindeatmosphäre ist. Noch besser ist es, einen Teil ihrer Freizeitbeschäftigungen mit ihnen zu teilen.

Junge Eltern von heute gehören oft zum *adaptiv-pragmatischen Milieu*. Ihr Lebensmotto: Gut ist, was mir etwas bringt, wo ich einen Nutzen daraus ziehen kann. Kirche und Gemeinde sind für meine Großeltern. Es sei denn, sie ist an irgendeiner Stelle nützlich für mich (z. B. durch ein Erziehungsseminar bzw. -gesprächskreis), dann schaue ich eventuell einmal vorbei.

Für den *expeditiven Teil* der Gesellschaft ist das ganze Leben ein großes Experiment, bei dem es so viel wie möglich auszuprobieren und Grenzen auszuloten gilt. So wie es bei Kindern Playmobil®- und LEGO®-Spieler gibt, so verhalten sich das traditionelle und das bürgerliche Milieu zum expeditiven: Die Traditionellen und Bürgerlichen lieben vorgefertigte Systeme, die sie für sich übernehmen können (Playmobil®), die Expeditiven bauen sich ihre Welt und ihre Ansichten komplett selbst zusammen und bedienen sich aus jeder Ecke, die ihnen interessant erscheint (LEGO®). So sind für sie auch die unterschiedlichen Religionen Grundlagenmaterial, das sie nach dem Baukastensystem bei sich einpassen können. Für sie ist nicht eine bestimmte Richtung entscheidend, sondern die Erfahrungen in Religion und Gemeinde, was sie dort fühlen und erleben. Gemeinden mit vielfältigen Formen, den Glauben auszudrücken, werden leichter Zugang zu diesem Milieu finden. Das sind Gemeinden, in denen sich auch Künstlertypen wohlfühlen.

Zu den *modernen Performern* werden jene jungen Erwachsenen gezählt, die karriereorientiert leben und ihre geringe Freizeit gut nutzen müssen. Zur Betreuung ihrer Kinder sind sie deshalb mehr auf Unterstützung wie z. B. durch Kinderkrippen und Tagesmütter angewiesen als Eltern anderer Milieus. Hier gäbe es einen Anknüpfungspunkt für die Familienarbeit, z. B. Mittagessen für die Schulkinder mit anschließender Hausaufgabenbetreuung. Nicht wenige Performer stellen die Gründung einer Familie hinten an. Schnittpunkte zu Gemeinden fehlen im Allgemeinen. Vereinzelte kirchliche Dienstleistungen, z. B. Hochzeiten werden in Anspruch genommen. Generell ist die sogenannte Oberschicht in vielen Gemeinden nicht vertreten. Das Leben scheint aus deren Sicht auch ohne göttliche Hilfe machbar zu sein, deshalb wird Glaube als unnötig angesehen. Ihr Motto lautet: Man muss sich nur genug anstrengen und auch einmal Neues wagen. Am ehesten dürften bei dieser Gesellschaftsschicht intellektuell herausfordernde und auf junge Leistungsträger angepasste Angebote wie Fachvorträge in gediegenem Ambiente ankommen, ähnlich wie es die IVCG anbietet.[28] Ein Unterschied im Vergleich zur etablierten Oberschicht: Sie sind weit offener für Neues, was auch ihr Interesse an der neuesten Technik zeigt. Sie sind eher auf der Computermesse Cebit anzutreffen als im exklusiven Golfklub.

Eltern aus dem *liberal intellektuellen Milieu* sind nicht sehr konsumorientiert, sondern durchaus an Werten interessiert. Sie besitzen in der Regel ein umfangreiches Wissen. Kultur und Bildung ist ihnen wichtig genauso wie eigene Entscheidungen zu treffen und nicht fremdbestimmt zu leben. Jeder Mensch soll ihrer Auffassung nach leben, wie er möchte, solange er nicht die Freiheit anderer verletzt. Glaube wird deshalb für liberale Eltern zum roten Tuch, wenn er, wie Jesus es deutlich macht, nur einen Weg zu Gott kennt. Kirche ist ihrem Verständnis nach dann relevant, wenn sie sich für humanistische Ziele wie Toleranz und Bemühung um Frieden einsetzt. Hier wäre es also nicht ratsam, mit der Tür ins Haus zu fallen. Vorurteile lassen sich am besten abbauen, wenn man sich auf der persönlichen Ebene kennenlernt. Wie könnte diesen Eltern gezeigt werden, dass sie einem wichtig sind? Echte, von Herzen kommende Hilfsbereitschaft könnte ein solcher Türöffner sein. Andererseits würden sie vor allem dann aufmerksam, wenn das politische Profil der Gemeinde dahingehend geschärft wird, dass Christen ihre Verantwortung in und an der Gesellschaft, im Einsetzen füreinander und Bemühen um Frieden und Versöhnung in den großen (Welt) und kleinen (Nachbarschaft) Bezügen wahrnehmen.

Eltern, die dem *sozialökologischen Milieu* angehören, drehen sich nicht nur um sich selbst, sondern möchten Verantwortung für ihre Mitmenschen und die Natur übernehmen. Sie wehren sich dagegen, wenn die Gesellschaft und deren Lebensraum ihrer Ansicht nach eingeschränkt wird, und suchen in den Kirchen und Gemeinden nach Verbündeten in Umwelt- und Sozialfragen. Ihre großen Themen sind Umweltschutz und soziale Gerechtigkeit. Über das Thema Bewahrung der Schöpfung könnte man mittelfristig auch auf den Schöpfer dahinter zu sprechen kommen. Man kann sich von ihnen im positiven Sinne herausfordern lassen, denn den göttlichen Auftrag, die Schöpfung zu bewahren und sich sozial zu engagieren, haben Gemeinden oft nicht im Blick. Geeignete Möglichkeiten, mit ihnen in Kontakt zu treten, wären z. B. ein Diskussionsabend zum Thema „Eine bessere Welt für unsere Kinder" oder die gemeinsame Durchführung eines sozialen Projekts wie eine Dorfputzaktion mit den Jungscharlern und deren Eltern.

Das Handeln der *konservativ-etablierten Schicht* wird vom Machbarkeitsdenken bestimmt: Gut ist, was Erfolg verspricht. Sie bleiben gern unter sich und sind selten in der Schlange vor der Supermarktkasse anzutreffen. Sie bewegen sich in Kreisen, in denen Gemeindeglieder in der Regel nicht verkehren. Es wird sehr darauf geachtet, dass die eigenen Kinder standesgemäßen Umgang haben. Somit dürfte es keine größeren natürlichen Berührungspunkte zu Gemeinde und der Kinder- und Jugendarbeit geben. Am ehesten sind konservativ-etablierte Eltern bei künstlerischen Angeboten wie Konzerten oder qualitativ hochwertigen Theateraufführungen anzutreffen. Sie lehnen Kirche nicht ab, sondern sehen in ihr eine Institution, die christliche Werte hochhalten und vermitteln soll. Dieses Milieu wird eher noch von kirchlichen Gemeinden als von Landeskirchlichen Gemeinschaften bzw. Freien Gemeinen erreicht.

Die Familien der *bürgerlichen Mitte* versuchen, in sicheren Verhältnissen zu leben, Harmonie ist ihnen ebenfalls sehr wichtig. Sie passen sich gern der Mehrheit bzw. dem Umfeld an. Die Mitglieder dieses Milieus integrieren sich und leben ähnliche Formen und Rituale wie die anderen um sie herum. Wer die Leitwölfe und Trendsetter dieser Schicht kennt und erreicht, wird somit auch viele andere Familien bei sich antreffen. Ihr Stand und ihr Ansehen sind ihnen sehr wichtig, sie möchten akzeptiert werden. Sie engagieren sich in Vereinen und stellen auch in vielen Gemeinden, neben den traditionsbewussten Senioren, die Mehrheit der Mitglieder. Und doch ist es selbst bei diesem Milieu nicht immer einfach, Familien zu gewinnen. Sie stehen vor einem Überangebot an Gruppierungen, die um sie buhlen. Glaube wird spätestens dann für sie relevant, wenn sie in Schwierigkeiten geraten und die selbst geschaffenen Sicherheiten z. B. durch Arbeitslosigkeit zu bröckeln beginnen. Viele der in Kapitel 7 aufgezeigten Möglichkeiten werden v. a. in diesem Milieu fruchten. Grundsätzlich lassen sich bürgerliche Familien zuerst einmal zu zwanglosen Veranstaltungen einladen, v. a. wenn ein persönlicher Kontakt zu ihnen besteht.

Zugang zu den einzelnen Milieus findet man auch über die Fragen, die sie den Christen und ihren Gemeinden unbemerkt oder unbewusst stellen bzw. irgendwann einmal stellen könnten:

*Prekäres Milieu*: Gehst du mir auch aus dem Weg wie all die anderen? Wie begegnest du meiner Zukunftsangst?

*Hedonistisches Milieu*: Weißt du nur, was ein Christ alles nicht darf, oder kannst du mir auch sagen, was das Belebende am Christsein ist? Woran erkenne ich, dass dein Glaube dich froh und zufrieden macht?

*Adaptiv-pragmatisches Milieu*: Ist Glaube was fürs Leben oder nur für die Vitrine? Lebt dein Christsein oder pflegst du Traditionen? Wo spüre ich dir das ab?

*Expeditives Milieu*: Was ist das Besondere an deiner Form zu glauben, dass du dich ausschließlich darauf beschränkst? Wo und auf welche Weise kann ich ungezwungen Erfahrungen mit deinem Glauben machen?

*Milieu der Performer*: Wo bietest du mir Hilfen für mein beschleunigtes Leben an? Zeigst du mir, wie du mit Niederlagen und Versagen umgehst? Bist du bei mir, wenn ich desillusioniert und ausgebrannt bin?

*Liberal intellektuelles Milieu:* Bist du an mir interessiert oder an meinem „Skalp"? Kann ich dir erzählen, was mich bewegt, oder willst du mich nur einfangen?

*Sozialökologisches Milieu*: Schaust du auch über deinen eigenen Tellerrand hinaus oder bist du dir selbst genug? Bietet dein Glaube auch Antworten, was den Schutz der Schöpfung und die Hilfe für benachteiligte Menschen angeht? Wo eiferst du hier Jesus nach?

*Konservativ-etabliertes Milieu*: Stehst du für deine Überzeugung ein? Gebt ihr euch als Gemeinde Mühe mit euren Veranstaltungen oder seid ihr nur mit halbem Herzen dabei?

*Bürgerliche Mitte*: Kennst du mich? Nimmst du Anteil an meinem Leben? Bist du bei mir, wenn ich in persönliche Krisen komme und den Halt verliere?

Es ist eine Utopie, außenstehende Familien aller Milieus für ein und dieselbe Veranstaltung zu gewinnen. Denn sie sind nicht nur unterschiedlich, sondern hegen noch dazu teilweise große Abneigungen gegenüber anderen Gesellschaftsgruppen, z. B. konsumkritische im Blick auf konsumfreudige Milieus. Die unterschiedlichsten Parteien wirklich zu vereinen, das schafft letztlich nur der christliche Glaube, weil Jesus dort der gemeinsame Mittelpunkt ist. Und selbst dann benötigen alle Beteiligte ein großes Herz und viel Kompromissbereitschaft.

**Zum Weiterdenken:** *Welches Milieu spiegelt am ehesten dein Bild von Familie wider? Gibt es Formen und Konstellationen von Familien, die dich abschrecken, denen du dich nicht nähern kannst? Mit welchem*

*Milieu kommst du gut aus, mit welchem weniger? Welche Milieus erreicht ihr als Gemeinde? Welche nicht? Warum?*

*Als Gemeindeglieder und Mitarbeiter eurer Gemeinde werdet ihr vor allem das Milieu erreichen, in dem ihr euch selbst bewegt. Deshalb folgende Schlüsselfrage: Zu welchem Milieu gehörst du selbst und wo ordnen sich deine Mitarbeiter ein? Je vielschichtiger euer Mitarbeiterkreis zusammengesetzt ist, umso einfacher wird es für euch sein, mehrere Milieus zu erreichen. Andererseits wünsche ich euch den Mut, dass ihr euch auch über eure Milieus hinauswagt.*

Wenn schon nicht alle gesellschaftlichen Schichten auf einmal erreicht werden können, so muss es doch machbar sein, so viele wie möglich anzusprechen. Oder ist selbst das unerreichbar? Gute Frage. Es wird wohl keine Programme geben, die das leisten können. Der Schlüssel zu den Familien unterschiedlichster Milieus, aber auch anderer (ethnischer) Herkunft, liegt eher darin, wie man ihnen begegnet: mit Wertschätzung und Respekt. Fühlen sie sich ernst genommen und spüren sie bei uns ehrliches Interesse an ihnen und ihrem Leben, wirkt das mehr als alle Aktionen.

Es gibt auch noch weitere Gemeinsamkeiten, die die Familien aller Milieus miteinander verbinden. Zwei möchte ich hier erwähnen:
- Wird man ernsthaft krank, dann löst das quer durch alle gesellschaftlichen Gruppen recht ähnliche Ängste aus. Ein schwerer krankheitsbedingter Einschnitt wie z. B. eine Krebserkrankung trifft einen Menschen und sein Umfeld, egal in welchem Milieu er sich befindet. Wie kann hier die Gemeinde helfen? Nicht große Worte sind gefragt, sondern für diese Familie da sein, mit ihr leiden und sie entlasten, wo dies möglich und gewollt ist (Fahrdienste zum Arzt, Wäsche bügeln, ...).
- Eine gewisse Unsicherheit empfinden die meisten Eltern, wenn die eigenen Teenies und Jugendlichen in einem anderen Milieu gelandet sind. Sollten die eigenen Sprösslinge andere Wertmaßstäbe haben bzw. nicht die gleichen sozialen Ziele verfolgen und statt der Lichterketten-Demo gegen Atommülltransporte lieber zum Late-Night-Shopping ins Einkaufscenter pilgern, dann kann das diverse Diskussionen nach sich ziehen. Und auch dann, wenn sowohl Eltern als auch Teenies sich gar nicht so milieufremd sind, gibt es noch genügend anderes Konfliktpotenzial. Am Ende wären beide Seiten froh, wenn jemand zwischen ihnen vermitteln und neben einem Waffenstillstand auch das Verständnis füreinander fördern würde. Diese Rolle könnte die Gemeinde einnehmen.

## 2.3 Die Familiensituation vor Ort

Nach diesen vielen Gedanken über Familien im Allgemeinen muss dieses Wissen nun auf die örtliche Situation angewendet werden. Es ist wichtig, sich ein Bild von den Familien im Gemeindeumfeld, der Nachbarschaft, ob Dorf oder Stadtviertel, zu machen und die Angebote und Programme auf sie abzustimmen. Gemeinde hat mit Menschen zu tun, da passt kein „Schema F". Wir laufen ja auch nicht alle gleich gekleidet durch die Weltgeschichte. Die unterschiedlichen Kleider lassen schon erahnen, dass nicht nur sie, sondern auch deren Träger unterschiedlich gestrickt sind. Deshalb sieht Elternarbeit in Gemeinde A anders aus als in Gemeinde B oder C.

Ich erinnere mich noch lebhaft an unser „Candle-Light-Dinner", das wir für die Ehepaare des Ortes veranstalten wollten. Eine tolle Idee – eigentlich. Wir Mitarbeiter waren begeistert (die Frauen etwas mehr als die Männer) und haben uns gut vorbereitet: Einladungen verteilt, das Programm aufgestellt, einen Referenten für einen Ehevortrag zwischen den Schlemmergängen gebucht und auch an der zum Anlass passenden Dekoration gefeilt. Von den stilvoll gefalteten Servietten bis zum romantischen Kerzenlicht – alles picobello! Selbst an edlen Speisen sollte es nicht fehlen. Was am Ende dann doch fehlte, das waren die Anmeldungen für diesen Abend, der somit ins Wasser fiel. Viel Aufwand für nichts. Offensichtlich haben wir nicht das angeboten, was die Eltern gebraucht haben, und somit an ihnen vorbei geplant. Abgeschaut hatten wir uns diese Idee von einer Gemeinde, die sich auf kleinstädtischem Terrain befindet. Scheinbar ist das Dinieren mit Candle-Light nicht dorfkompatibel, zumindest nicht mit unserem.

Der Ort ist also mit ausschlaggebend, ob die Programme und Aktionen angenommen werden oder die Eltern einen an ausgestreckter Hand verhungern lassen. In einem Viertel, das als sozialer Brennpunkt bekannt ist, beginnt man eine Familienarbeit anders als in einem gutbürgerlichen Umfeld. In einer Siedlung mit mehr Kühen als Einwohner eine Vernissage über plastischhaptische Freskenmalerei der modernen Klassik zu veranstalten, wäre wahrscheinlich ein ebenso suboptimales Unterfangen wie in einer Großstadt einen Abend zum Thema „Traktoren im Wandel der Zeit" anzubieten.
Darüber hinaus hat jeder Ort sein eigenes Gepräge. Und selbst Dorf ist nicht immer gleich Dorf, auch einzelne Stadtteile sind teilweise sehr unterschiedlich.

**Zum Weiterdenken:** *Kennt ihr die Besonderheiten eures Ortes? Welche Einflüsse prägen die Familien eurer Jungscharkinder bzw. Teen-*

*kreisler, vor allem deren Eltern? Wie sind ihre Lebensverhältnisse? Was beschäftigt sie? Was hebt sie von anderen ab? Jeder Ort(steil) hat ja seinen Ruf weg. Charakterisiert euren Stadtteil oder euer Dorf in einem kurzen Satz. Was ist typisch für dieses Umfeld? Viele Alleinerziehende? Hohe Arbeitslosigkeit? Und dann – siehe Kapitel 5.1 – findet heraus, was diese Erkenntnisse für eure Familienarbeit bedeuten, welche Angebote und Programme ihr darauf abstimmen könnt.*

## 2.4 Ein Mann ist keine Frau

Männer sind anders als Frauen. Das ist die harte Realität. Sie sind manchmal erfreulicherweise und manchmal nicht ganz so erfreulicherweise sehr unterschiedlich in dem, was sie denken, fühlen und tun, auch in dem, was sie interessiert, was sie anspricht, in ihren Neigungen, was sie gern unternehmen und was nicht. Wenn wir von Familien reden, dann ja von Vätern und Müttern, Männern und Frauen, Jungen und Mädchen, die wir in ihrer Unterschiedlichkeit wahrnehmen müssen.

In der Gemeinde sind in der Regel mehr Frauen als Männer anzutreffen. Nach meiner Erfahrung stehen ca. 40 % männliche Besucher 60 % weiblichen Besuchern gegenüber. Kirchen und Gemeinden entsprechen mit ihrem Flair und ihren Veranstaltungen eher den Frauen und ihren Bedürfnissen als den Männern. In der Gemeinde geht es um Gemeinschaft, Beziehungen, ums Zusammensein, sich spüren, sich wahrnehmen, reden, sich mitteilen, sich kümmern. Viele, vor allem außenstehende Männer, die das nicht in dieser Geballtheit kennen, würden lieber barfuß den Mount Everest besteigen, als sich auf ein Umfeld einzulassen, das ausschließlich so geprägt ist!
Solltest du weiblich und verheiratet sein, dann kennst du sicherlich den Satz, bei dem dein Partner – zumindest innerlich – die Flucht ergreift: *„Schatz, wir müssen mal miteinander reden."* Gesprächskreise schrecken Männer eher ab, sofern es keine Theologen oder Politiker sind. Nicht dass es schlecht ist, wenn wir Männer an unserer Kommunikation arbeiten und es lernen, über unsere Gefühle zu reden. Im Gegenteil, das sollte auf jeden Fall gefördert werden. Nur: Männer kann man auf diese Weise kaum erreichen. Und so ist es auch nicht verwunderlich, wenn sich bisher eher Mütter als Väter zu den Veranstaltungen einladen ließen. Florierende Mutter-Kind-Kreise und Frauenfrühstücke sind bekannte Formen, die das zeigen.

Wenn man dagegen in der Gemeinde eine Carrera-Bahn auspackt, dann bekommen nicht nur Söhne leuchtende Augen, auch die Väter schnappen sich einen Regler und drehen selig ein paar Runden im Slotcar-Motodrom. Womit wieder bewiesen wäre, dass im Mann doch irgendwo so etwas wie kindliche Freude und Begeisterungsfähigkeit verschüttet liegen. Nun sind natürlich auch nicht alle Väter gleich zu begeistern. Andere werken lieber an Drachen oder Seifenkisten oder verausgaben sich gern sportlich z. B. bei Straßenfußballspielereien oder beim Bergwandern. Wenn es etwas weniger Verausgabung sein soll, bietet sich der Evergreen Tischtennis an. Solltet ihr sie stattdessen in eine Gesprächsrunde zum Thema „Wie fühle ich mich als Vater" verwickeln wollen, dann würdet ihr außer einer mächtigen Staubwolke nichts mehr von ihnen sehen. Merke: Lieber mit den Männern Staub aufwirbeln als deren Staubwolken hinterhersehen.

Fazit: Man kann also nicht von *„den Eltern"* oder *„den Kindern"* ausgehen, denn Väter und Mütter, Jungen und Mädchen sind verschieden.

Ich möchte eine oder am besten gleich mehrere Lanzen dafür brechen, dass ihr vor allem auch die Väter in euer Blickfeld rückt und euch überlegt, wie ihr Männer erreichen könnt. Wenn ihr sie gewinnt, dann kommen die Mütter in der Regel ebenfalls mit in die Gemeinde. Schon allein aus reiner Neugier. Erreicht ihr die Mütter, dann kommen die Väter oft nicht mit, und wenn, dann oft nur aufgrund weiblicher Überredungskunst, was die Männer innerlich erst recht auf Abstand zur Gemeinde gehen lässt. Wer lässt sich schon gern aufgrund mehr oder weniger sanftem Druck irgendwohin zerren? Erinnert euch an die unliebsamen Verwandtschaftsbesuche eurer Kindheit, zu denen ihr mit musstet. Wie ging es euch dabei? Jetzt habt ihr in etwa das passende Gefühl, das Männer empfinden, wenn sie zur Gemeinde mitgeschleppt werden. Vorfreude und Offenheit stellen sich erst dann ein, wenn man selbst angesprochen und für etwas begeistert wird. Das gilt eben auch für „Männer und Gemeinde".[29]

Wie erreicht ihr Väter? Macht euch bewusst, welche Sprache Männer sprechen und verstehen, nämlich „Aktionesisch". Handeln statt Quatschen, Aktion statt Unterhaltung. Während ihr bei Frauen das Ambiente für eine gepflegte Begegnung, fürs Gespräch schaffen müsst, brauchen Männer neben einem kleinen Brocken Small Talk über die Bundesliga-Ergebnisse vom letzten Samstag vor allem eines: Action! Da muss was laufen! Männer wollen etwas tun, wollen herausgefordert werden, wollen sich messen, wollen etwas zeigen! Schmeißt einen Fußball zwischen eine Gruppe Männer und sie fangen an zu tanzen. Oder veranstaltet einen Wettbewerb, bei dem die Väter mit ihren Söhnen oder Töchtern gegen andere Väter-Kind-Teams antreten, z. B. bei „Flying Ei" (siehe S. 157): Das Team hat gewonnen, das sein rohes Ei am weitesten über eine Rampe hinwegkatapultieren kann, ohne dass es zu Bruch geht. Da geht es ums Tüfteln: *„Wie verpacken wir das Ei, damit ihm nichts passiert? Stecken wir es in den Mantel eines Fahrradreifens? Hmm ... Das müsste doch noch besser gehen ... Mal überlegen ...!"* Und dann kommt der große Moment, der Wettbewerb, bei dem die eigene atemberaubende Konstruktion stolz gezeigt und vorgeführt werden kann. Im Übrigen tun solche Vater-Kind-Angebote, ähnlich wie Freizeiten, Sportveranstaltungen, Experimente usw. auch der Vater-Sohn- oder Vater-Tochter-Beziehung gut!

Und noch ein Nebeneffekt: Vor allem die gemeinsamen Erlebnisse und das gegenseitige Helfen unter (gemeindeinternen und gemeindefremden) Vätern schweißen zusammen und fördert das gegenseitige Kennenlernen und Vertrauen. Sicher nicht gleich am Anfang. Damit ist es wie mit einem zarten Blümchen. Ein sehr unmännlicher Vergleich, aber diese Beziehungen unter Männern brauchen ihre Zeit, viel Dünger und Schutz, um zu wachsen. Dann aber ebnen sie den Weg für weitere Einladungen in die Gemeinde. Umso besser also, wenn ihr in eurer Gemeinde Männer findet, die ihr hier einbinden könnt.

Jetzt ergibt es allerdings wenig Sinn, wenn man von der anderen Seite des Pferdes kippt und nur noch geschlechtsspezifische Angebote auf den Familienmarkt wirft. Verwendet auch etwas Gehirnschmalz darauf, für welche Dinge ihr sowohl Väter als auch Mütter, Söhne und Töchter einladen könnt. Schließlich wollt ihr ja alle unter einem Dach zusammenführen, und letzten Endes ist es kontraproduktiv, in der Gemeinde ein Artenschutzreservat für Männer einzuführen, wo sie ausschließlich unter sich sind. Es ist eine mächtige Herausforderung, Frauen und Männer für das Gleiche zu begeistern, aber eine lohnenswerte.

**Zum Weiterdenken:** *Wie lebt ihr eine ausgewogene Gemeindeatmosphäre und benutzt Formen, die beide Geschlechter ansprechen?*

Wir haben gute Erfahrungen mit unserem 80er-Jahre-Abend (siehe S. 130) und unseren Grill-Events gemacht. Wenn man grillt, dann kommen auch diejenigen Väter mit, die sich sonst zu nichts anderem einladen lassen! Es ist ja so banal: Ordentlich Fleischlappen übers Feuer hängen, das ist die bestmögliche Einladung. Grillen, das boomt, das ist zumindest in den meisten ländlichen Gegenden immer noch der Bringer schlechthin. Dann noch ein bisschen Stockbrotteig bereitstellen und los geht's! Man muss keinen überwältigend großen Aufwand betreiben und lernt sich in zwangloser Atmosphäre besser kennen.

Aber selbst hier gilt: Es sollte schon vorher ein gewisser Kontakt zu den Familien bestanden haben und seien es die flüchtigen Begegnungen, wenn die Eltern ihre Kinder von der Jungschar abholen. Nur mit dem Steak zu wedeln, wird die heimische oder gemeindliche Grünanlage nicht sonderlich übervölkern.

**Zum Weiterdenken:** *Bevor ihr etwas in Gang bringt, klärt ab, wen das wohl ansprechen wird. Ganze Familien? Männer und Frauen? Oder nur einen Elternteil? Seid ihr in euren Angeboten ausgewogen oder einseitig auf Frauen/Männer ausgerichtet? Bietet ihr etwas an, was sowohl Frauen als auch Männer interessiert?*

*Selbst Vater ist nicht gleich Vater und Mutter nicht gleich Mutter: Wie nehmt ihr die Väter und Mütter eurer Jungscharkinder wahr? Wie wirken sie auf euch, generell oder speziell in ihrem Vatersein/Muttersein gegenüber ihren Kindern? Könntet ihr sie dabei unterstützen? Womit kann man Vätern bzw. Müttern aus Nächstenliebe heraus etwas Gutes tun und sie entlasten? Was hilft einem gestressten Vater oder einer nicht weniger abgespannten Mutter? Falls du nicht zu einer dieser beiden Gattungen gehörst, gibt es sie bestimmt in deiner Gemeinde. Frag sie doch mal, womit man ihnen eine Freude machen kann.*

# 3. Vorhandenes erkennen und einsetzen

Habt ihr euch als Gemeinde schon einmal bewusst gemacht, wo sich eure Gemeinderäumlichkeiten befinden und warum sie dort stehen, wo sie stehen? Natürlich könntet ihr in irgendwelchen staubbedeckten historischen Aufzeichnungen nachgraben, wie alles angefangen hat. Hinter alle dem steht aber einer, der einen Plan hat: mit euch. An diesem Ort. Und wenn die Gleichung „Umfeld = Auftrag" stimmt, dann habt ihr bereits all das Potenzial, das ihr benötigt, um diesen Auftrag auszuführen. Wer von Gott beauftragt wird, der erhält von ihm auch das, was er dafür benötigt.

Wenn euch klar ist, dass Familienarbeit dran ist und ihr ein Gespür für euer Familienumfeld entwickelt habt, dann ist der nächste Schritt zu prüfen, welche Möglichkeiten und Ressourcen in der Gemeinde für diesen Arbeitszweig vorhanden sind.

## 3.1 Das Potenzial der Mitarbeiter

Es fängt mir dir persönlich an! Wer bist du denn? Komische Frage? Wichtige Frage! Du bist so einzigartig wie dein Fingerabdruck und Gott hat sich etwas dabei gedacht, als er dich so gemacht hat, wie du bist. Das ist eine entscheidende Feststellung für dein Leben, aber auch dein Mitwirken in der Familienarbeit deiner Gemeinde. Du bist nicht irgendwer, sondern ein wichtiges Puzzleteil im Plan Gottes. Du bist, wie jeder andere Mitarbeiter auch, eine Antwort auf die Frage, was Gott den Familien Gutes tun möchte und wodurch er etwas von seiner Liebe zu den Eltern und ihren Kindern deutlich und spürbar machen will.

Nimm eine Schachtel mit einem Puzzle zur Hand und wühle etwas darin. Jedes Teil ist einzigartig, größtenteils unterschiedlich bedruckt und mit einer besonderen Form versehen. Jedes Puzzlestück hat einen ganz bestimmten Platz, damit das Gesamtbild sichtbar werden kann. Ein Teil allein ist noch nicht das ganze Puzzle, aber wenn es fehlt, dann ist das ganze Bild unvollständig. Du bist genauso einzigartig, dem Bild der Familienarbeit würde ohne dich ein wichtiges Teil fehlen.

Deinen Platz in der Familienarbeit findest du, indem du dich damit beschäftigst, was Gott in dich gelegt hat. Jeder Christ hat Fähigkeiten und Begabungen geschenkt bekommen. Und diese Fertigkeiten und Gaben sind konkretes Reden Gottes. Dadurch zeigt er dir, wie du für ihn leben kannst.

Der Vorteil dabei: Das, was du kannst, geht dir locker von der Hand, du bist entspannter und wirkst dadurch auch anders z. B. auf eingeladene Gäste, was sich wiederum auf die Atmosphäre überträgt. Es fällt dir leichter, Kontakte zu den Familien zu knüpfen, wenn du in deinem Element bist, als wenn du dich selbst schon permanent unwohl fühlst. Das überträgt sich ebenfalls auf die Eltern, die sich ja in erster Linie nicht so sehr am schön dekorierten Raum orientieren, sondern viel mehr an den Gastgebern, die ihnen dort, vor allem in den ersten Momenten nach Betreten des Gemeindehauses, über den Weg laufen. *„Je mehr Vergnügen du an deiner Arbeit hast, umso besser wird sie bezahlt."*[30] Deine „Bezahlung" in diesem Fall: entkrampfte und erwartungsvolle Familien.

An manchen Orten wird das „Kreuz auf sich nehmen" (Lk 9,23) so verstanden, dass den Mitarbeitern die Arbeit nicht unbedingt Spaß machen muss. Viele Mitarbeiter in den Gemeinden, die ihre Aufgabe als Last empfinden, durchleiden das aber nicht, weil Jesus es möchte, sondern weil sie schlicht am falschen Platz eingesetzt sind und ein falsch verstandenes Martyrium pflegen. Natürlich darf der Gedanke der gabenorientierten Mitarbeit nicht als Ausrede herhalten. Wer keine Lust hat Stühle zu stellen, sollte nicht mit Aussagen wie „Ich habe nicht die Gabe zu dienen" um sich werfen. Dienen gehört zum Christsein dazu (Eph 6,7). Nur manche haben sie als Begabung in einem stärkeren Maße und sollten deshalb in diesem Bereich ihren Schwerpunkt setzen. Fazit: Jede Gabe ist gleichzeitig auch Aufgabe.

„Ich mach mein Ding!", lautete die Antwort vom ehemaligen Skispringer Sven Hannawald auf die Frage nach seinem Erfolgsrezept. Es war seine Technik, sein Stil, nicht der von Martin Schmitt und den anderen erfolgreichen Mitspringern. Hätte er einen von ihnen nachgeahmt, wäre er mit Sicherheit nur auf den hinteren Rängen gelandet. Der eine hat seine Stärken vor allem beim Absprung am Schanzentisch, der andere in der Flugphase. Wie schnell sehnt man sich danach, das zu können, was ein anderer kann, vor allem wenn derjenige dabei erfolgreich ist. Geht es dir auch so? Damit wirst du aber nicht weit kommen, es blockiert dich und Gott kann dich nicht an dem Platz einsetzen, wo er dich besser gebrauchen kann. Man kann Puzzlestücke mit Gewalt an einer anderen Stelle reindrücken, nur klafft dann am ursprünglichen Platz ein Loch, und das ganze Puzzle wird dadurch nicht mehr das ursprüngliche Motiv darstellen, das sich der Künstler ausgedacht hat.

*„Ich wünsche mir die Gabe zu schätzen, was ich habe."*[31] Vielleicht ist dies ja ein Merksatz für dich: Ich wünsche mir die Gabe, meine Begabungen zu schätzen, die Gott mir gegeben hat, sie auszuleben und nicht ständig dem nachzutrauern, was nicht Teil meiner persönlichen „Werkzeugkiste" ist. Auch wenn wir Gott um Gaben bitten dürfen, die der Gemeinde fehlen, und uns regelrecht danach ausstrecken sollen (1. Kor 14,1), stehe zu dem, was im Moment bei dir vorhanden ist. Du musst nicht alles können! Gott wusste bereits vor deiner Geburt, dass du etwas ganz Besonderes bist, auch in dem, was dir liegt oder eben nicht. Das Ziel als Mitarbeiter in der Familienarbeit ist somit nicht, perfekt zu sein, sondern echt.

Zu deiner Einzigartigkeit gehört neben deinen Fähigkeiten, Interessen und Begabungen auch deine Persönlichkeit, die Gott in dich gelegt hat und die durch verschiedene Personen und Erlebnisse mitgeprägt wurde. Warum reagierst du in bestimmten Situationen so, wie du reagierst? Warum fällt es dir (nicht) leicht, auf neue Familien bzw. nach der Jungschar auf Eltern zuzugehen, die ihre Kinder abholen, oder Familien zu Hause zu besuchen? Bist du eher menschen- oder sachorientiert? Kennst du deine Art, mit den Eltern Kontakte zu knüpfen? Bist du derjenige, der sich zu neuen Besuchern setzt und von null auf hundert in drei Sekunden ein Gespräch in Gang bringt, oder benötigst du einen Anlass bzw. einen Aufhänger, an den du anknüpfen kannst? Arbeitest du lieber allein an einer bestimmten Aufgabe oder benötigst du ein Team um dich herum, um etwas vorzubereiten? Liebst du Gemeindeveranstaltungen mit brechend voller Bude und du mittendrin im Getümmel? Oder schätzt du es, an einem ruhigen Ort zu sein und dort mit jemandem zu reden? Entspricht es dir, auf Dorffestivitäten oder bei Bürgersteigbegegnungen Kontakte zu Familien zu knüpfen? Redest du lieber mit Jungscharmüttern oder bastelst du stattdessen eher an einer Idee, wie diese Mütter erreicht werden können? Bist du der Ideengeber und derjenige, der die anderen für ein Projekt begeistern kann, oder jemand, der auf einer bestehenden Idee aufbaut und mitgeht? Liebst du es, bei Veranstaltungen an vorderster Front zu stehen, wo sich die Aufmerksamkeit der anderen fokussiert, oder werkelst du lieber im Hintergrund?

Es gibt bestimmte Ideale, wie man als Mitarbeiter sein sollte: ungeschriebene Gesetze und starke Erwartungen von anderen oder von dir selbst. Und alles, was neben diesem Ideal ist, das man scheinbar zu erfüllen hat, scheint nicht gut genug. Fakt ist, dass Gott dich nicht als perfekte Persönlichkeit geschaffen hat. Du hast, wie die anderen Mitarbeiter auch, neben deinen Stärken auch Grenzen. Es ist keine Schwäche, Schwächen zu haben. Das ist Teil von Gottes Schöpfung, denn er hat uns auf Ergänzung angelegt. So wie Adam eine Rippe fehlt, die Eva hat, so fehlen dir Eigenschaften, die dafür ein anderer mitbekommen hat. Du brauchst die anderen Mitarbeiter wie ein Puzzlestück das andere. Somit ist die eigentliche Schwäche, Begrenzungen abzulehnen und zu überspielen.

Begib dich auf die Suche nach deinen persönlichen Zusammenhängen. Lerne zu verstehen, was Gott in dich gelegt hat und was Prägungen von Mitmenschen und Erlebnissen sind. Ersteres gilt es anzunehmen, Letzteres ist, sofern nötig, auch wieder abtrainierbar. Um dem auf die Spur zu kommen, gibt es ebenfalls einige Hilfsmittel.[32]

Wo kannst du persönliche Kontakte im Dorf oder Stadtviertel aufbauen, die dir, deiner Art und deinen Interessen entsprechen? Du hast diese Interessen geschenkt bekommen, um sie zu genießen, aber auch als Werkzeug, um andere (Familien) zu erreichen. Dadurch verbessern sich die Ansichten der Mitbürger über eure Gemeinde, Kontakte ergeben sich, die Offenheit gegenüber eurem Familienangebot nimmt zu. Gibt es einen örtlichen Verein, dessen Sportangebot dir zusagt? Oft sind in Radklubs, Handballvereinen usw. ganze Familien aktiv. Natürlich liegt es auch nahe, sofern du selbst Vater oder Mutter bist, die Kontakte zu anderen Eltern aufzubauen, sei es über Kindergarten, Schule oder die gegenseitigen Besuche der Kinder am Nachmittag. Es soll sogar Mitarbeiter geben, die in die Familienarbeit einsteigen und sich erstmal einen Hund zulegen, weil sie übers Gassigehen einen natürlichen Draht zu anderen Hunde besitzenden Eltern suchen. Und selbst wenn du kein redegewandter Small Talker sein solltest, hast du Themen, die dich interessieren und bei denen du mitreden kannst. Such dir das passende Umfeld dazu.

Für mich war es einige Jahre der Computer, der mir Türen öffnete. Es hat sich mit der Zeit herumgesprochen, dass ich dem ein oder anderen bei seinem PC-Problem helfen konnte, und so bekam ich laufend weitere Anfragen von verschiedenen Familien, ob ich nicht kurz vorbeischauen könnte, bevor sie das Gerät aus lauter Frust und Verzweiflung durchs geschlossene Wohnzimmerfenster werfen. Selten habe ich Menschen so offen erlebt, als nach mehr oder weniger langen und intensiven Qualen der Rechner wieder lief. Das zog manch gutes Gespräch nach sich, der Kontakt war aufgebaut. Es hat allerdings einige Zeit gedauert, bis ich verstanden habe, dass dies mein diakonisches Einsatzgebiet ist.

„*Suchet der Stadt Bestes*"(Jer 29,7) beginnt damit, sich als Teil dieser Stadt zu sehen, präsent zu sein und sich dort ein Standbein zu verschaffen.

**Zum Weiterdenken:** *Erkenne deine Fähigkeiten und Begabungen und setze sie fröhlich ein! Was machst du gern? Womit kennst du dich aus? Bei welcher Tätigkeit geht dir das Herz auf? Diese und ähnliche Fragen können dir einen ersten Anhaltspunkt liefern. Folgende Bibelstellen bringen dich bei deiner Suche ebenfalls weiter: 1. Kor 12 und 14; Röm 12; Eph 4.*

*Frage dich, was dir leicht fällt und vor welchen Situationen du eher scheust und dich auf die Hinterläufe stellst. Was liebst du und welchen Umständen gehst du aus dem Weg? Ist es dran, dies aufzuarbeiten und Gott um Mut zu bitten, dass du dich dem stellen kannst?[33] Oder hast du eine von Gott gegebene Begrenzung, die es zu akzeptieren gilt? Ergänzen dich andere Mitarbeiter an dieser Stelle? Wer?*

*Um in Sachen Begabungen und Persönlichkeit tiefer einzusteigen, empfehle ich dir, Literatur zum Thema durchzuarbeiten, wie z. B. „Die drei Farben deiner Gaben" von Christian Schwarz[34], D.I.E.N.S.T.[35] bzw. GPI[36], den DISG-Test[37] oder „Explore!", ein Gabenkurs für Jugendliche und Junge Erwachsene, erhältlich beim BORN-VERLAG..*

## 3.2 Das Potenzial der Gemeinde

Wenn es darum geht, einen neuen Arbeitszweig zu beginnen, werden zwei Fragen in den Vordergrund gestellt:
- Was könnte man auf die Beine stellen?
- Wer hat noch Zeit und Spannkraft, sich dort zu engagieren? Bei welchen Mitarbeitern sind noch freie Kapazitäten vorhanden, die man anzapfen könnte?

Die ernüchternde Antwort ist oft, dass die Mitarbeiterschaft eh schon genug gefordert ist und teilweise auf dem Zahnfleisch daherkommt. Zum einen kann man etwas Neues in der Gemeinde oft nur beginnen, wenn etwas bereits Bestehendes gestrichen wird. Der Familienarbeit müsste also seitens der Gemeindeleitung eine hohe Priorität eingeräumt werden. Zum anderen bleibt die Herausforderung, neue Mitarbeiter zu gewinnen (mehr dazu in Kap. 4.2 Begeistern statt Appellieren).

Das Ziel der Familienarbeit ist nicht, irgendetwas zu tun und dann mühsam nach den Mitarbeitern zu suchen, die es schultern können, sondern das Passende zu finden. Wenn euch klar ist, was die Familien am Ort bewegt und was sie benötigen, geht es nun an die Frage, was euch als Gemeinde liegt und was ihr abdecken könnt. Manches von dem, was wir an einem Ort als Mitarbeiter ausgeknobelt haben und dort auch gut angekommen ist, wollte ich an einem anderen Ort ebenfalls initiieren. Obwohl es gleich gut ausgeklügelt war und viel Herzblut hineinfloss, kam wenig dabei herum. Teilweise passte es nicht zu den dortigen Familien oder nicht zu dieser Gemeinde. So bauten wir z. B. zu einer anstehenden Fußball-WM eine Leinwand nebst Beamer auf. Es gibt ja schließlich genügend Fußballbegeisterte, die sich dafür interessieren könnten. Was wir nicht bedachten und schließlich der Schlüssel zum Misserfolg war: Wir haben in unserer Gemeinde nahezu keine Fußballfans, die sich für diesen Anlass leidenschaftlich und mit Engagement und Kreativität hätten einbringen können. Es fehlte auch der Draht zu den örtlichen Fußballfans. Dies zeigte uns recht plastisch, dass Konzepte, die anderswo funktionieren, nicht blind abgekupfert werden können.

Was benötigen die Familien und was könnt ihr dazu beisteuern? Erstens muss das, was ihr anbietet, zum Ort passen, und zweitens auch zu euch als Gemeinde! Das bedeutet aber auch: Ihr müsst nichts leisten, wofür Gott euch nicht ausrüstet! Denn was in Bezug auf dich als einzelnen Mitarbeiter gilt, das hat auch seine Bedeutung für das große Ganze: Gott hat euch als ganze Gemeinde nicht zufällig so zusammengestellt mit euren Interessen, Fähigkeiten und Begabungen. Jeder Ort hat sein Gepräge, jeder einzelne Mitarbeiter und eben auch jede Gemeinde.

Je mehr ihr als Gemeinde in der Familienarbeit vernetzt seid, je mehr Mitarbeiter eingebunden sind, desto mehr Möglichkeiten habt ihr. Entweder im Bereich der aktiven Mitarbeiter, aber auch hinter den Kulissen. Vernachlässigt diesen Bereich nicht. Sucht euch neben den Mitstreitern in Sachen Ideenentwicklung, Projekt- bzw. Programmgestaltung, Dekoration usw. auch Berater, treue Gebetsbegleiter, Nachfrager, Ermutiger, Motivatoren und Menschen, die euch an Gottes Versprechen und eure Ziele erinnern.

Dir selbst wird es nicht immer möglich sein, da zu helfen, wo dir Not auffällt. Du kannst aber auf jeden Fall deine Gemeinde einbeziehen: Sprich diejenigen an, die sich mit dem betreffenden Problem auskennen. Bei größeren Gemeinden könnte eine im Gemeindehaus aufgehängte Pinnwand eine Hilfe sein, auf der du dein Anliegen anbringen kannst, z. B. wenn du für eine alleinerziehende Mutter eine Tapezierhilfe suchst oder jemanden, der regelmäßige Einkäufe für sie tätigt, weil sie es selbst aufgrund ihrer Arbeitszeiten kaum schafft. Wichtig: Schreibe deinen Namen und deine Telefonnummer auf die Karte und vermittle dann den Helfer an die Familie, die Unterstützung benötigt.

Jungscharler und Teenkreisler an der Gestaltung des Projektes bzw. der Veranstaltung einzubeziehen, macht Sinn, weil Eltern eher kommen, wenn ihre Sprösslinge beteiligt sind. Sie brauchen eure Begleitung. Ermutigt sie und helft ihnen, wenn sie einen Durchhänger oder Probleme bei der Umsetzung haben. Geht mit ihnen durch, was sie gern anpacken möchten, so lassen sich auch die Programmpunkte verändern, zur Not auch verhindern, wo den Kindern und Teenies noch das Gespür fehlt, was passend oder unpassend ist. So wäre ein Sketch der Teenies mit der Rolle eines die Gäste belustigenden Betrunkenen nicht sehr sensibel, wenn einer der Besucher mit Alkoholproblemen zu kämpfen hat. Wischt diese Vorschläge aber nicht einfach vom Tisch, sondern würdigt das Engagement der Teenies und erklärt ausführlich, warum es (so) nicht über die Bühne gehen kann.

Fördert einen gemeinsamen Gabentest auf Gemeinde- oder wenigstens Mitarbeiterebene. Notiert euch bei einer gemeinsamen Auswertung die zutage getretenen Begabungen und sammelt sie auf einer Strichliste. So kommt ihr bestimmten Auffälligkeiten und Gabenhäufungen besser auf die Spur. Welches Gabenprofil ergibt sich?
Als Appetitanreger könnte folgende Methode dienen: Schreibt jeweils euren Namen über ein leeres Blatt Papier. Dann geben alle ihr Blatt dem linken Nachbarn, der die Stärken desjenigen aufschreibt, dem das Blatt gehört. Anschließend wird es weiter nach links gereicht, solange bis jeder wieder sein eigenes Blatt vor sich liegen hat und dort einen bunten Strauß an Eindrücken über sich wiederfindet. So gebt ihr euch gegenseitig Feedback und bekommt ein Gespür für die Möglichkeiten, die ihr als Mitarbeiter in der Familienarbeit habt. Tauscht euch über das Ergebnis aus. Was fällt euch auf? Vor allem bei einem größeren Mitarbeiterkreis lohnt es sich, die Ergebnisse auf einem Plakat darzustellen und dort Begabungen und Stärken zusammenzufassen. Auf der linken Seite könnten z. B. diejenigen Begabungen genannt werden, durch die ihr Familien beistehen und helfen könnt (sozial), auf der anderen Seite Gaben, die eine Gemeindeveranstaltung bereichern würden (kulturell). Wenn ihr möchtet, dass die anderen sich nicht von dem beeinflussen lassen sollen, was bereits auf den kursierenden Blättern notiert wurde, faltet das Geschriebene vor dem Weitergeben nach hinten weg. In diesem Fall sollte der jeweilige Name unten aufs Blatt geschrieben werden.

> **Zum Weiterdenken:** *Aus welchen Milieus setzt sich die Gemeinde zusammen? Welche Begabungen finden sich dort? Wie sind diese einsetzbar, wenn es darum geht, Eltern mit ihren Kindern zu erreichen? Gibt es auffällige Häufungen und Schwerpunkte an Gaben, z. B. im Bereich Barmherzigkeit, Dienen und Kreativität? Könnte dies bereits ein Hinweis sein, wie ihr euch als Gemeinde in der Familienarbeit einbringen könnt?*

## 3.3 Kooperationen vor Ort

Ihr habt als Gemeinde die Sehnsucht und das „Go!" von ganz oben bekommen, mit einer Familienarbeit zu beginnen, habt aber nur begrenzte Ressourcen zur Verfügung. Wie geht ihr mit ungeeigneten Räumlichkeiten, finanzieller Knappheit und fehlender (Wo)Manpower um? Bevor ihr euch übernehmt und etwas zu stemmen versucht, was euch überfordert, prüft ob es
a) für euch überhaupt umsetzbar ist und
b) Sinn macht, nach Verbündeten Ausschau zu halten.
Sollte beides nicht möglich sein, dann habt den Mut, die Idee (vorübergehend) fallen zu lassen, so faszinierend sie auch sein mag.

Gibt es andere Gemeinden, die in der Nähe aktiv sind und die Sehnsucht mit euch teilen, für Familien da zu sein? Wäre es möglich, gemeinsame Sache mit ihnen zu machen? Kämpft gegen die Angst an, dass die Familien am Ende bei den anderen landen. Macht euch bewusst, dass ihr euch letztlich für ein höheres Ziel einsetzt, als eure eigenen Räumlichkeiten anzufüllen. Wo sie sich letztendlich niederlassen, hängt eben auch mit der Familienfreundlichkeit der Gemeinden zusammen.

Mögliche Partner müssen nicht zwangsläufig christliche Vereine und Gemeinden sein. Mit Musik-, Sport- und anderen Vereinen, sozialen Initiativen oder der kommunalen Familienhilfe zu kooperieren, hat in der Folge sogar Konsequenzen, die weit über die Familienarbeit hinausgehen. Dadurch habt ihr einen neuen Pool an Leuten, die ihr kennenlernen und einladen könnt. Denkt nicht nur an eigene Veranstaltungen, sondern wirkt auch direkt in den Ort hinein, sucht euch bestehende Gruppierungen und Anlässe, bei denen ihr einmalig oder regelmäßig mit dabei seid und euch einbringt. So könntet ihr euch z. B. ein Weykick[38] oder Tischcurling[39] zulegen und immer wieder mal das Kindergartenprogramm bereichern. Vergesst nicht, die Eltern dazu einzuladen. Diese Spielgeräte sind pädagogisch wertvoll, fördern die Auge-Hand-Koordination, den Spaß und nebenbei auch die Kontakte. Freut sich eure

Kommune, wenn ihr euch als Partner der örtlichen Ferienspiele anbietet und dort etwas für Familien, z. B. einen Ausflug, veranstaltet? Interessante Ziele findet ihr bei Mamilade.[40]

In Vereinen tummeln sich bekanntlich viele Familien. Warum nicht mit dem Sportklub ein gemeinsames Familienturnier austragen, z. B. ein Kleinfeld-fußballspiel, bei dem sich Väter mit ihrem Kind gegen andere Väter-Sohn/Tochter-Teams messen können? Oder ein Streetbasketball-Match? Vielleicht eher ein leichtathletischer Dreikampf? Eventuell besteht bei euch das Interesse, mit dem örtlichen Sportverein zusammen zu einem gemeinsamen Familienfest einzuladen, zu dem ihr neben Kartoffelsalat noch einen „Human Soccer"-Kasten[41] beisteuert. Eine weitere Möglichkeit stellt ein Familien-Adventskonzert bzw. Musical dar, das ihr zusammen mit dem Musikverein gestaltet und bei dem neben den Kindern auch musikalische Eltern mitwirken.

Sicher stellt ihr euch irgendwann auch die Frage, ob und wie man die Eltern ins Programm einbeziehen kann. Welchen Berufen gehen die Eltern nach? Könnten sie als Spezialisten etwas zu einem Thema beitragen? Haben sie Hobbys und Leidenschaften, die ihr gut einbinden könnt? Gibt es unter den Müttern eine leidenschaftliche Bastlerin? Ist einer der Väter begeisterter Modellflieger und könnte einen Flugtag für Familien (mit)organisieren? Oder ist einer von ihnen in einem Tierpark-Freundeskreis aktiv und könnte hier eine Führung auf die Beine stellen? Wenn Eltern ein Interesse für etwas hegen, sind sie eher dabei, als wenn ihr sie für schnöde Fahrdienste einspannen wollt. Einerseits kutschieren sie ihre eigenen Kinder oft Tag ein Tag aus durch die Gegend, andererseits greifen bereits andere Gruppierungen wie Kindergärten, Schulen und verschiedene Vereine auf sie zurück, wenn es darum geht, eine Horde Kinder von A nach B zu transportieren. Weitere klassische Eltern- oder eher Mütter-Aufgaben, für die sie oft herangezogen werden: Kaffee- und Kuchen-Lieferant, Flohmarktverkäufer usw. Bitte beobachtet sensibel, ob sie bei diesen Dingen schon ausgelastet sind. Wäre es nicht erfrischender, den Eltern etwas Gutes zu tun und sie zu entlasten, als eine weitere Gruppierung zu sein, die ihnen einen dieser nicht unbedingt heiß geliebten Jobs auflädt? Solltet ihr jedoch eine Möglichkeit finden, sie für ein Programm oder eine Aktion zu begeistern, dann lasst euch nicht bremsen. Dabei lernt ihr die Eltern noch ein Stück besser kennen, denn sie sind in ihrem Element und dadurch gelöster und offener. Ein weiterer Vorteil: Sich gemeinsam um etwas oder jemanden zu kümmern, schweißt zusammen.

**Zum Weiterdenken:** *Welche Kontakte habt ihr als Gemeinde auf Allianz-Ebene z. B. über die jährlich im Januar stattfindende Gebetswoche? Teilen andere Gemeinden eure Sehnsucht? Sperrt sich bei dir etwas gegen diesen Gedanken, andere ins Boot zu holen? Warum?*

*Schnapp dir dein Telefonbuch und durchforste es nach örtlichen Vereinen. Wäre hier eine Kooperation möglich? Ist dort eventuell sogar jemand aus deiner Gemeinde aktiv und könnte den Kontakt herstellen? Gibt es in eurem Ort bzw. Stadtteil schon Initiativen für Familien, bei denen ihr euch einklinken könnt? Was für Hobbys haben die Eltern, die ihr erreichen wollt? Fragt nach, was sie gern tun. Könnten diese Leidenschaften eure Familienarbeit bereichern? Achtet aber auch darauf, dass ihr mit euren Angeboten nicht den örtlichen Gruppen das Wasser abgrabt. Es dürfte zu Irritationen führen, einen Gitarrenkurs anzubieten, während sich zwei Häuser weiter die Musikschule einquartiert hat. In solchen Fällen bietet sich eine Kooperation umso mehr an.*

## 3.4 Gemeinschaft leben

Betrachtet man die Trends des Einzelhandels, dann stellt man fest, dass in den letzten Jahren viele kleinere Geschäfte mit einem gezielten Warensortiment wie Bäckereien oder Zeitschriftenläden unter dem Dach vor allem größerer Supermärkte eine Verkaufsfläche erhalten haben. Dieses „Shop-in-the-Shop"-Prinzip kann man zuweilen auch in der Gemeinde beobachten. Unterschiedliche Kreise, die eine bestimmte Zielgruppe im Blick haben, finden zwar innerhalb der Gemeindemauern statt, sind aber so autonom, dass sie keinerlei Berührungspunkte zur Gesamtgemeinde haben. Eine eigenbrötlerisch-abgeschottete Familienarbeit entspricht jedoch nicht dem biblischen Verständnis von Gemeinschaft.

Oft begegnen die Familien nur den Mitarbeitern, was schön, aber nicht ganz ausreichend ist. Versucht, Anlässe zu finden, wo ihr sie mit der ganzen Gemeinde zusammenbringen könnt. Schließlich möchtet ihr ja, dass sie eines Tages dort ankommen. Je mehr die Eltern über die Gemeinde und ihre Mitglieder wissen, desto besser. Verschiebt dieses Kennenlernen also nicht auf irgendwelche Gottesdienste, sondern nutzt bereits im Vorfeld zwanglose Gemeinschaftserlebnisse wie z. B. Bunte Abende (siehe Kap. 7.3.2) oder Ausflüge, um gemeinsam etwas zu erleben. Ladet neben den gemeindefremden Eltern mit ihren Kindern vor allem auch die Familien der Gemeinde ein, die im ähnlichen Alter sind.

Nebenbei wird durch das regelmäßige Zusammenbringen der Familien mit der Gemeinde auch ein besseres Hineinfinden eurer Teenkreisler und zukünftigen Jugendkreisler in die Gemeinde gewährleistet. Denn laut einer Umfrage der Zeitschrift „dran" aus dem Jahre 2009 schaffen es nur alarmierende 15,7 % der 2000 befragten 19- bis 29-Jährigen, sich in ihrer Gemeinde wohlzufühlen. 74,7 % sagen, dass der Übergang von der Jugendarbeit in die Gemeinde nicht gelingt.[42] Das mag sicherlich auch daran liegen, dass Jugendkreise nicht selten so ein „Shop-in-the-Shop" sind und deren Besucher dann aus dem Stand den Sprung in die ihnen bisher so ziemlich unbekannte Gemeinde schaffen sollen.

Eine andere Möglichkeit, Gemeinschaft zu leben und dabei mit außenstehenden Familien in Kontakt zu kommen, wäre z. B. ein Stand auf dem örtlichen Weihnachtsmarkt, der in wechselnden Schichten von möglichst vielen Leuten aus der Gemeinde, vor allem auch Eltern, betreut wird. Hier bietet es sich an, Aktionen für Kinder durchzuführen, damit sich auch Familien heranwagen. Reine Bücherbuden interessieren junge Familien in der Regel nicht. Neben einer traditionellen Schokokussschleuder könnten diverse Wurfwettbewerbe einen solchen Anreiz schaffen. Nehmt Dartpfeile mit, die man auf eine Luftballonwand werfen muss. Aus jedem getroffenen Luftballon flattert dann neben einem kleinen zusammengerollten Werbeflyer (nicht größer als A6) für ein Familienangebot der Gemeinde auch ein Zettel, auf dem ein kleiner Preis vermerkt ist.

**Zum Weiterdenken:** *Unternehmt ihr als Gemeinde jenseits von den Gottesdiensten etwas miteinander? Feiert ihr zusammen? Welche Möglichkeiten und Anlässe gibt es bei euch, um eine solche Kultur zu fördern und die Gemeinschaft zu stärken? Bleibt ihr dabei nur unter euch, oder ladet ihr neben der Gemeinde auch außenstehende Familien dazu ein?*

## 3.5 Durch Gebet Gottes starken Arm bewegen

Auch wenn unser Einsatz von Zeit, Kraft und Kreativität notwendig ist, gehört das Gebet als fester und wichtigster Bestandteil zur Vorbereitung und Durchführung dazu. Es hört sich wohl wie eine abgedroschene Phrase an: Vergesst das Beten nicht! Gebet? Sicher! Und weiter? Was gibt es noch zu bedenken? Kaum etwas anderes wird als so wichtig angesehen und im Verhältnis dazu so wenig praktiziert. Selbst Paulus musste die ersten Christen immer wieder daran erinnern, dass Beten das Entscheidendste an der ganzen Arbeit ist (1. Tim 2,1). Gott möchte hören und spüren, dass uns die Familien am Herzen liegen.

Zudem dürfen wir ihm gegenüber unsere Unvollkommenheit ansprechen und ihn um seinen Segen bitten.

Vielleicht geht es ja auch nur mir so, dass zur Not, wenn die Zeit knapp wird, eher das Reden mit Gott gestrichen wird als irgendetwas anderes. Oder kennt ihr auch diese Situationen, in der die Mitarbeiterschaft 15 Minuten vor Veranstaltungsbeginn noch schnell mal eben für ein kurzes Gebet zusammenstehen wollte, aber einzelne Mitarbeiter hier und da herumwuseln und noch etwas erledigen müssen und schlimmstenfalls gar keine Zeit mehr zum Beten bleibt? Der Gegenspieler Gottes hat ein Interesse daran, uns mit einer unguten Geschäftigkeit auf Trab zu halten, auf dass wir das Gebet vernachlässigen. Er fürchtet unsere Programme weit weniger als unser gemeinsames Beten. Aus gutem Grund: „Was du vorhast, wird dir nicht durch die Macht eines Heeres (alle eure Möglichkeiten, die ihr habt) und nicht durch menschliche Kraft gelingen: Nein, mein Geist wird es bewirken! Das verspreche ich, der Herr, der allmächtige Gott" (Sach 4,6). Das Gebet ist ein Ort, an dem man sich nicht nur schnell mal eben den Segen Gottes abholt, sondern auch auf das hört, was Gott zu sagen hat. Sucht das, was Gott mit euch und der Familienarbeit vorhat. Beginnt darum mit dem Beten nicht erst kurz vor einer Veranstaltung, sondern ringt bereits im Vorfeld um Gottes Gedanken, u.a. dann, wenn die ersten Überlegungen zur Familienarbeit zusammengetragen werden.

**Zum Weiterdenken:** *Setzt das Gebet nicht nur pro forma an den Anfang eines Mitarbeitertreffens, sondern baut auch während allem Überlegen und Planen Pausen und stille Momente ein, wo ihr bewusst eure Gedanken zur Seite legt und hört, was Gott zu sagen hat. Benennt neben dem Sitzungsleiter einen Mitarbeiter, dem das Gebet sehr am Herzen liegt, damit er gezielt darauf achtet.*

Wahrscheinlich ist dies alles keine große Neuigkeit für euch, vielleicht ist es eher dran, das Wissen endlich in die Tat umzusetzen. Denn nicht die ausgefeiltesten Programmideen und kreativsten Projekte erreichen die Herzen der Familien, sondern Gott, dessen Macht durch nichts und niemanden gebremst wird. Gebet bewegt seinen starken Arm. Programme und Projekte sind Werkzeuge. Nicht mehr, aber auch nicht weniger, weil Gott sie gebrauchen möchte. Dazu muss klar sein, was er sich vorstellt und wodurch er handeln möchte. Ist es nicht auch ungemein befreiend zu wissen, niemanden „herumkriegen" zu müssen, sondern denjenigen zu unterstützen, der die Familien auf seine unnachahmliche Weise ansprechen möchte? Und das trotz aller Probleme und Widrigkeiten, die immer wieder auftauchen: „Ein Berg von Hindernissen wird sich vor dir auftürmen, aber ich (der Herr) räume sie aus dem Weg" (Sach 4,7).

Im Hören auf Gott wird uns manchmal deutlich, für wen oder was wir besonders beten und wen wir im Blick haben sollen. Wirkungsvoll beten heißt dann, erwartungsvoll und gezielt für Menschen und Situationen zu beten.

**Zum Weiterdenken:** *„Im mittleren Westen der USA herrschte eine lang anhaltende Dürreperiode. In ihrer Not setzte die Gemeinde einen Gebetsabend an, um für Regen zu beten. Zu Beginn der Gebetsversammlung schaute der Pastor in die Menge und fragte die Anwesenden: ‚Wir sind zusammengekommen, um für Regen zu beten, warum hat keiner von euch einen Regenschirm dabei?'"*[43] *Was löst diese Geschichte bei dir in Bezug auf dein Gebetsleben und deine Erwartungen Gott gegenüber aus?*

Wenn man eine Zeit lang namentlich für Menschen betet, wird sich auch die eigene Einstellung ihnen gegenüber ändern. Sie wachsen einem dadurch ans Herz. Konkretes Beten verändert nicht nur die Situation und die Zielperson der Fürbitte, sondern auch den Beter.

Trefft euch vor einer Veranstaltung ausreichend früh und beginnt mit dem Gebet, denn je näher der Anlass rückt, desto eher geht es unter. Das hat natürlich auch mit eurer Disziplin zu tun, dann auch pünktlich zu erscheinen. Der Leiter der Familienarbeit sollte hier liebevoll-nachhaltig darauf achten.

Bezieht auch die Gemeinde mit ein. Es ist erfahrungsgemäß einfacher, Schwarzwälderkirschtortenbäcker für die Familienarbeit zu gewinnen als treue Beter. Nichts gegen Kuchen, er fördert bekanntlich den ganzheitlichen Ansatz, aber ohne Beten um das richtige Vorgehen und den richtigen Anlass werden sie keine Abnehmer finden. (Wobei die überschüssigen Kalorienbomben das kleinste Problem darstellen dürften.) Deshalb gebt nicht zu schnell auf, eine treue Gebetstruppe aufzubauen, die hinter euch Mitarbeitern und der Familienarbeit steht. Geht nicht ohne eine organisierte Gebetsunterstützung an so eine große Aufgabe heran! Lasst für euch und eure Arbeit während regulären Gebetsveranstaltungen beten, aber auch darüber hinaus in speziellen Gebetsteams.

Um das dauerhafte und regelmäßige Gebet für Familien zu fördern, könnten unterschiedliche Gemeindeglieder als Gebetspaten für jeweils eine Familie angefragt werden. Senioren übernehmen oft sehr gern diese Aufgabe.

Auf einer Konferenz wurde uns Teilnehmern das Angebot gemacht, dass verschiedene Leute im Anschluss einen Monat lang für uns beten werden. Das war für mich zu spüren, es hat Veränderungen möglich gemacht und gefördert. Ich bin mir sicher, dass es sich nicht um bloße Einbildung oder einen Placebo-Effekt handelte, sondern dass regelmäßige Gebetsunterstützung, z.B. durch Gebets-Teams oder -Paten, vieles in Gang bringt oder hält.

Wenn Gebet die wichtigste Stütze für Veranstaltungen und Projekte ist, macht es auch Sinn, währenddessen ein Gebetstreffen der Gemeinde einzuberufen, vielleicht sogar in den Gemeinderäumlichkeiten, die zu dem Familienanlass nicht benötigt werden. Dort sind sie näher dran und können auch zwischendurch von einem Mitarbeiter mit aktuellen Neuigkeiten versorgt werden. Diese Beter werden sich viel mehr als Teil der Familienarbeit sehen, wenn sie es nicht allein im stillen Kämmerlein praktizieren, sondern gemeinsam am Ort des Geschehens. Ganz abgesehen davon, dass es zuhause gern einmal untergeht. Wie oft habe ich versprochen, für einen Anlass zu beten, um es dann im Gewühl meines Alltags zu vergessen?

Ich spüre euren Einwand, ob sich dieser ganze Aufwand denn lohnt. Wenn nun eure Veranstaltung etwas so Unwichtiges ist, dass ihr keine Gebetsunterstützung benötigt, stellt sich die Frage, warum der ganze Anlass überhaupt stattfindet. Ist das, was ihr vorhabt, wichtig, dann ist auch Gebet wichtig.

> **Zum Weiterdenken:** *Warum nicht für die Familien im Stillen beten, die einem auf dem Gehweg entgegen kommen? Warum nicht einmal allein oder zu zweit einen Spaziergang unternehmen, um an den Häusern der Familien vorbeizugehen, dabei an sie und ihre Situation denken und diese Eltern mit ihren Kindern nebst ihren Anliegen an Jesus weitergeben? Euer Gebet wird nach außen hin wirken, als ob ihr euch „normal" unterhaltet. Falls du nicht so gut zu Fuß bist, stelle dir eine Liste mit den Familien zusammen, die in eurem Fokus sind, und gehe sie betend durch.*

## 3.6 Erste Berührungspunkte

Hier rutschen wir in die bekannte „Huhn-Ei"-Problematik[44]: Wie lernt man die Familien der Jungscharler kennen, um sie besser einschätzen zu können? Oder muss man sie erst einschätzen können, um sie zu erreichen? Braucht es erst ein Programm, um sie kennenzulernen, oder erst das Wissen, welche Aktion die passende für die Eltern ist? Während die Frage, was zuerst da war, das Huhn oder das Ei einfach zu beantworten ist (1. Mose 1,25), wird es bei dieser Fragestellung schon etwas kniffliger, denn das eine braucht und fördert das andere. Je mehr man die Familien kennt, desto besser kann man auf ihre Bedürfnisse eingehen. Aber wodurch kennenlernen, wenn nicht durch Begegnungen, Aktionen und Programme?

Zuerst einmal gilt es wahrzunehmen, dass Aktionen und Programme keine Begegnungen auf persönlicher Ebene ersetzen, sondern fördern sollen. Es gibt auch andere Hilfsmittel und Wege, mit Eltern auf eine Ebene zu gelangen, aber an irgendeiner Stelle muss man mit dem „Anknüpfen" nun mal beginnen. Da bieten sich die verschiedenen natürlichen und naheliegenden Berührungspunkte innerhalb und außerhalb des Gemeindegrundstücks an.

## Alltägliche Begegnungen
Um die Situation der Eltern eurer Jungscharkinder oder Teenkreisler oder anderer Familien, die man erreichen will, zu erfühlen, ist es hilfreich, die Antenne auszufahren! Bewegt euch mit offenen Augen durch euren Ort, durch euer Viertel oder geht amerikanisch Essen, dort tummeln sich vor allem an Wochenenden viele Familien. Wenn sie euch im Alltag während der Busfahrt, im Wartezimmer, in der Schlange vor der Discounter-Kasse oder beim Bioobstbauern eures Vertrauens über den Weg laufen: Über was reden sie? Welche Themen oder Fernsehsendungen sind Inhalt ihrer Gespräche? Was beschäftigt sie? Was kaufen sie? Wie sind sie gekleidet? Es ist natürlich auch nicht verboten, mit ihnen ins Gespräch zu kommen. Dadurch spüren sie, dass Christen nicht so abgehoben und weltfremd sind, wie vielfach vermutet wird.

## Am Rand der Gruppenstunde
Einen Teil der Eltern kennt ihr ja sicher schon. Mit etwas Small Talk während der Bring- oder Abholzeit der Jungscharler kann man auch die anderen Eltern etwas besser kennenlernen. Bereitet euch frühzeitig vor, sodass ihr 10 bis 15 Minuten vorher alles beieinander habt, was ihr benötigt. Sammelt auch nicht gleich im Anschluss an die Jungschar die herumliegenden Stifte und Spielrequisiten ein, sondern nutzt lieber die Möglichkeit der Begegnung mit den Eltern. Die klassischen Elternabende mit Vorstellung der Jungschar, der Mitarbeiter und Ziele nebst Förderung des gegenseitigen Kennenlernens sind oft gut gemeint, aber meist schlecht besucht. Meiner Erfahrung nach braucht es schon ein Minimum an Begegnung im Vorfeld eines solchen Abends, dass außenstehende Eltern sich überhaupt einladen lassen. Wer selbst Vater oder Mutter ist und Kinder in diesem Alter hat, dem bieten sich natürlich noch

einmal ganz andere Möglichkeiten, Kontakte zu anderen Eltern aufzubauen, z. B. durch Schulveranstaltungen. Nennt euren Elternabend auch nicht Elternabend. Dieser von Kindergärten und Bildungseinrichtungen bekannte Begriff hat ja für manche Eltern einen eher unerfreulichen Klang. Sie gehen dort zuweilen genauso gern hin wie zum Zahnarzt, also nur, wenn es sich nicht vermeiden lässt. Selbst wenn man deutlich vermittelt, dass es nicht darum geht, deren Kinder unter die Lupe zu nehmen, so weckt dieses Wort Elternabend dennoch eher unangenehme Gefühle.

## Hausbesuche

Hausbesuche sind Eltern, die bislang keinen oder wenig Kontakt mit der Kirche hatten, eher suspekt. Was für Menschen mit Hauskreis-Hintergrund normal ist, bringen sie möglicherweise ausschließlich mit Zeugen Jehovas und Vertretern, die einem etwas andrehen wollen, in Verbindung. „My home is my castle" oder zumindest doch ein sehr persönlicher Bereich, den zu betreten man sich erst verdienen muss. Natürlich kann man den Besuch überfallartig erzwingen, nur geht es ja nicht darum, eine Bastion zu stürmen, sondern eine Plattform zu finden, um mit den Eltern warm zu werden. Auch Elternbesuche sind somit nicht immer das passende Mittel für den Erstkontakt. Man sollte sie aber trotzdem nicht ganz aus dem Gedächtnis streichen, denn kennt man die Eltern schon etwas und können sie die Mitarbeiter einschätzen, dann ist ein Besuch eine gute Möglichkeit, den Kontakt zu vertiefen. Und man wird die ein oder andere Familie mit ganz anderen Augen sehen, wenn man ihr direktes Lebensumfeld kennt.

> **Zum Weiterdenken:** *Wo ergeben sich natürliche Anknüpfungsmöglichkeiten mit den Eltern? Wie kannst du sie gestalten? Falls du nicht zu den Spontansten im Land zählst und meistens erst hinterher weißt, wie du dich verhalten und über was du hättest reden können, gehe vorab die verschiedenen Orte und Begebenheiten in Gedanken durch, bei denen dir Eltern über den Weg laufen werden, und überlege dir, wie du diese Begegnungen gestalten kannst.*

## Veranstaltungen

Sie stehen vor etwas, das sie noch nie gesehen haben. Ihnen ist mulmig zumute. Plötzlich öffnet sich in diesem komischen Gebilde eine Tür und, begleitet von einem Lichtschein, treten Aliens heraus. Manche Eltern fühlen sich wie in einem Science-Fiction-Film, wenn sie euch bzw. eurer Gemeinde das erste Mal begegnen. Dem ein oder anderen ist, je nach Region, alles fremd, von den Gegenständen in einer Kirche über das Vokabular, das Verhalten bis hin zu den Sitten und Gebräuchen. Sie werden mit einer für sie fremden Welt konfrontiert und bringen eventuell auch gewisse Vorurteile mit, wie staubig, verkrampft und freudlos Kirche bzw. Gemeinde ist.

Da der erste Eindruck sehr entscheidend ist, solltet ihr euch damit beschäftigen, wie ihr diesen wichtigen Erstkontakt gestaltetet möchtet. Versetzt euch zuerst einmal in die Lage der außenstehenden Eltern: Stellt euch eine Situation vor, als ihr das erste Mal in eine euch unbekannte Gruppe gekommen seid, z. B. bei Antritt einer neuen Arbeitsstelle. Wie habt ihr euch dabei gefühlt und verhalten? Wahrscheinlich unsicher und zurückhaltend. Wie werden die neuen Kollegen wohl sein? Was erwartet mich dort?

Wer sich diese Situation vor Augen gemalt hat, kann sich ganz anders damit beschäftigen, wie diesen Gefühlen und Hemmungen der Familien begegnet werden kann. Neben einer freundlichen Begrüßung zeigen kleine Hilfen eine große Wirkung: Eine solche Maßnahme zur Minderung einer peinlichen Atmosphäre wäre z. B. eine dezente Hintergrundmusik, die bis zum eigentlichen Veranstaltungsbeginn eingespielt wird. Mitarbeiter, die sich ihrer Gastgeberrolle bewusst sind und den Familien etwas zu trinken anbieten, die Ruhe ausstrahlen und nicht wie ein wild gewordener Hornissenschwarm durch den Raum hetzen, weil sie noch etwas vorbereiten müssen, helfen den Besuchern, anzukommen und sich auf Anhieb wohlzufühlen. Hier wäre eine Erlebnisecke mit z. B. einem Tischkicker überlegenswert, wo sich Familien, die früher kommen, mit etwas beschäftigt können. Stille, Herumsitzen und Warten fördert die Beklemmung und Unsicherheit.

Der Programmleiter sollte gut überlegen, welche Dinge und fromme Vokabeln er verständlich ins Normaldeutsch übersetzen muss. Wie wirken die typischen Sätze, die bei einem der Gottesdienste fallen, auf unwissende Familien? *„Wir beten!"* (Alle zusammen? Muss ich da jetzt auch was sagen? Panik!) oder *„Wir sammeln das Opfer ein."* (Wird einer aus der Menge rausgefischt, dem etwas Unangenehmes passieren wird?)

Wie wirkt das Gemeindehaus auf Gäste? Einladend und offen oder verschlossen wie ein Gefängnis? Oase oder Bunker? Das deutet sich oft schon von außen an. Wie ist die Optik des Gemeindegeländes? Kann man bereits von der Straße aus reinsehen? Ist das Hoftor offen oder so verrammelt, dass es jedem feindlichen Einmarsch problemlos standhalten kann? Ist es möglich, durch die Gemeindehaustür hindurchzusehen, oder ist das milchigste Milchglas darin verbaut? Hilft der erste Eindruck, den die Familien dadurch erhalten, ihre Hemmschwelle zu senken, diese heiligen Hallen zu betreten, oder tut ihr als

Gemeinde (ungewollt) euer Bestes, von vornherein den Eindruck zu vermitteln, dass ihr unter euch bleiben wollt?

Haben die Gäste die erste Klippe gemeistert, sind im Saal angekommen und wurden dort auch entsprechend wahrgenommen, geht auch schon der Gottesdienst los. Natürlich freut sich der Leiter/Moderator offensichtlich sehr über die neuen Familien, begrüßt sie nach dem Eingangsstück überschwänglich und bittet die Eltern nebst Kindern aufzustehen und etwas zu sich zu sagen: Name, Herkunft, Wohnort, Lieblingszahnpastasorte und ähnlich intime Details, die sie nun ihnen unbekannten Leuten anvertrauen sollen. Mit einem Ruck und in einer unglaublichen Synchronität dreht sich die ganze Gemeinde nach ihnen um. Hätte man bei der letzten Renovierung Spotlights eingebaut, würden diese nun ebenfalls auf die Gäste gerichtet werden, die sich eigentlich erst mal ganz unauffällig in die letzte Reihe verdrücken wollten, um aus einer sicheren Entfernung heraus das ihnen mehr oder weniger unbekannte Geschehen zu verfolgen. Findet das richtige Maß: Freundliches Begrüßen, ohne eine große für die Familien peinliche Angelegenheit daraus zu machen. Erwartet ihr neue Familien in eurer Veranstaltung, sollte diese von jemandem geleitet werden, der sich in die Welt der Familien von heute hineinversetzen kann und deshalb z. B. kein genervtes *„Handys aus!"* an die Besucher richtet. Das geht sicher etwas charmanter: *„Bitte vergessen Sie nicht, Ihre Handys am Ende des Abends wieder einzuschalten."* Und schon hat er sein Anliegen geäußert, sodass es angenommen wird. Damit hat er ganz nebenbei auch das Eis gebrochen, denn dieser Kommentar bringt Bewegung und meist auch ein paar Lacher mit sich.

**Zum Weiterdenken:** *Was hilft dir persönlich, dich in einer unbekannten Umgebung zurechtzufinden? Wie könnt ihr als Mitarbeiter Brücken bauen, damit es Eltern und ihren Kindern leichter fällt, sich auf Anhieb wohlzufühlen? Welche äußerlichen Veränderungen müssten an Haus und Hof vorgenommen werden, um einladender zu wirken? Wie wirken im Vergleich dazu die Häuser anderer Gemeinden? Was findest du dort als Außenstehender ansprechend, was hinderlich?*

## 3.7 Raum für Seelsorge

Im Laufe der Zeit, der Begegnungen und der Vertrautheit kann es gut sein, dass die Eltern euch tiefer in ihr Leben blicken lassen und euch Dinge anvertrauen, die sie überfordern, sei es in der Ehe, in der Beziehung zu ihren

Kindern oder Kollegen, Nachbarn usw. Aber auch persönliche innere Kämpfe können zum Vorschein kommen, Depressionen, Zukunftsängste usw. Manchmal sind es aber auch die Kinder, die sich einem Mitarbeiter anvertrauen. Wie kannst du Familien in diesen Herausforderungen helfen? Wie und durch welche Prozesse kannst du sie hindurch begleiten?

Wer sich bereits im Vorfeld damit beschäftigt hat, kann im Fall des Falles reagieren und helfen. Das Thema Seelsorge ist nun zu umfangreich, um es im Rahmen dieses Buchs darzustellen. Der christliche Medienmarkt bietet hier jede Menge hilfreiches Material an, z. B. von Reinhold Ruthe oder Larry Crabb. Besonders gut finde ich ein Buch von der inzwischen verstorbenen OJC-Mitgründerin Irmela Hofmann, „Ermutigung zur Nachfolge"[45]. Sie hat vor allem im Bereich von Ehe und Familie gewirkt und schöpft in diesem Buch aus ihrem reichen Erfahrungsschatz. Auch wenn es schon vor 30 Jahren geschrieben wurde und manche Erkenntnisse deshalb verständlicherweise auf die damalige Zeit abzielen, vermittelt dieses Buch hilfreiche Grundlagen und Werkzeuge. Herausheben möchte ich ihren Vergleich vom „Raum der Seelsorge". Dieses Bild hat mir vor allem zu Beginn meiner Zeit als Mitarbeiter sehr geholfen, die Bausteine bzw. verschiedenen Stufen von dem zu erkennen, was seelsorgerliche Begleitung beinhaltet.

Stell dir einen Raum mit vier Wänden vor:

Die **Klagemauer** ist der Ort, an dem der andere dir sein Herz ausschütten kann und du ihn tröstest. Überspringe diesen Teil nicht, indem du deinem Gegenüber zu schnell mit gut gemeinten Ratschlägen zu Hand gehst. Zuhören können ist nicht „nichts tun" und Ratschläge sind manchmal auch Schläge. Lass ihn ruhig klagen und weise ihn nicht vorschnell zurecht, sondern gewinne ein Gespür für ihn und seine Not.

Nun folgt die **Stellwand**. Jetzt führt der Seelsorger den anderen mittels Fragen an die Ursachen seiner Not heran. Er hilft ihm, sich den Antworten zu stellen, denn nur dadurch wird er weiterkommen. Versuche auch etwas über die Vergangenheit, z. B. die Kindheit deines Gegenübers zu erfahren, denn dort fanden prägende Momente statt, die bis ins Heute Auswirkungen haben.

Durch die **Glaswand** (oder die Wand mit dem Fenster) scheint etwas von Gott hindurch: Führe den anderen in die Nähe Gottes, indem du ihm etwas von seiner Liebe, Vergebung und seinem Rat (siehe Bibel) weitersagst. Hier darf dein Gegenüber etwas davon spüren, wie sehr Gott ihn liebt, was er für ihn tun möchte, was dem anderen das Zurückfinden von dort, wohin er sich verrannt hat, hin zum liebevollen und barmherzigen himmlischen Vater ermöglicht.

Erkenntnis und die Bereitschaft, anders zu leben als zuvor, ist der wichtige Fortschritt. Die **Wand mit der Tür** führt ihn dann ganz konkrete Schritte, die er gehen und umsetzen kann. Ermutige ihn, Gott zu vertrauen und sich auf dessen Weg und Plan mit ihm einzulassen. Biete an, für ihn zu beten, und erkundige dich nach gegebener Zeit, wie es ihm geht.

Die Reihenfolge ist natürlich nicht starr zu betrachten. So kann es z. B. sein, dass der Vater bzw. die Mutter schon sehr genau weiß, wo der Hund begraben liegt, und ihr könnt mit ihnen direkt an die Stellwand gehen. Bitte bedenkt: Jedes Gespräch verläuft anders. Macht euch bewusst, dass ihr nicht allein seid, hört mit einem Ohr auf den Gesprächspartner und mit dem anderen auf den Heiligen Geist, was er euch über und für den Vater oder die Mutter zuflüstert.

**Zum Weiterdenken:** *Du musst nicht auf alle Fragen und Probleme eine Antwort und Lösung parat haben. Steh dazu, wenn du einmal nicht weiterweißt, und versuche es nicht zu überspielen. Wenn dir besonders intensive Seelsorgefälle begegnen, die dich überfordern, so vermittle diese Hilfesuchenden weiter, z. B. an den Pastor oder an überregionale Seelsorgeinitiativen bzw. Beratungsstellen wie z. B. Beratung-Seelsorge-Lebenshilfe[46] oder die Arbeitsgemeinschaft christlicher Lebenshilfen[47].*

# 4. Vorglühphase

Mit einem Projekt bzw. einer Veranstaltung allein ist es nicht getan, denn auch das ganze „Drumherum" spielt eine wesentliche Rolle. Was gilt es vorab zu bedenken und unter die Füße zu bekommen?

## 4.1 Familienfreundlich

Wie familienfreundlich ist die Gemeinde? Das sollte von vornherein klar sein. Es bringt wenig, Zeit und Kraft zu investieren, um Eltern und deren Kinder zu erreichen, und wenn sie dann doch tatsächlich zu Gemeindeveranstaltungen erscheinen, sich aber niemand oder kaum jemand auf sie einstellt, sie willkommen heißt und mit hineinnimmt: Wie oft werden sie wohl wiederkommen?

Die vorher zu klärende Frage lautet: Fühlen sich Familien bei euch wohl? Können Eltern ihre Kinder mitbringen, ohne ständig das Gefühl zu haben, ein Störfaktor zu sein? Wie liebevoll geht ihr damit um, wenn die kleinen Racker in euren Gottesdiensten mehr oder weniger dezente Nebengeräusche ins Spiel bringen? Da sitzen Väter und Mütter auf glühenden Kohlen: Wie reagieren die anderen um sie herum darauf? Erntet man finstere Blicke oder Seufz- und Gutturallaute, die Unmut zum Ausdruck bringen? Wie soll ich mich als Vater in diesem mir unbekannten Territorium verhalten, wenn meine Kinder nicht so brav wie erhofft auf ihrem Stuhl sitzen bleiben? Wie helft ihr Eltern, die in solchen Momenten in Schockstarre verfallen und ihre Kinder auf der Kanzel, dem Altar, oder noch schlimmer, auf dem Pastor herumturnen lassen? Das sind Fragen und Situationen, bei denen sich entscheidet, ob Familien den Sprung in die Gemeinde schaffen oder nicht. Über die bei euch herrschende oder fehlende Nestwärme müsst ihr euch als Gemeinde Gedanken machen, bevor ihr in großem Stil Familien einladen und gewinnen möchtet!
Bevor ein Baby auf die Welt kommt, wird das Kinderzimmer eingerichtet: Bettchen, Stubenwagen, Wickelkommode nebst gepolsterter Auflage und Heizstrahler, damit es dem Neugeborenen gut geht und es sich wohlfühlt. Man bereitet sich auf die Umstellung vor, die ein Zuwachs mit sich bringt. Die Gemeindefamilie sollte sich ebenfalls auf den erhofften Familienzuwachs vorbereiten. Wie geht ihr mit Neuen um, die noch keinen Gemeindebezug haben? Welche Veränderungen und Umstellungen sind für euch dran, damit sich Eltern mit ihren Kindern bei euch wohlfühlen?

> **Zum Weiterdenken:** *Seid ihr wie viele andere Gemeinden auch bestrebt, familiär zu sein? Was verbindet ihr mit „Familie"? Heimat, Geborgenheit, Freude, Hilfe, so angenommen zu werden, wie man ist usw.? Herrscht eine solche Atmosphäre bei euch? Ist eure Gemeinde auf Familien vorbereitet? Gehen die Gemeindeglieder auf Eltern und Kinder zu und nehmen sie herzlich auf? Wie verständnisvoll oder gereizt reagieren sie auf die Lebendigkeit und den Trubel, den Familien mit sich bringen?*
>
> *Nehmt euch zu einem eurer Gottesdienste jemanden mit, der die Gemeinde nicht kennt oder besser: Lass ihn unabhängig von dir kommen. Frag ihn hinterher nach seinen Eindrücken, wie er sich gefühlt und was er bemerkt hat. Auf die eigene Gemeinde bezogen seid ihr selbst zumindest teilweise betriebsblind. Das liegt in der Natur der Sache. Leih dir die Augen eines anderen, um deine Gemeinde realistisch einzuschätzen.*

## 4.2 Begeistern statt Appellieren

Der Eurovision Song Contest 2010 in Oslo dürfte dem ein oder anderen noch vor Augen und im Gehör sein. Die deutsche Vorentscheidungsphase wurde dabei von den verantwortlichen Machern zur „nationalen Aufgabe" erklärt. Möglichst viele sollten es als ihr Projekt sehen, damit das ganze Unternehmen Erfolg haben kann. Selbst die bisher vorhandenen Mauern zwischen öffentlich rechtlichen und privaten Fernsehsendern wurden dabei überwunden und nebenbei eine Generation für dieses Event begeistert, die sich bisher herzlich wenig dafür interessierte.

Damit Familienarbeit gelingt, darf es nicht nur das Projekt einer Handvoll Mitarbeiter sein. Sicher habt ihr als Initiatoren bzw. Andenker einen großen Wunsch: Eure Gemeinde steht hinter euch und hilft tatkräftig in der Familienarbeit mit. Ihr seht das schon richtig: Ohne die Rückendeckung und Unterstützung der Gemeinde wird es kaum gelingen, denn ihr seid zumindest auf deren Wohlwollen angewiesen. Teilt die Gemeinde euer Anliegen, dann macht das vieles leichter. Tut sie es nicht, werdet ihr über kurz oder lang gegen Mauern rennen, anstatt offene Türen vorzufinden. Spätestens dann, wenn ihr mit ungewöhnlichen Wünschen an sie herantretet.

Aber wie vermittelt man sein Anliegen der Gemeinde? Auf die Schnelle ein paar Appelle? Vielleicht hast du schon bemerkt, dass über die Informationsschiene wenig läuft. Im Gottesdienst mitzuteilen, dass für ein Gemeindefest noch Desserts benötigt werden, mag noch funktionieren. Aber Mitstreiter findet man dadurch eher nicht. Genauso wenig wie über Appellbombardements, die auf die Gemeinde niederrasseln. Das erhöht nur deinen Frustfaktor, erzielt aber selten den gewünschten Erfolg. Und schließlich wäre es auch wenig hilfreich, Mit-Mitarbeiter zu finden, die aus einem schlechten Gewissen heraus mit anpacken oder einfach nicht Nein sagen können, weil sie mit einem übergroßen Appellohr ausgestattet sind. Problematisch ist auch, dass die älteren Gemeindeglieder die Familienarbeit im ersten Moment nicht unbedingt als Teil ihrer Lebenswelt ansehen.

Wie gewinnt man Unterstützung in der Gemeinde, sprich Mitarbeiter und Helfer, die noch dazu freudig und motiviert zu Werke gehen? Wie finden sich die unterschiedlichen Generationen zusammen, um diese Aufgabe anzugehen? Es ist wie mit einer Kerze: Sie brennt dann, wenn sie angesteckt wird. Zeigt man der Gemeinde die eigene Freude und Motivation, was die (anstehende) Familienarbeit angeht, und appelliert nicht, sondern schwärmt davon, so kann man die Menschen in der Gemeinde begeistern und mitreißen. Anfangs sollte man nicht so sehr ins Informationsdetail gehen, sondern das eigene Herz sprechen lassen und die Sehnsucht auf den Tisch packen. Das bewegt mehr als tausend noch so richtige Argumente und Powerpoint-Effekte.

Man beginnt bei der Gemeindeleitung, deren Rückendeckung notwendig ist. Stehen sie hinter einem, dann wendet man sich an die Mitglieder(versammlung) und in einem gut besuchten Gottesdienst oder Gemeindefest an die restliche Gemeinde und lässt sie die eigene Begeisterung spüren.

Parallel dazu bietet es sich an, andere Kirchen, Gemeinschaften und dergleichen zu kontaktieren und deren Projektleiter einzuladen, um von ihren Familienaktionen und den Auswirkungen davon zu berichten. Noch besser wäre eine Familie, die dadurch zum Glauben bzw. zur Gemeinde kam. Lasst sie erzählen, was sie angesprochen hat, warum sie sich darauf eingelassen haben und wie sich ihr Leben dadurch verändert hat.

**Zum Weiterdenken:** *Wie kannst du deine Gemeinde ins Boot holen, ohne sie zu drängen? Wie reagierst du selbst auf Appelle? Was macht das mit dir, wenn dir jemand etwas aus seinem Leben erzählt und du dessen Begeisterung spürst?*

# 4.3 Angst vor Veränderung

Es ist wichtig, die Ängste der Gemeindeglieder wahrzunehmen, denn durch Familienarbeit wird sich die Gemeinde verändern und damit kann nicht jeder gleich gut umgehen. *„Es muss sich was tun, aber es darf sich nichts ändern!"* ist ja keine wirklich seltene Maxime, die man in Kirchen und Gemeinschaften antrifft. Anstatt den eigenen Leuten Teilnahmslosigkeit vorzuwerfen, sollten ihre Ängste z.B. durch klärende Gespräche abgebaut werden. Jeder hat Bereiche in seinem Leben, z.B. Formen und Rituale, die er schätzt und liebgewonnen hat. Ändert sich dort etwas, dann fällt einem dies schwer zu akzeptieren. Das, was man kennt, bietet einem Sicherheit. Deshalb bringen Umstellungen zuerst einmal Unruhe ins Ganze, bis sich alle neu orientiert haben.

Versucht, euch auch in die ältere Generation hineinzuversetzen: Einige werden sich freuen, wenn neue Familien dazukommen, andere werden dem Entschluss, Familien erreichen zu wollen, skeptisch gegenüberstehen, weil sie Angst davor haben, ins Hintertreffen zu geraten. Es darf nicht der Eindruck entstehen, dass Ältere in der Gemeinde nicht mehr wichtig sind. Die Liebe und der Respekt ihnen gegenüber sollte euch leiten. Gebt ihnen Zeit, sich mit dem Gedanken vertraut zu machen, und zeigt ihnen, was sie dabei gewinnen werden. Holt sie so früh wie möglich mit ins Boot und bittet sie um Hilfe. Selbst wenn sie nicht mehr die nötige Spannkraft haben, sich z. B. als Vorlese-Oma oder im Fahrdienst einzubringen, so kann man ihnen doch das Gefühl vermitteln, gebraucht zu werden. Bringt sie in einer KG zusammen: **K**uchen backen und **G**ebet. Beides können viele Senioren noch beitragen und tun es auch gern.

> **Zum Weiterdenken:** *Wo könnte deine Gemeinde Schwierigkeiten mit den Veränderungen haben, die Familienarbeit mit sich bringt? Wie könnt ihr sie langsam, aber zielsicher an diese nötigen Prozesse heranführen? Welche Brücken wären zu bauen, über die die Gemeinde gehen kann? Wo könntet ihr die Älteren mit einbeziehen? Gibt es Senioren, die sich Enkel wünschen, aber keine haben? Und gibt es Familien, deren Kinder keine Großeltern (in der Nähe) haben? Wie könntest du beide Parteien zusammenbringen?*

## 4.4 Ohne Knete keine Fete

Sind die finanziellen Möglichkeiten der Gemeinde nicht gerade überschäu-
mend vorhanden, um sie in die Familienarbeit zu pumpen? Auch wenn die
Quellen für Finanzspritzen und Zuschüsse heutzutage nicht mehr so sprudeln
wie früher, lohnt es sich, neben kirchlichen Ämtern und der Verbandsleitung,
bei den Landesjugendringen, staatlichen Stellen bzw. Kommunen, Landkrei-
sen und Sozialämtern nachzufragen, ob sie euch unterstützen möchten. Mit
den Familienprojekten leistet ihr schließlich einen wertvollen Beitrag für die
Gesellschaft! Selbst manch örtliche Firma oder Bank gibt etwas dazu, wenn
man ihnen deutlich macht, wie Familien, vor allem sozial benachteiligte, von
eurem Einsatz profitieren.
Eventuell liegt eines von 500 Mehrgenerationenhäusern in eurer Nähe. Diese
Initiativen werden staatlich gefördert und könnten euch u. a. in der Finanzfrage beraten. Da sich unter den Trägern auch Kirchengemeinden befinden,
wäre es, nicht nur finanziell gesehen, eine Überlegung wert, sich in diesen
Verbund einzuklinken.

Der Spruch „Ohne Knete keine Fete!" gilt übrigens auch anders herum gelesen: „Ohne Fete (konkretes Vorhaben) keine Knete!" Es gibt selten pauscha-
le Zuschüsse für Gemeinden bzw. Familienarbeiten, sondern weit mehr für
einzelne Projekte bzw. Ausrüstungsgegenstände oder auch zur Unterstützung
der Mitarbeiter. Je konkreter euer Anliegen oder eure Aktion ist, desto eher
wird der Geldhahn aufgedreht werden.
Auch ein Sponsoring ist denkbar. Manche Firmen, die Familien als Zielgruppe
im Auge haben, fördern euch finanziell oder mit Produkten aus ihrem Sor-
timent. Eventuell erwarten sie als Gegenleistung eine spezielle Form der
Werbung, z. B. dass ein Banner mit dem Firmenlogo aufgehängt wird.

Eine weitere Finanzfrage: Sollte man für Vorträge, Konzerte und dergleichen Eintritt kassieren oder nicht? Auch wenn viele Gemeinden hier noch
zurückhaltend sind, schließlich möchte man dadurch niemandem den Zutritt
verbauen, so ist meiner Erfahrung nach eher das Gegenteil der Fall: Bei ver-
gleichbaren Veranstaltungen kamen dann mehr Besucher, wenn wir Eintritt
verlangten. So paradox es klingt, aber der alte Spruch „Was nichts kostet,
taugt auch nichts!" scheint noch weit verbreitet zu sein.

**Zum Weiterdenken:** *Erkundigt euch bei den überregionalen bzw.
übergeordneten Stellen der Gemeinde oder Jugendarbeit nach möglichen
Finanzquellen. Habt ihr andere Gemeinden und Initiativen, die sich um*

*Familien kümmern, ausfindig gemacht, so fragt sie nach deren Erfahrungen mit Sponsoren.*

*Nicht jedem liegt es, bei verschiedenen Stellen und Firmen Klinken zu putzen. Habt ihr in eurer Gemeinde eine vertrauenswürdige Person, die euer Anliegen gut nach außen hin vertreten kann, um finanzielle Unterstützer zu finden? Denn ein persönliches Vorsprechen in Behörden und Firmen bewirkt mehr als Telefonate oder E-Mails. So lernen euch die Gesprächspartner kennen und öffnen sich weit eher für eure Interessen und Bedürfnisse, wie wenn ihr, wie viele andere neben euch auch, Briefe an sie schreibt. Es fällt ihnen zudem auch schwerer, euch „Auge in Auge" eine Absage zu erteilen, als dies per E-Mail zu tun.*

Sollten Kommunen ein offenes Ohr für euer Anliegen haben, dann fragt zu Jahresbeginn an, denn je mehr Monate ins Land ziehen, desto leerer werden deren Haushaltskassen.

Man kann auch einen Gottesdienst bzw. Gemeindeabend unter dem Motto „Entrümpel dein Leben" veranstalten. Neben Themen wie „Versöhnung" und „Vergangenheit aufarbeiten und klären" kann zu einer Wohnungsentrümpelung eingeladen werden. Die aussortierten Gegenstände können bei einem groß organisierten und beworbenen Flohmarkt zugunsten der gemeindlichen Familienarbeit verscherbelt werden.

Sponsorenläufe oder -radtouren sind im Moment sehr modern: Jeder Läufer sammelt Sponsoren, die ihm pro zurückgelegtem Kilometer bzw. Runde einen bestimmten Geldbetrag zahlen. Dieses angesammelte Geld kommt dann der Familienarbeit zugute.

## 4.5 Jäger und Sammler

Wenn man ihn braucht, ist er nicht immer sofort zur Stelle. Gemeint ist der Geistesblitz. Das passende Konzept muss nicht immer erst beim Vorbereitungstreffen aus dem Boden gestampft werden. Haltet die Ideen und Einfälle nebst Beschreibungen interessanter Familienprojekte anderer Gemeinden fest, dann bildet sich nach und nach ein ansehnlicher Katalog, den man im Fall des „Was können wir für Familien tun"-Falles durchblättern kann. Sammelt in der Zeit, dann habt ihr in der (Ideen-)Not! Alles, was man dazu benötigt, ist ein Ordner und ein paar Trennblätter, um sinnvoll zu sortieren. Im heutigen Medienzeitalter tut es natürlich auch eine Datei der Schreib- oder Datenbanksoftware. Notiert prägnante Suchbegriffe dazu, nach denen ihr später gezielt fahnden könnt, z. B. „Sozialprojekt", „Familie", „Väter",

„Aufwand 2" (ein Projekt mit wenig Vorbereitung, Material und Mitarbeiterzahl wäre „Aufwand 0", ein hoher Bedarf an diesen Ressourcen wäre dann
z. B. „Aufwand 3"), „1x" (einmalige Veranstaltung im Gegensatz zu einem
längerfristigen Projekt) usw.

> **Zum Weiterdenken:** *Welche Informationsquellen bzw. Ideenbör-
> sen gibt es? Was spuckt deine Internetsuchmaschine beim Stichwort „Fa-
> milienprojekte" o. Ä. aus? Bestelle dir Infozeitschriften verschiedener
> Gemeindeverbände und Werke. Dort wird immer mal wieder über ver-
> schiedene Aktivitäten berichtet.*

# 4.6 Werbung

Wer schreibt, der bleibt im Gedächtnis der anderen. Wer nicht wirbt, der
stirbt. Auch wenn das jetzt natürlich ein ganz klein bisschen übertrieben
ist, unterschätzen viele Gemeinden die Wirkung von Handzetteln, Plakaten,
einer Homepage und vor allem von Zeitungsartikeln. Werbung ersetzt zwar
keine persönlichen Kontakte, kann aber doch eine wichtige Hilfe sein. Sie
ist nicht nur dafür da, zu einem bestimmten Anlass einzuladen, sie soll die
Familien generell neugierig auf eure Arbeit machen und euch bei ihnen in Erinnerung halten. Werbung soll informieren, aber auch einen Anreiz schaffen.

> **Zum Weiterdenken:** *In Bezug auf die vielschichtige rechtliche Situ-
> ation lege ich dir als Pflichtlektüre die EC-Infobroschüre „Urheberrecht"
> von Claudia Siebert ans Herz. Hier findest du viele rechtliche Hinweise
> rund um Werbung und Medien kurz und prägnant zusammengefasst, z. B.
> was zu beachten ist, wenn Fotos von Kindern veröffentlicht werden sollen.*[48]

### 4.6.1 Herkömmliche Medien

Die meisten Gemeinden arbeiten inzwischen mit **Handzetteln und Plakaten.** Hilfreiche Gestaltungstipps finden sich in Fachbüchern oder im Internet.[49] Ergänzend dazu möchte ich folgende Hinweise nennen: Ein Logo und
ein ähnlicher Aufbau nebst Farbgestaltung bei allen Werbemitteln erhöht die
Wiedererkennbarkeit. Mit der Zeit und dem wachsenden Vertrauen kann es
auch zum Qualitätssiegel eurer Familienarbeit werden. Flyer werden nicht
nur in Briefkästen verteilt, sondern auch dort – nach vorheriger Rücksprache
mit den Inhabern – ausgelegt, wo Familien anzutreffen sind, z. B. (Kinder-)
Arztpraxen, Kindergärten, Kinderkleider- oder Spielzeuggeschäfte. Zusätz-

lich angebrachte Plakate erhöhen den Werbeeffekt. Persönlich abgegebene Handzettel haben eine größere Wirkung als eingeworfene. Jungscharkindern und Teenies einen Flyer mitzugeben birgt das hohe Risiko, dass sie ihn verbummeln und er nicht bei den Eltern ankommt. U. a. deshalb sollten die den Mitarbeitern bekannten Familien nach Möglichkeit persönlich eingeladen werden. Wenn möglich könnten bestimmte Familien zur Veranstaltung abgeholt und mitgebracht werden. Mancher bekommt kurz vorher doch noch kalte Füße und bleibt lieber mit einer Tüte Chips vor seinem Fernseher sitzen.

Wer zusätzlich zu Handzetteln auch in der örtlichen *Zeitung* präsent ist, der wird mit anderen Augen wahrgenommen und höher eingestuft werden. Dadurch wird euch automatisch eine größere Seriosität zugesprochen. Durch Artikel werden bald anstehende Anlässe angekündigt oder über vergangene Ereignisse berichtet. Die Wirkung dieser Nachberichte ist nicht zu unterschätzen, denn sie erhöhen die Bekanntheit der Gemeinde und wecken das Interesse für eine nächste Veranstaltung der Familienarbeit. Da es manch einem Gast vielleicht peinlich ist, wenn seine Arbeitskollegen am nächsten Tag sehen, dass er bei einer frommen Veranstaltung war, sollten die Fotos zu den Artikeln sorgfältig ausgewählt werden.

Damit Artikel von Zeitungsredaktionen berücksichtigt werden, sollten sie folgende Kriterien erfüllen:
- aktuelles Ereignis (bis eine Woche vor bzw. nach dem Anlass)
- breites Interesse unter der Leserschaft (dürfte beim Stichwort „Familien"
  i.d.R. gegeben sein, sofern nicht nur über Küchenbuffets geschrieben, sondern auch „Menschliches" berichtet wird)
- sachliche Fakten liefern und keine Meinungen und Wertungen vertreten.
Eine höhere Aufmerksamkeit erzielen Artikel, die den Leser im Blick haben und er merkt, dass es etwas mit ihm und seinem Leben zu tun hat: Statt „Wir bieten ein Erziehungsseminar an" ist die Überschrift „Leiden Sie unter der Pubertät Ihrer Kinder?" geeigneter.


### 4.6.2 Internetpräsenz

Auch der Aufwand für eine *Internetseite* lohnt sich. Junge Eltern suchen zunehmend eher im Internet als bei anderen Medien nach Informationen, Veranstaltungen und sonstigen Angeboten. Allerdings gilt es darauf zu achten, dass die virtuelle Heimat der Familienarbeit aktuell gehalten wird. Wer nur Infos von vor einem halben Jahr vorfindet, wird mit ziemlicher Sicherheit nicht mehr vorbeisurfen. Vor allem Jugendliche zeigen Interesse und Können, eine solche Homepage zu gestalten, wenn sie mit Informationen, Artikeln und Bildern versorgt werden. Trotzdem sollten sie hier betreut werden, v. a. was die rechtlichen Fallstricke angeht, die es zu beachten gilt!

Wer Informationen per **E-Mail** versenden möchte, muss prüfen, welche Informationen auf diese Weise versendet werden können und welches Thema besser in einem Telefongespräch oder „Auge in Auge" anzusprechen ist. Elektronische Post hat den gravierenden Nachteil, dass das Geschriebene sehr leicht missverstanden werden kann.

**Newsletter und Blogs** kommen ebenfalls immer mehr in Mode, machen aber nur dann Sinn, wenn es regelmäßig etwas aus der Familienarbeit zu berichten gibt. Eventuell ließen sich die Werbebotschaften ja durch kurze thematische Artikel oder Buchrezensionen über Erziehungsratgeber ergänzen.

**Soziale Netzwerke** wie Facebook oder „Wer kennt wen" sind nicht nur technische Spielereien, die von Teenies genutzt werden, auch immer mehr Eltern interessieren sich für diese neue Form der Kommunikation. Je nach Alter der Eltern bietet es sich an, sich auf dieser virtuellen Ebene mit ihnen zu verknüpfen, u. a. um dadurch deren Bekannte, die ebenfalls mit ihnen vernetzt sind, auf eure Familienarbeit aufmerksam zu machen. Hierbei ist es allerdings unabdingbar, dass man sich vorab eingehend mit den Chancen und Risiken dieser Plattformen beschäftigt!

### 4.6.3 Kreative Werbewege

Wer aus dem Werbegewühl herausstechen will, der kurbelt seine Kreativität oder die eines begabten Mitarbeiters an. Handzettel verteilen viele, in ungewöhnlichen Formen daherkommende und **mit Gegenständen versehene kreative Einladungen** verschicken nur wenige. So bietet es sich z. B. an, bei einem Ausflug mit einem Schiff eine Einladung in Form einer Flaschenpost zu versenden. Gibt es Leute in der Gemeinde, die hier Ideen haben? Anregungen finden sich u. a. bei der Stiftung Marburger Medien.

Je jünger die Eltern sind, desto eher wäre es auch eine Überlegung wert, kleine **Werbefilme** bzw. Veranstaltungsmitschnitte zu drehen und den Familien zukommen zu lassen. Eine Veröffentlichung auf youtube.com bietet einer örtlichen Familienarbeit allerdings wenig Vorteile.

Gibt es ein Lokalprogramm von regionalen **Radio- oder Fernsehsendern**? Wäre hier ein Vorabbericht und evtl. sogar eine Reportage machbar? Viele Redakteure sind sehr dankbar, wenn ihnen etwas angeboten wird. Allerdings verbirgt sich hier das Risiko, dass der Bericht eventuell nicht im Sinne der Gemeinde und ihrem Anliegen angefertigt wird.

Weitere kreative Einladungsmöglichkeiten, die das Interesse wecken: **Witzige Eintrittskarten**, die an die Eltern verschenkt werden, **Kurzhörspiele**[50] mit einer Vorgeschichte zum Anlass, in die Einladung eingebaute **Rätsel**, selbst gezeichnete Kurz-**Comics**, in **Verkleidung** überreichte Einladungen, usw. Der Fantasie sind kaum Grenzen gesetzt. Hierbei ist darauf zu achten, dass die Familien mit diesen Einladungen etwas anfangen können und nicht abgeschreckt werden.

> **Zum Weiterdenken:** *Wie könnt ihr euch von der Masse an Werbepost bzw. Artikeln anderer abheben? Studiere Werbezusendungen, Handzettel, Zeitungen u. a. Was spricht dich persönlich an und was nicht? Warum? Zeige diese Medien befreundeten Familien, ob sie genauso darauf reagieren. Ansprechende Handzettel und Plakate für die Familienarbeit sehen anders aus als für die Jugendarbeit. Welche Unterschiede fallen dir ein? Unterhalte dich mit einem Grafiker und einem Zeitungsredakteur bzw. Journalisten und lerne von ihnen. Lies deinen Artikel vor Abgabe an die Zeitungsredaktion und frage dich, ob du selbst ihn zu Ende lesen würdest, ob er interessant genug ist oder nicht. Wen könntest du ebenfalls um seine Meinung fragen?*

## 4.7 Geistliche Impulse

Wie haltet ihr es mit der Andacht? Sollte ein geistlicher Impuls Teil des Programms sein? Gehört eine Andacht bei einer kirchlichen Gruppe nicht selbstredend dazu, um den christlichen Glauben wenigstens durch ein paar Gedanken zu bekennen, jetzt, wo die außenstehenden Eltern endlich einmal da sind?

Familienarbeit ist mehr eine Reise als ein einmaliger Ausflug. V. a. beim Start der Reise sollte es einem keine schlaflosen Nächte bereiten, wenn man z. B. beim Stammtisch mit außenstehenden Männern in einer proppenvollen Kneipe keine Andacht mit anschließendem dreistimmigem Chorus unterbringen kann. In diesem Umfeld ist es angebrachter, während eines Gesprächs mit seinem Nebensitzer bei passender Gelegenheit etwas von seinem Glauben einfließen zu lassen. Und selbst wenn es „nur" ein netter Plausch war, ist der Abend deshalb auch nicht umsonst gewesen.

Generell gilt für einen geistlichen Impuls der Grundsatz: Je praktischer und lebensnaher das Ganze abläuft, auf desto offenere Ohren wird man stoßen. Viele Eltern halten es wie Goethes Faust: Gut sein und anständig leben geht auch ohne Religion. Und so wie er das Gretchen wegen ihres Glaubens als naiv und altmodisch ansieht, so stecken manche Eltern die christlichen Gemeinden in die ebengleiche Schublade. Es braucht also eine sensible Hinführung und nicht die Holzhammermethode!
Erzählt aus eurem Leben, bringt konkrete Beispiele, an denen erkennbar wird, warum der Glaube auch heute noch relevant ist. Menschen sind nicht an theologischen Richtigkeiten interessiert, sondern prüfen anhand der Worte des „Redners" (und an seinem Lebensstil), ob die Beziehung zu Jesus was fürs Leben ist oder eine leere leblose Hülle bleibt. Bezieht die Bibel auf kreative Art und Weise ein und schlagt eine Brücke in den Alltag der Familien. Auch wenn einen persönlich *„die Bedeutung der Dattel im Alten Testament und deren Auswirkungen auf das menschliche Immunsystem"* noch so interessiert, bewegt es die Eltern ebenso?

Wenn man eine Andacht einplant, dann darf der Ablauf nie so wirken, als ob das in der Einladung angekündigte Thema nur ein Vorprogramm oder ein Köder ist! Genausowenig hilfreich ist es z. B., aus den ersten Begegnungen alles christliche inklusive Andacht zu verbannen, um die Familien wie die Maus mit Käse in die Falle zu locken. Spielt mit offenen Karten und seid mit dem Herzen bei den Eltern, alles andere durchschauen sie sehr schnell und dann ist es schwierig, sie noch einmal einzuladen. Es muss von Anfang an deutlich sein, dass es sich hier um eine Veranstaltung einer christlichen Gruppe handelt, auch wenn sich kein geistlicher Impuls in das Programm einbinden lässt. So wäre es ein falsch verstandenes Entgegenkommen, z. B. bei einem Candle-Light-Dinner auf das Tischgebet zu verzichten, nur weil jemand Anstoß daran nehmen könnte. Wie wird euer Glaube sicht- und greifbar, ohne aufdringlich zu wirken?

Ihr wollt den Familien etwas Gutes tun. Auch wenn das für euch untrennbar mit Gottes Wort verbunden ist, solltet ihr schon allein aus Respekt vor den außenstehenden Familien und dem Grund, warum sie kommen (das wird in seltensten Fällen die Andacht sein), genauso viel Liebe, Herzblut, Begeisterung und Zeit in die Vorbereitung der anderen Programmpunkte investieren wie in den geistlichen Teil.

Dazu gehört auch, dass der rote Faden erhalten bleibt. Die Andacht sollte zum Anlass passen und sich gut ins Programm einbinden lassen. Vermeidet krasse Übergänge! Solltet ihr zuvor dezent-romantisches Licht benutzt haben und zum geistlichen Wort auf flutlichtartige Deckenbeleuchtung umschalten, so wäre dies ein zu grober Einschnitt, der sich bei den Familien durch einen rapiden Stimmungswechsel bemerkbar machen wird.

Manchmal bietet der Anlass oder das Thema eine regelrechte Steilvorlage, die man nutzen kann. Baut die Andacht auf kreative Weise ein, benutzt Bilder und Gegenstände und lasst es auch nicht wie eine vorgezogene sonntägliche Predigt wirken. Je mehr Sinne angesprochen werden, desto besser. Andererseits werden zu viele verschiedene (Powerpoint-)Effekte vom Inhalt ablenken.

Generell gilt: Weniger ist oft mehr, man muss keinen Rekord in Sachen *„Geschichte Gottes mit den Menschen seit Adam und Eva in 30 Minuten"* aufstellen. Es ist ausreichend, einen Gedanken zu entfalten und Interesse zu wecken, anstatt die ganze Heilsgeschichte abzuspulen. *„Lieber 'ne kurze Andacht und 'ne lange Bratwurst als umgekehrt."*[51]

**Zum Weiterdenken:** *Was bewegt die Familien, die sich einladen lassen, und welche Anknüpfungspunkte gibt es dazu in deinem Leben, die du „andächtig" verarbeiten könntest?*

## 4.8 Aktuell bleiben

*„Lernen ist wie Rudern gegen den Strom. Sobald man aufhört, treibt man zurück."*[52] Familienarbeit verändert sich, weil die Zielgruppe heute anders lebt als in 10 Jahren. Deshalb gilt es, auf dem Laufenden zu bleiben und seine Fertigkeiten auszubauen. Sonst ist die Gefahr groß, dass man an den Familien vorbeiarbeitet oder mit den Bemühungen stecken bleibt. Sicher kennt ihr weitere Zitate wie *„Stillstand ist Rückschritt"*[53] oder *„Was nicht vorwärts gehen kann, schreitet zurück"*[54]. Bleibt am Ball, bildet euch weiter und tauscht euch regelmäßig mit anderen aus, die ebenfalls im Bereich Familie tätig sind, ob auf einer kirchlichen Plattform oder außerhalb davon. Hier möchte ich noch einmal auf die Mehrgenerationenhäuser hinweisen. Geht dort hin, schaut euch deren Angebote an und unterhaltet euch mit den Mitarbeitern.

## 4. Vorglühphase

Um auf dem Laufenden zu bleiben, lohnt sich sicher auch ein Abstecher zum lokalen Sozialamt, wo hilfsbedürftige Familien betreut werden. Bücher wie dieses bieten viele Hilfen und Ideen. Den Austausch mit anderen, die in der Familienarbeit stehen und Erfahrungen gesammelt haben, können sie nicht ersetzen.

**Zum Weiterdenken:** *Durchforste regelmäßig die Angebote diverser Schulungsanbieter, z. B. beim Deutschen EC-Verband und seinen Landesverbänden, Willow Creek, Team F, Ignis usw.*

*Spuckt deine Internetsuchmaschine beim Stichwort „Familienarbeit" in Verbindung mit eurem Ort bzw. Landkreis Anbieter aus, die du besuchen könntest, um von ihnen zu lernen?*

# 5. Projektentwicklung mit System

Smørrebrød, Smørrebrød røm, pøm, pøm, pøm. Wer kennt ihn nicht, den dänischen Koch der Muppet-Show mit weißer Kochmütze und struppiger Gesichtsbehaarung! Wahllos wirft er, was irgendwie greifbar ist, in seinen übergroßen Topf, und verrührt es. Oft genug ist er selbst über sein Ergebnis erstaunt, um nicht zu sagen, entsetzt. Er ist sicher kein Vorbild, wenn es um die Zusammenstellung eines „Familienmenüs" geht. Wahlloses Aneinanderreihen und Verrühren von Veranstaltungen und Ideen birgt die Gefahr, dass sehr viel Kraft hineingesteckt wird, aber kein wirkliches Ergebnis dabei herauskommt. Am Ende bleiben frustrierte Mitarbeiter übrig. Um stattdessen das zu erreichen, was euch als Mitarbeiter bzw. Gemeinde wichtig geworden ist, benötigt ihr einen Plan, wie ihr vorgehen wollt. Bevor ihr euch mit den nun folgenden Überlegungen und Methoden beschäftigt, um die Familienarbeit konkret anzugehen, steht erst einmal die Festlegung der Ziele im Vordergrund, sprich das, was ihr mit eurer Familienarbeit erreichen möchtet (siehe Kap. 1.4 Das Ziel). Und dann erst folgt die konkrete Gestaltung: Was wollt ihr wie umsetzen? Welches Vorgehen empfiehlt sich? Die ganzen nun folgenden Prozesse sollten von einem Mitarbeiter, der als Leiter fungiert, begleitet und gefördert werden. Erfahrungsgemäß braucht es einen, der den Rahmen, die Ziele und die Zeit im Auge behält bzw. auch die einzelnen Methoden vorbereitet und ankündigt.

## 5.1 Situation

Um es noch einmal auf den Punkt zu bringen: Bevor eine Aktion für Familien geplant werden kann, ist es absolut notwendig, sich mit den Familien vor Ort zu beschäftigen. Dazu schlage ich folgendes Vorgehen vor, für das ihr genügend Zeit einplanen solltet, je nach Anzahl der Familien mindestens ein bis zwei Abende.

### 5.1.1 Analyse

Nehmt euch als Mitarbeiter die Zeit und tauscht euch darüber aus, wie ihr die Familien in eurem Ort erlebt. Um eure Überlegungen übersichtlich zu sammeln, nehmt jeweils ein Plakat für eine Familie und hängt sie untereinander. Teilt die Blätter in jeweils gleicher Breite in die unten genannten Bereiche (Konstellationen, Milieus, Herkunft, ...) ein und notiert eure Beobachtungen stichwortartig in die entsprechenden Zeilen und Spalten. Ein Beispiel für eine solche Tabelle findet ihr auf Seite 85.

Abschließend schaut ihr euch die Notizen zu den einzelnen Familien durch und versucht, sie jeweils mit einem Begriff oder einer kurzen Umschreibung zu charakterisieren. Schreibt dies mit einer anderen Farbe unter den jeweiligen Familiennamen.

Hier – in Anlehnung an Kapitel 2 – ein paar Vorschläge, welche Bereiche interessant sein könnten, um sich näher damit zu beschäftigen, außerdem ein paar weiterführende Fragen und Gedanken, die über die eigentliche Analyse hinausgehen:
- In welchem *Alter* befinden sich die jeweiligen Eltern, zu welchen *Generationen* gehören sie und wie wurden sie dadurch geprägt? Wie kann man ihre damit verbundenen generationsbedingten „Fesseln" lockern? In welchem Alter befinden sich ihre Kinder? Wo liegen deren Interessen?

- In welchen *Konstellationen* und *Milieus* befinden sie sich? Erreicht ihr als Gemeinde diese Familienformen und Milieus? Wenn das nicht der Fall ist, wie wäre dies zu ändern? Welche Brücken könntet ihr bauen, ohne eure wichtigen Grundsätze und Werte aufgeben zu müssen? Den Jugendraum in ein florierendes Kasino umzugestalten, um materialistisch gestimmte Milieus zu erreichen, dürfte demnach eine Spur zu weit übers Ziel hinausschießen. Die einen Milieus erreichen könnte auch bedeuten, andere in krassem Gegensatz zu dieser gesellschaftlichen Schicht stehende Familien auszuschließen.

- Wie sieht ihre *Herkunft* aus? Sind diese Familien jeweils Einheimische oder zugezogen? Wie sehr sind sie integriert? Leben sie angepasst oder heben sie sich von den anderen ab? Was ist typisch für die Einheimischen eures Ortes und für was stehen die Gegenden, aus denen die Familien zugezogen sind? Gibt es mentalitätsbedingte Unterschiede? Ossis und Wessis? Nordis und Südis?

- Gibt es unterschiedliche *Ethnien*? Kommen Familien aus einem anderen Land oder Kulturkreis? Wie wirkt sich dies aus? Wie leben Familien anderer ethnischer Herkunft? Finden sie sich zurecht oder bräuchten sie (eure) Hilfe? Wie lange sind sie schon in Deutschland? Sind sie hier aufgewachsen? Welche Quellen könntet ihr anzapfen, um mehr über euch eher unbekannte Nationalitäten in Erfahrung zu bringen, um euch in diese Eltern hineinfühlen zu können (Internet, Botschaften der entsprechenden Länder, Nachbarn oder Arbeitskollegen gleicher Herkunft usw.)? Gibt es Möglichkeiten, ihnen zwanglos zu begegnen (Arbeitsplatz, Verein, gelegentlich im türkischen Lebensmittelgeschäft um die Ecke einkaufen usw.)?

- Zu welchem *religiösen Umfeld* gehören sie? Sind sie evangelisch oder ka-
tholisch? Wie sehr sind sie es? Oder zählen sie sich zur ständig wachsenden
Gruppe der „Entkirchlichten"? Sind Angehörige des Islam oder anderer Religionen unter ihnen? Esoterisch Interessierte? Sektenanhänger? Wie stehen
sie zum christlichen Glauben? Was bedeutet es, Teil einer dieser Richtungen
zu sein? Wo könnt ihr euch näher über die unterschiedlichen Religionen bzw.
Formen informieren? Klappert doch mal den nächstgelegenen christlichen
Buchladen nach geeignetem Material ab. Vor allem die größeren Internet-
shops bieten euch inzwischen ebenfalls gute Suchmöflichkeiten, um geeigneten Lesestoff zu finden. Achtet darauf, dass diese Bücher einerseits einen
Einblick in die jeweilige Religion geben und welche Auswirkungen sie auf
das Leben der Anhänger hat, andererseits aber auch Tipps liefern, wie ihr
mit ihnen in Kontakt bzw. ins Gespräch kommen könnt. Wo gäbe es für euch
Anknüpfungspunkte zu Familien v. a. mit anderer religiöser Zugehörigkeit?
Oder zu Atheisten? Selbst hier sind nicht alle Türen vernagelt, denn nicht
selten hängt ihre Abgrenzung zu Glaube und Religion mit schlechten Erfahrungen zusammen, die sie mit Kirchen, Gemeinden oder Christen gemacht
haben. Hier könnt ihr ihnen durch euer Leben und die Art und Weise, wie
ihr ihnen begegnet, ein paar Nägel aus ihrer Verbarrikadierung ziehen. Und
selbst für Hardcore-Atheisten gilt: Man kann nicht nicht glauben. Oder etwas
unphilosophischer, dafür verständlicher ausgedrückt: Jeder Mensch glaubt an
irgendetwas! Und diesen Aufhänger gilt es für euch zu finden.

- Welche *Bildung* haben sie genossen? Welche Berufe üben sie aus bzw. haben
sie gelernt? Wie sehen die Eltern die beruflichen Betätigungsfelder der anderen Eltern? Passen sie zusammen oder gibt es hier Vorurteile?

- Welchen *Hobbys und Freizeitinteressen* gehen die Familienmitglieder
nach, die ihr im Blick habt? Was sehen sie sich am liebsten im Fernsehen an?
Sind sie politisch, sozial oder auf Vereinsebene engagiert? Wären hier Kooperationen möglich oder ist spezielles Know-how bei den Eltern vorhanden,
das sich anzapfen ließe? Wenn ihr z. B. ein sportliches Turnier organisieren
wollt und einer der Jungscharväter nebenher ein Traineramt ausübt, könnte
er hilfreiche Tipps geben oder Beziehungen auftun, um benötigtes Material
auszuleihen.

- Wie sieht der *Umgang* miteinander innerhalb der einzelnen Familien aus?
Wie ist das Verhältnis zueinander? Eng, liebevoll und hilfsbereit? Erdrückend,
distanziert und unbeteiligt? Können die Eltern mit ihren Kindern etwas anfan-

gen und verbringen sie Zeit miteinander? Oder wollen sie lieber von ihnen in Ruhe gelassen werden? Wie würdet ihr den Erziehungsstil der Eltern einschätzen? Fördernd und konsequent oder autoritär und fordernd ("Solange du die Füße unter meinen Tisch streckst ...!") bzw. schwach und um des lieben Friedens und des Nervenkostüms willen ständig nachgebend? Gleichen die Eltern überbesorgten Glucken? Geben sie ihren Kindern die nötigen Freiräume oder haben sie kaum acht auf ihre Sprösslinge? Welche Persönlichkeitsstrukturen finden sich tendenziell innerhalb der Familien? Sachliche Distanztypen? Nähe suchende und nach Harmonie lechzende Beziehungstypen? Beständigkeitstypen, die das Bekannte lieben und bewahren? Freiheitstypen, die den Wandel suchen? Spürt ihr die Ergänzung und das Konfliktpotenzial?[55]

Welche Auswirkungen haben diese Erkenntnisse, die ihr zusammengetragen habt, auf eure Familienarbeit? Wo drückt bei den Familien der Schuh? Wo könnt ihr sie unterstützen? Welche Erwartungen und Fragen haben diese Familien? Wie könnt ihr ihnen in ihren Krisen und Kämpfen begegnen? Bitte beachtet, dass es nicht darum geht, wie man die einzelnen Eltern "rumkriegen" oder "einfangen" kann, sondern wie ihr sie und ihre Art zu leben sehen und verstehen lernt. Auf diese Weise wachsen euch diese Familien ans Herz. Und das ist die beste Basis, um auf sie zuzugehen und ihnen Gutes zu tun.

## 5.1.2 Auswertung

Nachdem die waagerecht Einzelauswertung der Familien abgeschlossen ist, geht es an die senkrechte Gesamtauswertung. Fügt unterhalb von der Tabelle ein weiteres Plakat an. Stellt nun den jeweiligen direkten Vergleich her. Schaut euch die Notizen der einzelnen Spalten an. Welche Übereinstimmungen und Häufungen gibt es in den unterschiedlichen Kategorien wie Alter, Milieu, Herkunft usw.? Markiert diese Auffälligkeiten bei den betreffenden Familien in einer anderen Farbe und schreibt sie stichwortartig in diese neue Zeile.

| | Alter | Familien-Konstellation | Milieu | Herkunft | Ethnien | Religiöses Umfeld |
|---|---|---|---|---|---|---|
| Familie Schulz | | | | | | |
| Familie Mijatovic | | | | | | |
| Familie Birnbaum | | | | | | |
| Familie Schneider | | | | | | |
| ... | | | | | | |
| Übereinstimmung/ Häufung | | | | | | |

Welches Bild ergibt sich für euch? Wo werden Schwerpunkte deutlich? Was benötigen die Familien eures Ortes vor allem? Könnte das euer Auftrag in Sachen Familienarbeit sein?

Es versteht sich von selbst, dass diese Plakate nur für euch Mitarbeiter bestimmt sind und nicht bis zum nächsten Gottesdienst hängen gelassen werden!

**Zum Weiterdenken:** *Falls nicht in der Mitarbeiterschaft vorhanden, zeigt eure Ergebnisse einem vertrauenswürdigen Elternpaar aus der Gemeinde, das euch hier ergänzen, bestätigen oder eure Sichtweise korrigieren kann, idealerweise Eltern, deren Kinder ebenfalls in diese Jungschar bzw. Teenkreis gehen. Sie kennen ihre eigenen Jahrgänge möglicherweise von klein auf.*

*Wenn ihr genügend Zeit habt, hängt diese Plakate bereits einige Wochen vor euren eigentlichen Planungstreffen auf. Beobachtet die Eltern z. B. nach der Jungschar, wenn sie ihre Kinder abholen, oder wo immer sie euch begegnen, und ergänzt die Tabelle durch eure Beobachtungen. Haltet einen Moment inne und vergleicht eure Ziele mit dem Ergebnis eurer Analyse: Passen sie zusammen oder müssten die Ziele überarbeitet werden? Und dann überlegt, wie ihr Jeremia 29,7 am besten umsetzen könnt: „Suchet der Stadt Bestes!" Bemüht euch um das Wohl der Familien eures Ortes!*

## 5.2 Strategie

Nach der Analyse geht es darum festzustellen, wie auf die Bedürfnisse der Eltern mit ihren Kindern eingegangen werden kann. Begeht nun nicht den Fehler, direkt eine Veranstaltung zu planen, sondern seht eure Arbeit zuerst einmal im größeren Rahmen. Bereits die alten Griechen hatten einen Strategos, der festlegte, wie und in welchen Etappen die Schlacht geschlagen werden muss, um erfolgreich zu sein. Eine Strategie, die ihr benötigt, ist demnach *„ein längerfristig ausgerichtetes planvolles Anstreben eines Ziels unter Berücksichtigung der verfügbaren Mittel und Ressourcen"*[56]. Mit der Strategie wird das Gelände abgesteckt, in dem ihr euch bewegen wollt. Das gibt euch als Mitarbeiter Sicherheit, weil ihr einen Überblick vor Augen habt und dadurch viel besser an einem Strang ziehen werdet. Es hilft zu verhindern, dass ihr euch im Eifer des Gefechts vergaloppiert.

Vier Pfeiler, an denen es sich zu orientieren lohnt, gilt es für euch einzusetzen und festzuklopfen, um anschließend zu überlegen, ob das abgesteckte Terrain eure Ziele fördert.

1. Pfeiler: Was?
2. Pfeiler: Wann?
3. Pfeiler: Wo?
4. Pfeiler: Wer?

### 1. Pfeiler: Was?

Welche Form wollt ihr eurer Familienarbeit in der nächsten Zeit geben? Ist es anhand der Familiensituation vor Ort dran, sich sozial einzubringen, oder würden kulturelle Beiträge eher Wege zu den Familien ebnen? Oder ist eine Kombination aus beidem erstrebenswert? Welche aufeinander aufbauenden Projekte und Veranstaltungen könnten den Eltern unterbreitet werden? Welche Einstiegsangebote (z. B. Bunte Abende, Erziehungsvorträge) bieten sich an, welche Aufbauangebote (z. B. Eltern-Kind-Wochenenden, Elterngesprächskreise) und welche Gemeindeangebote (z. B. Gemeindefeste, Familiengottesdienste) sollte es zusätzlich geben, zu denen dann eingeladen werden kann?

### 2. Pfeiler: Wann?

In welchem Gesamtzeitraum soll dies geschehen? In der Familienarbeit ist vieles denk- und machbar. Das ermöglicht einerseits eine Fülle an Auswahl, ist aber auch nicht ganz ungefährlich. So ist es problemlos möglich, jeden Monat eine neue zum Bisherigen total gegensätzliche Idee auszubrüten und sich begeistert ins Getümmel zu werfen. Man kann einen Monat lang einen Bügelservice für Alleinstehende anbieten, dann wiederum an einem Abend ein Erziehungsseminar veranstalten, gefolgt von einem halben Jahr Hausaufgabenhilfe usw. Dadurch entsteht aber kaum Nachhaltigkeit. Sinnvoller ist es, mindestens zwei bis drei Jahre lang in eine Richtung zu investieren bzw. verschiedene Programme und Projekte aufeinander aufzubauen (z. B. zwei Erziehungsseminare und ein anschließender Elterngesprächskreis). Allzu sprunghaftes Planungsverhalten demotiviert Mitarbeiter, die sich mit der Zeit nicht mehr richtig einbringen, sondern abwarten, bis von dir oder einem anderen Ideengeber eine *„neue Sau durchs Dorf getrieben"* wird. Auf wen stimmt ihr euer Programm ab? Konzentriert euch im festgelegten Zeitrahmen auf diese Personen, damit es euch schwerer fällt, euch zu verzetteln. Findet ihr etwas, das sowohl Familien mit Kindern im Jungscharalter als auch diejenigen mit Teenagern anspricht? Oder ist gar eine Mehrgenerationenarbeit möglich, wodurch auch Senioren eingebunden werden? Was ist mit den Singles? Oder solltet ihr euch hier auf eine Richtung beschränken, getreu dem Motto „Lieber einen Spatz in der Hand als eine Taube auf dem Dach"?

Andererseits hat alles seine Zeit. Vielleicht seid ihr wie ich von dem Denken früherer Jahre geprägt, dass ein (Familien-)Kreis einmal installiert wird und so ziemlich bestehen bleibt, bis Jesus wiederkommt. Die heutige schnelllebige Zeit erfordert es jedoch, laufend zu prüfen, ob ein Projekt noch die Zielgruppe erreicht oder auf etwas anderes umgesattelt werden muss. Das bedeutet dann nicht zwangsläufig ein Scheitern eurer Pläne, sondern kann schlicht daran liegen, dass die Etappen heutzutage einfach kürzer sind, weil das Interesse der Familien sich in unserer Multioptionsgesellschaft schnell ändern kann.

### 3. Pfeiler: Wo?

Welcher Ort ist geeignet? Das Gemeindehaus oder ein Anlaufpunkt bzw. Anlässe im Dorf oder Stadtteil? Auch hier ist eine Mischung oft alles andere als verkehrt. Wobei es sich zu Beginn anbietet, in den Ort hineinzuwirken, statt innerhalb der Gemeindemauern zu bleiben. Das sorgt für eine größere Offenheit bei der Bevölkerung. Nutzt den Sommer dazu, um so viel wie möglich im Hof oder Garten des Gemeindehauses stattfinden zu lassen, damit eure Nachbarn euer fröhliches Miteinander mitbekommen und neugierig werden. Ein Straßenfest in der Nachbarschaft ist ebenfalls eine gute Möglichkeit.

### 4. Pfeiler: Wer?

Mit wem soll diese Strategie umgesetzt werden? Bildet ein leitendes Team, das den großen Rahmen absteckt, die strategischen Überlegungen übernimmt und den Familien als Bezugspersonen erhalten bleibt, das sich aber auch entsprechend Unterstützung für die Umsetzung sucht, z. B. bei Eltern oder innerhalb der Gemeinde. Daran knüpft sich die wichtige Frage, was euch als Gemeinde liegt, was zu euch passt, um diejenigen Helfer zu finden, die benötigt werden. Bitte überspringt diesen Punkt nicht im Eifer des Gefechts! Welche Kooperationen mit örtlichen Gruppen bieten sich an?

**Zum Weiterdenken:** *Wer könnte Teil dieses Leitungskreises für die Familienarbeit sein, der die strategischen Planungen übernimmt? Welchen Pfosten habt ihr bisher übersehen? Wo gilt es nachzubessern? Bist du persönlich jemand, dem es liegt, längerfristig in die gleiche Kerbe zu schlagen, um etwas stetig aufzubauen, oder neigst du zum Sprunghaften und bist schnell von neuen Ideen und Möglichkeiten begeistert? Dann benötigst du Mitarbeiter, die du motivieren und anstecken kannst, aber auch Mitarbeiter, die dich „down to earth" halten und an den großen Rahmen, der abgesteckt wurde, erinnern.*

Um diesen Strategie-Prozess plastisch darzustellen, wäre es hilfreich, eine Wiese aus grünbemaltem Styropor, Moosgummi o. Ä. zu basteln, in die du vor Beginn jeder Phase einen Schaschlikspieß als symbolischen Pfeiler einstichst. Die Pfeiler sind mit jeweils dem passenden Stichwort auf einem Pappstreifen („Wann?", „Wer?", ...) versehen. Eventuell wäre es auch hilfreich, hinter die jeweiligen Pfeiler ein Blatt Papier zu legen bzw. an eine nahe Wand anzubringen, um dort die Ergebnisse zu sammeln. Stellt dieses Modell bei euren weiteren Planungen in die Mitte des Tisches oder wenigstens gut sichtbar in den Raum.

Da dies eine sehr entscheidende Phase ist, solltet ihr eure Planungen laufend mit Jesus abstimmen. Baut mitten in eure Treffen bewusst Zeiten ein, in denen ihr ihn nach seinen Vorstellungen fragt, und betet nicht erst am Ende, um dann noch schnell mal eben eure Konzepte absegnen zu lassen.

**Zum Weiterdenken:** *Legt eure Strategie nicht an die kurze Leine. Denkt über den Anlass bzw. die Veranstaltungen hinaus! Wie geht ihr damit um, wenn (wider Erwarten) viele Familien kommen und einige davon großes Interesse am Thema Glauben zeigen? Bereitet euch bereits jetzt darauf vor, um direkt reagieren zu können. Wäre z. B. ein Familienkreis machbar, der soweit angedacht werden kann, um ihn umgehend aus der Taufe zu heben? Habt ihr für die Eltern freie Kapazitäten in euren Hauskreisen? Könnte ein Alpha-Kurs durchgeführt werden?*

## 5.3 Brainstorming

Nachdem der Rahmen, in dem ihr euch bewegen wollt, nun klar ist, geht es jetzt ans Wie. Welche konkreten Projekte und Veranstaltungen fördern eure Ziele und passen zu eurer Strategie, eurer Zielgruppe und euren Möglichkeiten? Brainstorming ist eine Methode, die euch hilft, passende Ideen dazu zu sammeln. Jeder Gedanke, sei er auch noch so verrückt, wird dabei in Form von Stichwörtern oder kleinen Bildern auf ein großes Plakat geschrieben bzw. gezeichnet. Damit die Offenheit entsteht, auch ungewöhnliche Projekte und Veranstaltungen zu finden und nicht nur in vorhandenen Bahnen zu denken, gilt in dieser Brainstorming-Zeit folgender Grundsatz: Genannte Ideen dürfen aufgegriffen, weitergedacht und miteinander kombiniert, aber nicht kommentiert, korrigiert, kritisiert oder sonst wie abgewertet und beurteilt werden.

Eine Idee zur Umsetzung dieser Methode: Hängt ein weiteres Plakat rechts neben eure Analyse (Kap. 5.1), lasst die Eindrücke von dem vorherigen Schritt ca. 20-30 Minuten auf euch wirken und sammelt nun aufgrund dessen eure Ideen, beschreibt das Brainstorming-Plakat und fügt auch eure gezeichneten Ideen dazu. Bereits Aufgeschriebenes und Aufgemaltes darf ergänzt und mit Pfeilen vernetzt werden.

Versammelt euch im Anschluss daran vor dem Plakat, spielt leise Instrumentalmusik ab und lasst, ohne ein Wort miteinander zu wechseln, die Ansammlung an Stichworten und Zeichnungen ebenfalls auf euch wirken. Nutzt diese Zeit auch, um eure Gedanken und Gefühle mit Jesus zu bereden.

Fotografiert das Plakat ab und druckt es für alle Mitarbeiter aus, damit jeder noch etwa eine Woche lang damit „schwanger gehen" kann. Gibt es in dieser Zeit bemerkenswerte Begegnungen mit den Eltern, wodurch ihr einen Wink in Bezug auf einzelne eurer Ideen erhaltet?

Eine weitere Methode, Ideen zu sammeln, ist folgende: Viele A5- bzw. A6-Kärtchen und genügend Stifte werden bereitgelegt. Jeder Mitarbeiter schreibt pro Karte eine Idee in Form eines Stichwortes groß und gut leserlich auf (nicht mehr als drei Zeilen, nicht mehr als sieben Wörter). Nun legt er sie in die Nähe der Kärtchen, die in irgendeiner Form zu seinem Vorschlag passen. Nachdem alle Kärtchen auf dem Tisch bzw. Fußboden liegen, tauscht ihr euch über das Ergebnis aus. Dazu könnte in einer ersten Austauschrunde jeder Mitarbeiter nacheinander ein bis drei Kärtchen nehmen und etwas dazu sagen, was diese Idee bei ihm an Gedanken, Gefühlen und Assoziationen auslöst. Anschließend werden die Kärtchen wieder an ihren ursprünglichen Platz zurückgelegt. Betrachtet in einer zweiten Gesprächsrunde das Gesamtbild: Was fällt euch auf? Wo gibt es Überschneidungen, Häufungen oder Ideen, die aus dem Rahmen fallen? Während des Austausches können die Kärtchen dann auch neu geordnet und gruppiert werden, eventuell auch neue Ideen, die durch das Gespräch zustande kommen, auf ergänzende Kärtchen geschrieben und passend dazugelegt werden.

**Zum Weiterdenken:** *Beschäftigt euch als Leiter dieses Prozesses bereits im Vorfeld zwischen Strategieplanung und Brainstorming mit der Umsetzung, damit diese Phase keinen Kaltstart erleidet und ihr flott losbrainen könnt. Wie verhältst du dich, wenn keine Ideen von den Mitarbeitern kommen? Bist du darauf vorbereitet?*

## 5.4 Projektfindung

Trefft euch wieder vor den Plakaten bzw. Kärtchen. Damit das Ergebnis des Brainstormings nicht durcheinandergerät, sollten die Kärtchen vor diesem Schritt genauso, wie sie liegen, auf ein großes Plakat geklebt werden. Welche der Ideen passen am besten zu den Eltern und deren Kindern und fördern die Ziele, die ihr euch gesteckt habt? Jeder Mitarbeiter darf nun drei Striche hinter die Ideen setzen, bei denen er den Eindruck hat, dass sie „dran" sein könnten. Ob ihr nun hinter ein Projekt zwei oder drei Striche setzt oder euer Kontingent auf drei verschiedene Ideen verteilt, bleibt ganz euch überlassen. Tauscht euch über das Ergebnis aus. Welche Tendenzen ergeben sich? Sind es soziale Projekte oder eher Veranstaltungen, die die meisten Punkte erhalten haben? Gibt es eine Idee, die mit Abstand die meisten Mitarbeiter begeistert? Gleicht dies auch jeweils mit euren Möglichkeiten als Gemeinde ab! Welche Ideen passen zu euch?

Notiert euch die einzelnen Vorschläge nach der Anzahl abgegebener Stimmen untereinander auf einem Notebook und druckt die Liste für alle Mitarbeiter aus. So können sie die Ergebnisse gleich mitnehmen und direkt weiterdenken. Natürlich können die Vorschläge auch auf Papier gebannt und für alle fotokopiert werden.

Auch hier solltet ihr euch nicht vorschnell auf eine Idee einschießen, sondern ein paar Tage gönnen und die Ideen überdenken. Vertraut euch Jesus während des Hörens und Betens einen Eindruck an?

Trefft euch erneut und tauscht euch aus. Da viele dieser Vorschläge gut und machbar sind, solltet ihr euch auf eine Vorgabe für diese Gesprächsrunde einigen: *„Das Gute lassen, um das Beste zu finden!"*[57] Siebt eure Ideensammlung aus! Es geht ja nicht darum, den Veranstaltungskalender zu füllen, sondern einen Raum zu schaffen, der euch für die Begegnung mit den Familien am besten geeignet scheint. Wie könnt ihr eure Strategie umsetzen? Welche längerfristigen oder aufeinander aufbauenden Projekte und Veranstaltungen wären denkbar?

Legt einen Projekttitel oder ein Veranstaltungsthema fest, das ab jetzt sämtliche Protokolle und sonstigen Schriftstücke, E-Mails usw. ziert.

Wenn nun verschiedene Projekte bzw. Veranstaltungen zur Auswahl stehen und es euch schwerfällt, eines davon auszuwählen, bietet sich eine sogenannte Entscheidungsmatrix an[58]: Angenommen, ihr möchtet im Rahmen eurer Jungschar einen Vater-Kind-Ausflug organisieren und habt drei Ziele herausgefiltert, die euch gefallen: Schreibt in die erste Spalte die Kriterien, die für eure Entscheidung wichtig sind, in die restlichen Spalten die einzelnen Ausflugsziele und die entsprechenden Antworten zu den Kriterien.

| Vater-Kind-Ausflug | Kindermuseum | Stadion | Zoo |
|---|---|---|---|
| **Fahrzeit** | *30 Min.* | *60 Min.* | *45 Min.* |
| **Kosten Fahrt/Familie** | *12,- ÖNV* | *40,- Zug* | *37,- Zug* |
| **Kosten Eintritt** | *12,-* | *30,-* | *11,-* |
| **Verpflegung** | *5,-* | *5,-* | *10,-* |
| **Was bietet der Ort?** | *experimentieren staunen ausprobieren lernen* | *zuschauen mitfiebern* | *anschauen staunen lernen* |
| **Interesse bei Vätern** | *bei allen hoch* | *nur Fußball-interessierte* | *eher gering* |
| **Interesse bei Kindern** | *Jungen/Mädchen* | *Jungen* | *Jungen/Mädchen* |
| **...** | | | |

Nun markiert den jeweiligen „Sieger" der entsprechenden Kategorien und addiert unterhalb der Ausflugsziele die Anzahl der Markierungen. Jede Markierung zählt einen Punkt. Um es etwas differenzierter zu gestalten, könnte es für den Besten der jeweiligen Kategorie zwei Punkte geben und für den Zweitplatzierten einen Punkt. Welches Ausflugsziel hat die meisten Kriterien für sich entscheiden können?

| Vater-Kind-Ausflug | Kindermuseum | Stadion | Zoo |
|---|---|---|---|
| Fahrzeit | 30 Min. | 60 Min. | 45 Min. |
| Kosten Fahrt/Familie | 12,- ÖNV | 40,- Zug | 37,- Zug |
| Kosten Eintritt | 12,- | 30,- | 11,- |
| Verpflegung | 5,- | 5,- | 10,- |
| Was bietet der Ort? | experimentieren staunen ausprobieren lernen | zuschauen mitfiebern | anschauen staunen lernen |
| Interesse bei Vätern | bei allen hoch | nur Fußball-interessierte | eher gering |
| Interesse bei Kindern | Jungen/Mädchen | Jungen | Jungen/Mädchen |
| ... | | | |
| Punkte | 15 | 1 | 5 |

Nun kann es allerdings sein, dass nicht jedes Kriterium gleich wichtig ist. Dann bietet es sich an, eine Gewichtung vorzunehmen: der Sieger des Kriteriums Fahrzeit bekommt 3 Punkte, der Sieger des Kriteriums Fahrtkosten 2, weil die Fahrzeit euch wichtiger erscheint als die Kosten der Fahrt. Ebenso spielt die Verpflegung eine eher untergeordnete Rolle, daher nur ein Punkt, usw.

Eine weitere Variante, die zwar etwas komplizierter scheint, allerdings auch ein genaueres Ergebnis liefert: Beim Sieger wird die Gewichtung verdoppelt, beim Zweitplatzierten einfach genommen, z. B. beim Kriterium „Fahrzeit" würde das Kindermuseum 2 (Verdoppelung) x 3 (Gewichtung) = 6 Punkte bekommen, der Zoo 1 x 3 = 3 Punkte. Beim Kriterium „Fahrtkosten" bekäme das Museum 2 x 2 = 4 Punkte, der Zoo 1 x 2 = 2 Punkte:

| Punkte | 15 | 1 | 5 |
|---|---|---|---|

Warum eigentlich planen? Ist es nicht besser, wenn wir uns stattdessen ganz auf den Heiligen Geist verlassen? Sollten euch diese Gedanken beschäftigen, dann frage ich im Gegenzug, warum denn das eine das andere ausschließen muss? Gott hat uns unseren Kopf nicht nur zur Hutablage mitgegeben. Und wenn ihr ihm während eurer Planungen genügend Raum gebt, dann wird er zu euch reden. Sich gezielte Gedanken zu machen und mit den anderen Mitarbeitern auszutauschen, vermindert die Gefahr, dass einem zufälligerweise laufend ausgerechnet die Dinge aufs Herz gelegt werden, die man selbst schon immer mal angehen wollte.

Gibt es Ideen und Wünsche vonseiten der Familien? Welche dieser Ideen könnten die anderen Eltern und Kinder ebenfalls interessieren? Eventuell kristallisiert sich bereits aus diesem Pool das passende Angebot heraus.

Falls es bei der Projektfindung oder auch bei den anderen Planungsschritten wie Strategiefestlegung, Brainstorming und Gestaltung zu Blockaden kommt, hilft es oftmals, die Mitarbeiter zu zweit auf einen 20- bis 30-minütigen Spaziergang loszuschicken, bei dem sie sich über den Stand der Dinge unterhalten. Generell ist es sinnvoll, bei Planungsprozessen die Gesamtmitarbeitergruppe immer mal wieder zu splitten und z. B. in Zweier- oder Viererteams aufzuteilen. So kommt jeder zu Wort, und auch die Scheuen trauen sich etwas heraus.

**Zum Weiterdenken:** *Sei dir als Leiter dieser Projektfindung bewusst, dass nicht nur Vorschläge angenommen, sondern – zumindest indirekt – auch abgelehnt werden. Da hinter den Vorschlägen immer auch Menschen stehen, die sie geäußert haben, ist dies ein nicht immer ganz einfacher Moment. Wie kannst du es vermeiden, dass am Ende Gewinner dastehen, deren Idee sich durchgesetzt hat, und Verlierer, die mit ihren Vorstellungen nicht punkten konnten und dies eventuell persönlich nehmen bzw. zu sehr mit der Wertschätzung ihrer Person verknüpfen? Sei in diesem Moment sensibel und achte auf die anderen Mitarbeiter. Führe mit denjenigen ein Gespräch, die sich zu sehr auf die eigene Schulter klopfen, und binde diejenigen ins Geschehen ein, die sich am liebsten ausklinken würden, weil sie sich unterlegen fühlen. Fördere deine Mit-arbeiter soweit, dass sie sich bewusster und sensibel ausdrücken, z. B. statt „Der Vorschlag von Martin ist schlecht" besser „Der angedachte Ausflug hat viel Gutes, an einem Punkt dürfte es allerdings schwierig sein, ihn umzusetzen ...".*

## 5.5 Gestaltung

Ihr habt euer soziales Projekt bzw. eine kulturelle Veranstaltung gefunden? Nun gilt es, Nägel mit Köpfen zu machen. Um nicht entscheidend wichtige Dinge zu vergessen, helfen euch auch hier wieder die bekannten W-Fragen:

- *Was* soll bei dem Projekt, der Veranstaltung geschehen? *Wie* sieht der Ablauf aus? *Wie* gestalten sich die Vorbereitungen?
- *Wozu* der Anlass? *Was* soll am Ende dabei herauskommen?
- Für *wen* wird veranstaltet? *Wer* ist die Zielgruppe?
- *Wer* gestaltet mit?
- *Wann* soll es stattfinden? An welchem Tag, zu welcher Uhrzeit bzw. in welchem Zeitraum?
- *Wo* soll das Ganze stattfinden?
- *Wie* soll es umgesetzt werden?

Vier Werkzeuge haben sich hierfür bewährt. Schau dir an, welche für euch und euer Projekt sinnvoll sind. Eine sonntägliche Familienradtour benötigt nicht den Aufwand wie ein Bunter Abend, der in aufwendigerem und größerem Stil aufgezogen wird. Hier nun die vier Werkzeuge:
- Vorüberlegungen
- Zeitplan
- Aufgabenplan
- Programmablaufplan

**Zum Weiterdenken:** *Bei der Auswahl, welche dieser nun näher beschriebenen Werkzeuge und dort genannten Aufgaben für euer Projekt sinnvoll sind, können dir folgende Fragen eine Leitlinie sein:*

*Was dient dazu, dass Familien konkret geholfen wird bzw. sie sich wohlfühlen, und was ist reine Spielerei? Werden wir genug Zeit für unsere Gäste haben oder werden wir zu sehr mit nebensächlichen Aufgaben aufgehalten? Was ist notwendig, um mögliche Hindernisse und Gefahren fernzuhalten bzw. auf sie vorbereitet zu sein?*

*Hilft uns die Methode wirklich weiter oder kostet es uns sogar noch kostbare Vorbereitungszeit, sich so detailliert Gedanken zu machen? Wie viel muss wirklich geplant werden, was davon kann bei der Veranstaltung spontan umgesetzt werden, ohne dass der Anlass an Qualität verliert? Was passiert, wenn eine der folgenden Aufgaben nicht oder nur in kleinerem Umfang geleistet wird? Welche Abläufe funktionieren bei uns in der Gemeinde, ohne dass sie groß geplant werden müssen, und um welche drücken sich die Mitarbeiter gern herum, z. B. das Begrüßen der Gäste oder das Aufräumen nach der Veranstaltung?*

*Wodurch kann verhindert werden, dass 80 % von dem, was erledigt werden muss, von 20 % der Mitarbeiter getragen wird? Welche Werkzeuge und To-do-Listen, bei denen die Aufgaben unter den Helfern verteilt werden, helfen uns, den Aufwand auf so viele Schultern wie möglich zu verteilen und evtl. sogar diejenigen aus der Gemeinde mit ins Boot zu holen, die noch eine Möglichkeit suchen, ihre Begabung auszuleben?*

*Bedenke, dass es verschiedene Mitarbeitertypen gibt: Die einen, die im Vorfeld gern auf alle Eventualitäten vorbereitet sein wollen, und diejenigen, die sich durch zu viel und zu enge Planungsschritte in ihrer Kreativität eingeengt fühlen. Die einen lieben das Tüfteln, die anderen das Umsetzen. Hier bleibt dir nichts anders übrig, als über gemachte Erfahrungen einen guten Mittelweg zu finden.*

*Zu guter Letzt noch der Hinweis, dass authentische und gastfreundliche Mitarbeiter eindrucksvoller sind als perfekt organisierte Programme.*

### 5.5.1 Vorüberlegungen

Für die Vorüberlegungen bietet sich folgende Checkliste an, die ihr frühzeitig als Kernmitarbeiter-Team zusammen durchdenkt.[59] Manches der folgenden Beispiele habt ihr sicher bereits bei den vorhergehenden Schritten durchgearbeitet.

Damit sich die Aufgabenfülle übersichtlicher gestalten lässt, können verschiedene Bereiche eingeteilt werden, deren Aufgaben jeweils auf einem extra Blatt bzw. Plakat notiert werden. Diesen Bereichen können bei größeren Anlässen Organisationsgruppen zugeordnet werden, die sich dann jeweils um die Umsetzung kümmern (siehe auch Kap. 5.5.2 Zeitplan).

*Grundlegendes*
- Thema festlegen
- kurze Beschreibung des Projektes bzw. der Veranstaltungsinhalte
- Ziel, was durch den Anlass erreicht werden soll
- Zielgruppe (Eltern/Familien/Alleinerziehende, Männer/Frauen; evtl. Alter der Kinder ...)
- Passt das Projekt zur Gemeinde? Wie viele Mitarbeiter und welche Begabungen werden benötigt? Sollen die Jungscharler/Teenkreisler an den Vorbereitungen und am Programm beteiligt werden?
- Für wie viele Personen soll der Anlass minimal und maximal ausgelegt sein?
- Vorbereitungsaufwand: Wann beginnt der Aufbau? Eine Aufgabenübersicht und (bis) wann was vorbereitet werden sollte schriftlich an alle beteiligten Mitarbeiter weitergeben.

## Organisation

- Veranstaltungsort suchen und besichtigen, bevor er gebucht wird! Haus, Hof, Garten, Wiese, spezielle Location? Anzahl der Räume? Wie ist deren Beschaffenheit? Gibt es genügend Toiletten und Parkplätze? Ist eine Verdunkelung nötig und möglich? Sind genügend Stühle und Tische vor Ort? Was gibt es dort zu beachten, welche Vorgaben sind zu erfüllen? Wer achtet darauf? Wer muss wegen der Benutzung angefragt werden?
- Sollte ein Fahrdienst organisiert werden?
- Muss nach einer Unterbringung (Referenten, Mitarbeiter, Teilnehmer) gesucht werden?
- Welcher finanzielle Rahmen ist machbar? Gibt es Sponsoren bzw. Zuschüsse?
- Sind GEMA-Gebühren zu zahlen? Ist eine bestimmte Veranstaltungsversicherung abzuschließen oder ist das seitens der Kirche bzw. des Verbandes abgedeckt?
- Inwieweit sind Sanitäter und Feuerwehr miteinzubeziehen?
- Wer übernimmt die Abrechnung? Wer kassiert und denkt an Wechselgeld?
- Benötigtes Material: Was ist vor Ort vorhanden, was muss beschafft, sprich gekauft oder ausgeliehen werden?
- Soll es einen Büchertisch bzw. Infomaterial über die Familienarbeit bzw. Gemeinde geben?
- Was müssen die Familien mitbringen und was wird vor Ort gestellt?
- Wie sieht es mit einer Dekoration aus? Wer hat hierfür ein Händchen, ob nun aus der Gemeinde oder extern?

## Programm und Nacharbeit (bzw. Folgeprojekte)

- Ideen zum Programmablauf, ist etwas Ansprechendes für Eltern und für Kinder dabei?
- Passt das angedachte Programm zur Zielgruppe (Anforderungen, Interesse)?
- Zeitlicher Rahmen, Beginn und Dauer: Wann ist es für die Zielgruppe günstig? Kollidiert der Termin mit anderen Ortsveranstaltungen? Feiertagen? Urlaubszeiten? Wenn ihr die Eltern ohne deren Kinder einladen möchtet, sollte ein Abendprogramm nicht vor 19.30 Uhr, besser 20 Uhr, beginnen. Sollen die Kinder dabei sein, bietet sich wegen des anstehenden Wochenendes und der anschließenden Ausschlafmöglichkeit der Freitag an.
- Wie werden die Gäste begrüßt? Von wem?
- Wie sieht es mit einem Regenprogramm aus?
- Wie kann ein geistlicher Impuls eingebaut werden? Von wem?
- Gibt es ein Nachfolgeangebot, zu dem eingeladen werden kann? Wie kann auf dieses aktuelle Projekt aufgebaut werden?

## Werbung

- Wer übernimmt die Werbung, was für Infos sollen auf welchen Kanälen verbreitet werden (Handzettel, Zeitungsartikel, Internet, ...)?
- Auf welche Weise soll nach dem Anlass darüber berichtet werden?

## Technik

- Welche technischen Hilfsmittel sind nötig? Braucht es Mikrofone? Ist Strom vor Ort vorhanden?
- Kann das von der Gemeinde geleistet werden, oder sollte auf externe Dienstleister zurückgegriffen werden?

## Verpflegung

- Soll Essen und Trinken angeboten werden? Wer kümmert sich darum?
- Wird es vonseiten der Gemeinde gestellt oder muss es eingekauft werden?
- Können Mütter von Großfamilien bei der benötigten Menge an Zutaten beraten? Welche Speisen eigenen sich für die Anzahl erwarteter Gäste?

Damit ihr euch nicht die doppelte Arbeit aufhalst, sollten diese Vorüberlegungen in die weiteren Planungen mit einfließen.

### 5.5.2 Zeitplan

Teilt euch die Vorbereitungen in kleine Häppchen ein. Achtet darauf, dass ihr nicht alles kurz vor knapp erledigen müsst. Ein kleiner *Zeitplan* erleichtert es vor allem bei planungsintensiveren Events, wie z. B. Bunte Abende, den Überblick zu behalten. Da hier keine für alle Projekte und Events einheitliche Einteilung vorgenommen werden kann, dient folgender zeitlicher Rahmen ausschließlich als Beispiel, um die Vorgehensweise zu verdeutlichen, und ist somit keine vollständige allgemein gültige To-do-Liste. Wie generalstabsmäßig geplant werden muss, hängt natürlich auch sehr stark vom Anlass und seiner Größe ab. Bei einer Vater-Kind-Freizeit z. B. sollte bereits ein Jahr vorher mit den ersten Überlegungen begonnen werden, ein Familienpicknick kann dagegen relativ spontan organisiert werden. Sollten Familien Hilfe in ihrer Alltagsgestaltung benötigen, so versteht es sich von selbst, dass man nicht lange fackelt, sondern umgehend Hand anlegt. Folgende Beispiele orientieren sich u. a. an den unter 7.3.2 ausgeführten Programmideen.

- *Ein Jahr vorher:* Es sollte sich jetzt bereits ein Leiter des Projektes herauskristallisieren, der das Ganze zusammenhält und darauf achtet, dass die einzelnen Mitarbeiter gut harmonieren. Dieser Leiter bekommt deshalb sämtliche Informationen von den anderen Mitarbeitern bzw. Vorbereitungsteams. Externe Beteiligte wie z. B. Referenten, Musiker, Sportler, Techniker müssen angefragt und Abklärungen mit Behörden getroffen werden. All die Dinge, bei denen ihr auf externe Mithilfe angewiesen seid, solltet ihr umgehend klären. Ein Budgetplan muss aufgestellt und ein Mitarbeiter, der die Finanzen inklusive Abrechnung betreut, gesucht werden.

- *Ein halbes Jahr vorher*: Stellt die Projektgruppen zusammen, z. B. für die bereits im vorhergehenden Kapitel erwähnten Bereiche Organisation, Finanzen, Werbung, Programm, Verpflegung, Aufbau, Dekoration, Technik, Gästeempfang, Gebet, Aufräumen/Putzen usw. Dadurch wird das uneffektive „Alle müssen alles machen"-Prinzip ausgebremst und einzelne Mitarbeiter vor Überforderung geschützt. Sollten umfangreiche Aufgaben oder Anfragen an externe Beteiligte nötig sein, bietet es sich an, die Projektgruppen entsprechend früher zu installieren. Jede Projektgruppe braucht einen Leiter. Diese Leiter bekommen die eventuell angefertigten Protokolle bzw. die Informationen aus den anderen Projektgruppen und geben alles Wissenswerte aus ihrer Gruppe an den Gesamtleiter weiter. Die Leiter besichtigen bereits zu diesem Zeitpunkt den Veranstaltungsort und skizzieren gegebenenfalls, an welcher Stelle was stattfinden bzw. aufgebaut werden soll. Hilfreich für diese Projektgruppen wäre es, wenn sie bereits eine To-do-Liste an die Hand bekommen, selbst wenn diese nicht vollständig sein sollte.

- *Drei Monate vorher*: Falls die Verpflegung angeliefert werden soll, ist jetzt ein guter Zeitpunkt, sich um die Speisekarte zu kümmern. Kalkuliert das Essen. Soll es kostenlos unters Volk? Was soll wie viel kosten? Zusätzlich werden erste wichtige inhaltliche Details geklärt.

- *Einen Monat vorher*: Spätestens jetzt wird am bis dato grob umrissenen Programm gefeilt. Ein Aufgabenplan wird festgelegt. Wer leitet bzw. präsentiert den Anlass? Das muss nicht unbedingt der Gesamtleiter sein, denn ein guter Organisator ist nicht zwangsläufig auch ein guter Präsentator bzw. Moderator. Ist der Veranstaltungsort gut zu finden? Sollten Wegweiser oder ein Plakat über dem Eingang angebracht werden? Sind Ordner und Parkhelfer notwendig?

- *Zwei Wochen vor Beginn*: Austausch unter den einzelnen Projektgruppen bzw. deren Leitern, um zu sehen, ob alles ineinander spielt oder ob noch irgendwelche Schwachstellen und Schwierigkeiten zu klären sind. Was ging bisher unter und wurde noch nicht aufgeteilt?

- *Drei Tage vorher*: Die einzelnen Gruppen treffen sich, um ihren Ablauf durchzugehen. Was läuft flüssig, wo hakt es?

- *Vortag*: Nach Möglichkeit bereits einen Tag bzw. Abend vorher den Aufbau durchführen und die Dekoration anbringen. Anschließend letzte Probe mit allen Beteiligten.

- *Am Tag selbst*: Letzte Details im Aufbau und der Dekoration erledigen, kulinarische Vorbereitungen

- *Der Tag danach*: Artikel für die Zeitung schreiben; Auswertung der Veranstaltung aller Mitarbeiter und Festhalten relevanter Erkenntnisse für Folgeprojekte. Man kann sich auf diese Weise Bewährtes merken und Fehler zukünftig vermeiden.

- *Eine Woche danach*: Endabrechnung der Kasse

Alles, was ihr irgendwie vom eigentlichen Tag bzw. Beginn fernhalten könnt, das bereitet entsprechend vorher vor. Reserviert euch am Veranstaltungstag genügend Zeitpuffer, um das Gebet nicht zu vernachlässigen und zusätzlich noch auf unvorhergesehene Probleme reagieren zu können. Seid die letzte Stunde vorher bewusst für die Familien da!

### 5.5.3 Aufgabenplan

Eine kleine Planungsgruppe könnte sich vorab schon zusammenfinden und einen solchen zeitlichen Übersichtsplan aufstellen, der dann als Vorlage und Starthilfe von den Projektgruppen aufgegriffen und in einem *Aufgabenplan* ergänzt und detaillierter aufgegliedert wird. Sollten wenige zu erledigende Aufgaben anstehen, können der Zeitplan und der Aufgabenplan auch zusammengefasst und vom ganzen Mitarbeiterteam aufgestellt werden.

| WAS? Aufgaben | WIE? Stichworte | WER? Verant- wortliche | Mit WEM absprechen? | (Bis) WANN erledigen? |
|---|---|---|---|---|
| Halle anmieten | nur vorderes Abteil, mit Küche | Sebastian | Hr. Franz (Rathaus) | 13.1. |
| Artikel schreiben | Hinweis Halle, halbe Stunde vorher geöffnet | Janine | Fr. Schmidt (Lokal- redaktion) | 12.11. |
| Tischdeko | weiße Papier- tischdecke, Kerzenstän- der, Blumen usw. | Sabine | Projektgruppe Aufbau (Manuel) Projektgruppe Programm (Stefanie) | Vortag 19 Uhr |
| Fotos machen | Menge, Referent | Martin | Projektgruppe Werbung | am Abend |
| ... | | | | |

Für den Aufgabenplan empfiehlt es sich, die einzelnen Arbeiten zu sammeln und dann in einer ersten Spalte in der richtigen zeitlichen Reihenfolge unter- einander einzutragen. In einer zweiten Spalte sind erklärende Stichworte zu finden, damit die betreffenden Mitarbeiter eine Vorstellung von ihrer Aufga- be haben. Damit jeder weiß, was er zu tun und zu lassen hat bzw. bei wem er nachfragen kann, gehört der für diese Aufgabe Verantwortliche genannt. Da der ganze Anlass nur funktioniert, wenn die verschiedenen Aufgaben in- einandergreifen, sollten auch die Projektgruppen genannt werden, die da- von ebenfalls betroffen sind. Da bestimmte Aufgaben zu einem bestimmten Zeitpunkt erledigt sein müssen, weil andere Arbeitsbereiche davon abhängig sind, gehört die Frist ebenfalls dazu notiert, bis wann die Aufgabe erledigt sein muss. Der Programmleiter sollte mehr als nur ein Auge auf die Einhaltung haben.

### 5.5.4 Programmablauf
Der Programmgruppe fällt die wichtige Aufgabe zu, den Ablauf des Anlasses festzulegen, an die anderen Projektgruppen weiterzuleiten und deren Hinwei- se einzuarbeiten, um eine überarbeitete Version erneut kursieren zu lassen.

> *Begrüßungsabend für neu zugezogene Familien – 19.11.2010*
> Version **2** (vom 10.10.) - Änderungen *kursiv* gedruckt
> Handy Martin 0160 123456789

| Zeit | Programm | Beteiligte | Technik |
|---|---|---|---|
| 18.00 | Abschluss der Vorbereitungen | alle | |
| 18.15 | Gebet | alle | |
| 19.15 | Begrüßung (Eingang) | Petra, *Manfred* | |
| | *Stehempfang* | *Tina, Silvia,* Gerhard N. | *Hintergrund-musik* |
| 20.00 | Musikstück | Bernd | Klavier |
| 20.05 | Start Programm, Begrüßung, Moderation | Johanna, Wolfgang E. | 2x Mikro |
| 20.10 | Sketch „Gepflogenheiten und Eigenheiten der Einheimischen" | Ingrid, Wolfgang N. | 2x Funkmikro Powerpoint-folien 1-3 |
| 20.30 | Wo finde ich was? (Behördengänge, Einkaufs- und Freizeitmöglichkeiten, Sportvereine, ...) | Wolfgang E. Hr. Schultes (Rathaus) Fr. Hüpf (Sportverein) | 1 Mikro, *Powerpoint-folien 4-10* |
| 21.00 | *Diashow mit Impressionen aus dem Ort* | *Werner* | *Powerpoint-folien 11-50* |
| 21.15 | Hermann Bauer als Ansprechpartner bei Fragen vorstellen | Johanna | 1 Mikro Kärtchen mit Hermanns Kontaktdaten verteilen |
| 21.25 | Angebote der Gemeinde vorstellen | Wolfgang E. | 1 Mikro, Powerpoint-folien 50-55 |
| 21.30 | Verabschiedung | Johanna | 1 Mikro |
| 21.35 | Musikstück | Bernd | Klavier |

Bitte vermerkt die Versionsnummer und das Datum, wann der Plan erstellt bzw. geändert wurde, damit die Mitarbeiter wissen, welcher Programmentwurf der aktuelle ist. Bitte die Hinweise für die Technik nicht vergessen, wann welche Musik-, Video- oder Powerpoint-Einblendungen stattfinden, wer wann ein Mikrofon benötigt, eventuell eingeplante Umbauzeiten usw.

Bei größeren Projekten mit vielen Aufgaben bietet es sich an, die einzelnen Aufgaben auf Kärtchen zu notieren, grob vorzusortieren und mit einer Wäscheklammer auf eine Wäscheleine zu hängen. Damit die Blätter nicht nach unten wegrutschen und auf den Boden fallen, sollte oben an den Kärtchen ein Falz abgeknickt werden. Bei der Durchsicht fällt sicherlich manches auf, was noch umgehängt werden muss. Eventuell wird dabei auch deutlich, dass ihr einzelne Aufgaben übersehen habt. Nun können die Aufgaben in den Aufgabenplan übernommen werden.

### 5.5.5 Veranstaltungsort

Für den Planungsverlauf könnte es hilfreich sein, eine Skizze vom Projekt- bzw. Veranstaltungsort anzufertigen, vor allem wenn ihr ihn nicht so gut kennt wie euren Gemeindesaal. Gibt es Probleme damit, wie dieser Ort einzurichten ist bzw. wo die einzelnen Bereiche wie Bühne, Buffettische usw. stehen sollen, dann zeichnet euch einen Umriss des Raumes bzw. der Räume, Wiese o. Ä. auf einen Plakatkarton und malt die einzelnen Elemente einigermaßen maßstabsgetreu auf Blätter, schneidet sie in der passenden Form aus und klebt sie auf Post-its. Nun könnt ihr sie auf der Umrisskarte auf- und wieder umkleben, bis sie ihren richtigen Platz gefunden haben. Falls ihr eine etwas verspieltere Truppe seid, leiht euch die LEGO®-Kiste eurer Kinder, legt eine Grundplatte vor euch und steckt die einzelnen Elemente wie Bühne, Buffet, Tische, Garderobe mit LEGO®-Steinen auf.

Wenn ihr euch über einen geeigneten Veranstaltungsort uneinig seid, bietet sich ebenfalls eine Entscheidungsmatrix an. Auf der nächsten Seite findet sich ein Beispiel, die Kreise markieren zur schnelleren Übersicht den jeweiligen Sieger der Kategorie:

| Veranstaltungsort | Gemeindehaus | Halle | Marktplatz |
|---|---|---|---|
| Platz | für 80 Personen | für 150 Personen | für 100 Personen |
| Miete | keine | 300,- | keine |
| Bühne | etwas zu kein | variabel | keine |
| Verpflegung | Gemeinde | Pächter | Gemeinde |
| Parkplätze | kaum | genügend | keine |
| Atmosphäre | gemütlich | Sporthallen-feeling | ungemütlich (zu-gig, keine Stühle) |
| Technik | Gemeinde | Extra-Miete | Mieten, teuer |
| ... | | | |

## 5.5.6 Mitarbeiter mitnehmen

Papier ist geduldig, das sollte vor allem dem Leiter klar sein. Oftmals reicht es nicht, wichtige Hinweise in Form von Protokollen und Notizzetteln weiterzugeben. Manches davon wird schlicht übersehen, nicht richtig, weil nur flüchtig gelesen, vergessen oder ganz einfach nicht beachtet. Aufgabe des Leiters ist es, wichtige Grundlinien des Projekts zu kommunizieren und Zwischenergebnisse am besten mündlich einzuholen. Idealerweise überlegt er sich auch, wie er die Gruppe ermutigen und motivieren kann. Willow Creek Deutschland hat z. B. inzwischen den sehr schönen und hilfreichen Brauch eingeführt, „Ermutigungs-E-Mails" zu verschicken. Welche Aktionen könnte der Leiter durchführen, um den Mitarbeitern das Ziel vor Augen zu halten und sie konkret anzuspornen? Es müssen nicht immer geistliche Inputs sein. Warum nicht bei einem Treffen einer Projektgruppe mit Tee und Keksen bzw. einem Riesenbottich Eis vorbeischauen und hören, wie es ihnen in ihrer Aufgabe so geht?

Gibt es für eure Familienarbeit keinen „Finanzminister", so erläutert der Gesamtleiter den finanziellen Rahmen, der für das ganze Projekt zur Verfügung steht, und erörtert mit den Projektgruppen-Leitern das Budget, das deren Gruppen benötigen.

Solltet ihr zu Beginn der Planungsphase alle Mitarbeiter zusammenkommen lassen, dann nutzt diesen Moment und stimmt euch zusammen auf das Projekt ein. Stellt euch dazu in einen großen Kreis und werft euch gegenseitig ein Wollknäuel zu. Wer es gefangen hat, sagt kurz, was er sich von diesem Projekt / dieser Veranstaltung erhofft oder was er für Gedanken und Gefühle damit verbindet. Anschließend hält er sich an seinem Stück Faden fest und wirft das Wollknäuel an eine Person weiter, die noch nicht dran war. Am Ende habt ihr einen guten Einblick, wie die einzelnen zum Vorhaben stehen und wo sich vielleicht sogar schon Probleme abzeichnen, die es anzugehen gilt. Ihr seht vor euch ein wunderbares Bild, dass ihr als Mitarbeiter miteinander verbunden seid und dass das zu Planende nur funktionieren kann, wenn es zusammen umgesetzt wird bzw. jeder seinen Platz und seine Aufgabe im Ganzen kennt.

Wenn diese Methode bei euch schon zu ausgelutscht ist, könnten sich jeweils zwei Mitarbeiter zusammensetzen und sich über ihre Erwartungen austauschen. Sie stellen dann im Anschluss dazu im Plenum die Erwartungen ihres Gesprächspartners vor. Dabei gehen sie in die Mitte des Stuhlkreises und stecken eine Blume in eine dort bereitgestellte Vase. Am Ende steht ein bunter Strauß Erwartungen in Form der Blumen im Raum. Um den Effekt zu erhöhen, sollten langstielige und vor allem verschiedene Blumen mit unterschiedlichen Blütenfarben bereitgelegt werden.

Ich persönlich habe die Wirkung derartiger Versinnbildlichungen lange Zeit unterschätzt und außen vorgelassen und meine Mitarbeiterteams gleich aufs Planen stürzen lassen. Inzwischen weiß ich, dass vielen Mitarbeitern solche Momente sehr gut tun und sie eine Starthilfe ins gemeinsame Arbeiten und Umsetzen sind.

Bitte bedenkt, dass es für die Umsetzung eines Projektes verschiedene Typen braucht, die in ihrem Fach gut sind und die Ergänzung durch andere benötigen: Da gibt es Ideengeber, die sich z. B. mit dem Umsetzen schwertun. Dafür gibt es andere, die anhand einer Idee, die ihnen vorgegeben wird, den Inhalt und die Aufgaben erarbeiten. Neben diesen Tüftlern gibt es noch diejenigen, die gern umsetzen, was andere erarbeitet haben. Und auch sie sind auf andere angewiesen, z. B. auf die Beschaffer. Sie arbeiten ihnen zu, indem sie die benötigten Materialien besorgen. Daran haben sie mehr Freude, als sich den Kopf mit tief gehenden Planungen zerbrechen zu müssen.
Es werden auch diejenigen benötigt, denen es keine Mühe bereitet, im Rampenlicht zu stehen und Veranstaltungen zu moderieren. Es gibt aber auch vie-

le, die lieber dreißig Toiletten schrubben, als eine Minute vor einem Mikrofon zuzubringen. Auch sie sind unentbehrlich für eure Familienarbeit.

**Zum Weiterdenken:** *In welchen Phasen der Gestaltung sind diese jeweiligen Spezialisten notwendig? Zieht sie entsprechend hinzu und macht ihnen deutlich, dass sie wichtig sind.*

*Bei längerfristigen Projekten gilt es, Meilensteine zu setzen, sprich sich regelmäßig zu treffen, um den Stand der Dinge auszuloten, positive Entwicklungen zu feiern und ungute festzustellen, um ihnen umgehend entgegenzuwirken.*

## 5.6 Wagnis

Quiz-Sendungen erfreuen sich großer Beliebtheit, vor allem wenn die Kandidaten etwas wagen müssen, um einen größeren Preis zu gewinnen. Bereits in den Achtzigern brachte Wim Thoelkes Ausspruch „Riiisikooo!" Spannung in die heimischen Wohnzimmer.

Familienarbeit ist ebenfalls eine spannende Angelegenheit, denn man weiß im Voraus nie, wie es verlaufen wird und wie die Eltern reagieren werden. Selbst wenn ihr euch mit den Familien und ihren Bedürfnissen beschäftigt und eine Richtung gefunden habt, in die ihr aktiv werden könnt, so bleibt doch ein Restrisiko übrig.

Zum Glauben gehört das Wagnis, das wusste schon Hudson Taylor: *„Wenn unser Einsatz für Gott kein Risiko enthält, dann ist auch kein Glaube notwendig."*[60] Glaube bedeutet vor allem Vertrauen in Gott und seine Möglichkeiten, die weit über unsere hinausgehen (Mt 19,26). Sammelt Erinnerer um euch, Mitchristen, die euch immer wieder Gottes Größe, seine Möglichkeiten, aber auch Zusagen und Versprechen ins Gedächtnis rufen.

Es gibt einige Unsicherheiten und innere Kämpfe, in die man als Mitarbeiter geraten kann. Bereits Adam und Eva mussten sich mit diesen feindlichen Einflüsterungen herumschlagen, ob Gott es denn wirklich gut mit ihnen meine: *„Hat Gott wirklich gesagt ..."* (1. Mose 3,1)? Selbst wenn von Gott her klar ist, dass Familienarbeit für euch der Weg ist, den ihr einschlagen solltet, und ihr theoretisch wisst, dass er euch nicht hängen lassen wird, können sich Zweifel breitmachen: Ist es wirklich dran? Werden die Familien unsere Angebote annehmen? Wird etwas dabei herumkommen? Lohnt sich der ganze Aufwand? Es wird doch eh kaum einer kommen! Das hat früher schon nicht geklappt! Bei uns ist ein ganz harter Boden! Wird Jesus mich wirklich begleiten, wenn ich Familie XY besuche? Gegen den Entmutiger (Mt 13,39a), der uns diesen Zweifel einflüstert, helfen uns Ermutiger, die uns in diesem Zwiespalt begleiten. Allein geht man als Mitarbeiter irgendwann ein.

> **Zum Weiterdenken:** *Du musst nicht das ganze Risiko auf einmal wagen. Gehe kleine Schritte und sammle dabei Mut für den jeweils nächsten, weil du spürst, dass Jesus wirklich mit dir ist. Wenn es z. B. eine deiner Herausforderungen ist, mit den Eltern ins Gespräch zu kommen, dann begrüße die Eltern beim ersten Mal kurz und freundlich, bei der zweiten Begegnung beginne einen kurzen Small Talk übers Wetter, das wirkt meistens, weil jeder davon betroffen ist, und bereite dich auf das dritte Aufeinandertreffen vor, indem du dir vorher überlegst, über was du mit diesem Vater oder dieser Mutter reden könntest. Welche Interessen hat er oder sie, welchem Beruf geht der Gesprächspartner nach? Trägt eine Mutter ein interessantes Kleidungsaccessoire? Über was könntest du wohl mit mir reden, wenn wir uns begegnen würden? Richtig! Fußball! Schließlich fließen immer wieder Beispiele aus der Welt des runden Leders in die Seiten dieses Buches mit ein. Hör genau hin, über was die Eltern so reden, dann findest du mit der Zeit auch ein passendes Gesprächsthema.*
>
> *Spürst du nach den einzelnen Schritten, wie Gott deine Grenzen weitet? „O dass du mich reichlich segnen und meine Grenze erweitern wolltest und deine Hand mit mir wäre" (1. Chr 4,10, nach Schlachter 2000).*

## 5.7 Gastfreundschaft

Nun ist er also da, der große Moment: Alles ist vorbereitet, die Türen und Tore sind weit geöffnet. Jetzt fehlen nur noch die Familien und dann kann das Geplante ins Rollen gebracht werden. Vergesst bei aller Geschäftigkeit eines nicht: Menschen sind wichtiger als Programmabläufe! Habt ihr bei aller Arbeit auch ein Auge darauf, wie es euren Gästen geht? Welchen Gesichtsausdruck haben sie und welche Körperhaltung nehmen sie ein? Freuen sie sich? Wirken sie gelöst oder eher unsicher? Fühlen sie sich wohl oder fehl am Platz und alleingelassen? Wo und in welcher Form könnt ihr auf sie eingehen? Seid ihr bereit, euch von ihnen stören zu lassen? Habt ihr die Aufgaben so verteilt, dass immer auch eine bestimmte Anzahl Mitarbeiter frei ist für Gespräche oder um sich einfach „nur" zu den Gästen zu setzen? Gastfreundschaft ist weit mehr, als eine bunte Auswahl an Nahrungsmitteln zu kredenzen.

Das Freizeitheim, in dem ich meinen Zivildienst verbrachte, wurde von einem Hauselternehepaar betreut, das sich wunderbar ergänzt hat: Sie hat den Rahmen und die Abläufe akribisch im Blick gehabt und er war permanent für seine Gäste da. Beide hätten sich in der Rolle des anderen unwohl gefühlt und wären überfordert gewesen. Viele Gäste kamen nicht so sehr wegen des angebotenen Programms, sondern wegen ihrer superben Organisation und seiner warmherzigen Offenheit. Beides hat dazu beigetragen, dass die Gäste sich wohlgefühlt haben und sich regelrechte Stammgästegruppen bildeten. Habt ihr bei den Projekten und Veranstaltungen Mitarbeiter, die sich auf diese Weise ergänzen?

**Zum Weiterdenken:** *Welche Mitarbeiter haben einen Blick und ein Herz für Außenseiter und Familien, die allein herumstehen oder –sitzen, zu denen sich niemand gesellt? Es müssen nicht alle Mitarbeiter bei denjenigen Eltern und deren Kindern sein, um die sich eh schon alle anderen scharen. Befreit diese Mitarbeiter, die ein Gespür für die weniger Beliebten haben, von zu vielen organisatorischen Aufgaben und gebt ihnen die Freiheit, auf diese Familien zuzugehen.*

# 5.8 Nacharbeit

Da ihr nun eine längerfristige Strategie ausgetüftelt habt, wisst ihr während der Veranstaltungen und Projekte schon, wie es anschließend weitergehen wird. Wenn ihr nach einem Erziehungsseminar ein weiteres dieser Art mit einem anderen Thema oder einen Elterngesprächskreis angedacht habt, bietet es sich an, dieses weiterführende Angebot nicht zu weit in die Zukunft zu legen, sondern es bereits am Ende dieses aktuellen Vortrages zu bewerben und den Familien bei der Verabschiedung die passenden Flyer in die Hand zu drücken. Lasst die Wirkung der Veranstaltung bzw. des Projekts nicht verpuffen, sondern bietet direkt etwas Geeignetes an.

Darüber hinaus können die Eltern und ihre Kinder zu den schon vorhandenen Veranstaltungen der Gemeinde eingeladen werden, angefangen von den Kinder- und Jugendgruppen über Hauskreise bis hin zu Frauen- bzw. Männerkreisen. Sinnvollerweise sind die Leiter und gern auch ein paar mehr Vertreter der jeweiligen Kreise ebenfalls anwesend und berichten schwungvoll und kreativ über ihre Ziele, Formen und Inhalte. So bekommen die Familien ein erstes Gefühl für das jeweilige Gemeindeangebot und haben die Gelegenheit, bei Fragen oder Interesse gleich mal auf sie zuzugehen. Vielleicht haben die Mitarbeiter ja auch direkt schon ein ansprechendes und ebenfalls niederschwellig gehaltenes Angebot zur Hand, das sie anbieten können.

**Zum Weiterdenken:** *Wie könnte so eine Einladung aussehen, ohne vertreterhaft aufdringlich zu wirken? Auf welche kreative Weise kann die Werbung für das Nachfolgende in die Veranstaltung eingebettet werden? Könnte im Falle einer Seminarreihe ein kurzes Video gezeigt werden, wo z. B. ein paar schmackhafte Details präsentiert werden, um den Appetit der Anwesenden anzuregen? Oder ein kurzes Interview mit dem Referenten des kommenden Abends? Könntet ihr den Eltern einen witzigen und zugleich aussagekräftigen Gegenstand mitgeben, der sie in ihrer Wohnung liegend an den anstehenden Anlass erinnert? Um der möglichen Vergesslichkeit der Familien entgegenzuwirken, schreibt oder klebt am besten das entsprechende Datum und ein Stichwort dazu. Sicher ist sicher.*

## 5.9 Auswertung

Wer Gutes verbessern möchte, schaut sich die zurückliegende Veranstaltung genau an. Bei längerfristigen Projekten ist es wichtig, auch zwischendurch auszuwerten, um rechtzeitig auf Entwicklungen reagieren zu können.

Trefft euch als Mitarbeiterteam und blickt auf das Projekt bzw. die Veranstaltung zurück. Am besten führt ihr die Auswertung kurz nach dem Anlass durch, wenn die Erinnerungen noch frisch sind. Hierdurch besteht auch die Möglichkeit, sich darüber auszusprechen, was nicht gut gelaufen ist. Das verhindert, dass Unmut bei einzelnen Mitarbeitern gärt und sie es außerhalb eures Teams zum Thema machen. Es ist aber auch eine gute Gelegenheit, dem schnell vergessenen Lob einen Platz einzuräumen. Auch Wertschätzung ausdrücken muss eingeübt werden. Wie schnell ist man bei dem, was nicht gut gelaufen ist, und vergisst das, was erfreulich ist. Ein konkretes und vor allem ehrliches Lob bewirkt und motiviert mehr als jede allgemein gehaltene Dankesrede.

Achtet darauf, dass während der Auswertung folgende Hinweise und Regeln vermittelt und beachtet werden, damit konstruktive Kritik vom Empfänger angenommen werden kann. Ansonsten fühlt er sich in seiner Persönlichkeit angegriffen und zieht sich zurück oder wehrt sich heftigst, was in einem unschönen Schlagabtausch enden könnte, der zu nichts führt. Wichtig ist es hier, einen Moderator zu haben, der zu Beginn der Auswertung diese Gesprächsregeln nennt und auf die Einhaltung achtet.

- Sachlich bleiben und den anderen nicht persönlich angreifen: Ein *„Du warst zu unfähig, das Essen zu organisieren!"* wird dem anderen sicher nicht helfen, sich der Kritik zu öffnen. Stattdessen die „Goldene Regel" beherzigen: *„So wie ihr von anderen behandelt werden möchtet, so behandelt sie auch" (Lk 6,31).*
- Ich-Botschaften senden: Statt *„Du warst hektisch!"* oder *„Man hat gemerkt"*[61], *„Ich hatte den Eindruck, dass du hektisch warst."* Dies lässt die Möglichkeit offen, dass man sich mit seiner Einschätzung irrt.
- Vokabeln wie *„immer"* und *„nie"* („Immer tust du!", „Nie kann man sich auf dich verlassen!") aus dem Wortschatz streichen. Einerseits stimmen diese Verallgemeinerungen schlicht und ergreifend nicht, andererseits treibt es den anderen in die Enge.
- Es darf auch etwas Positives und Ermutigendes zu anderen gesagt werden! Wie wäre es, wenn ihr als Mitarbeiterteam die Herausforderung annehmt und doppelt so viel Lob und Ermutigung aussprecht, als Dinge vorzubringen, die nicht funktioniert haben?
- Der Ton macht die Musik, deshalb sollte jede Form der Schärfe und aufgedrehten Lautstärke vermieden werden. Sind die Mitarbeiter ein Wohlklang füreinander oder dröhnende Pauken und lärmende Tamburine (1. Kor 13)?
- Wer zu seinen eigenen Fehlern stehen kann, erleichtert es dem anderen, Kritik anzunehmen (Mt 7,3-5).

Einige weiterführende Methoden, die euch bei eurem Rückblick helfen:

### In einem Satz
In einer ersten Runde kann jeder Mitarbeiter ein Fazit in Form eines Satzes (ohne eingeschobene Nebensätze) äußern. Um das Ganze nicht nur auf der Verstandesebene auszuwerten, wäre es sinnvoll, wenn auch Gefühle zum Ausdruck gebracht werden, die Mitarbeiter in Bezug auf das vergangene Projekt haben: „Ich freue mich, dass Marcel mitgearbeitet hat.", „Ich bin frustriert, weil niemand gekommen ist."

### Ampelfarben
Schreibt die Ziele gut sichtbar an eine Plakatwand. Die Mitarbeiter werden gebeten, diejenigen Ziele mit einem grünen Punkt zu markieren, die durch den vergangenen Anlass gefördert oder sogar erreicht wurden. Rote Punkte werden für diejenigen vergeben, bei denen das nicht erreicht wurde, gelbe Punkte werden dort gesetzt, wo man sich persönlich unsicher ist. Ergibt sich

hier ein einheitliches Bild? Falls nicht, sollten die Ziele noch einmal unter die Lupe genommen werden, da bei den Mitarbeitern unterschiedliche Vorstellungen vorhanden sein könnten. Vor allem bei den Bereichen, die mit auffällig vielen gelben Punkten versehen sind, könnte dies der Fall sein. Müssen Ziele smarter sein oder besser erläutert werden? Sprecht darüber, welche Vorgaben erreicht wurden und welche nicht und woran das jeweils gelegen haben mag. Müssen Ziele und Strategien überdacht werden? Oder war es das falsche Projekt?

*Auswertungsstern*
Ein Stern mit beliebig vielen Achsen wird auf ein Plakat gezeichnet. In der Mitte jeder Achse wird ein kleiner Balken eingefügt, der den Nullpunkt angibt (siehe Skizze). Zur Mitte hin bedeutet es Zustimmung, nach außen hin eher Kritik.
Jedes Achsenende wird mit einem der Kriterien beschriftet, die beurteilt werden sollen. Es können auch andere als die hier aufgeführten sein.
Jeder Mitarbeiter darf auf jeder Achse einen Strich in einer anderen Farbe setzen, um die jeweiligen Punkte zu bewerten. Ein näher zur Sternmitte gesetzter Strich bedeutet *„gut"*, ein weiter nach außen gesetzter Strich bedeutet *„nicht so gut"*.

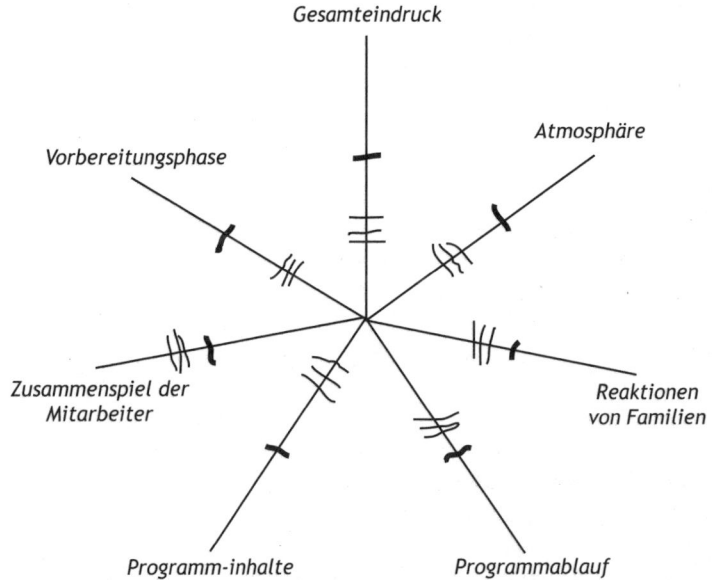

Unterhaltet euch über das Bild. Möchte jemand etwas ergänzend dazu sagen bzw. ansprechen? Wie kam es zu diesen Eindrücken? Woran wird es festgemacht? Wie fühlte sich die Atmosphäre an? Wie waren die Rückmeldungen der Familien? Haben sie sich wohlgefühlt? Was fanden sie ansprechend, was war suboptimal bis weniger gelungen? Wie spricht man im Dorf darüber? Eventuell reden sie dort anders über den Anlass, als sie sich euch gegenüber äußern. Welche Dinge gelangen eurer Ansicht nach gut? Warum gelangen sie gut? Wo wurden Stärken der Mitarbeiter bzw. der Gemeinde deutlich, die in Zukunft weiter, eventuell stärker als bisher, genutzt werden sollten? Wo müssen in Zukunft Verbesserungen angestrebt werden? Wie kann es verbessert werden? Welche Maßnahmen oder Personen könnten hierbei weiterhelfen? Wurden die Ziele erreicht oder müssen sie und eventuell auch die Strategien überarbeitet werden, weil die Realität nicht zu euren vorab vermuteten Überlegungen passt, sprich Familien nicht über die gewählte Schiene erreicht wurden? Haben sie andere Bedürfnisse und Interessen als vermutet?

Bevor ihr in einer solchen Situation die Strategie über Bord werft, um etwas komplett anderes auszuprobieren, sinnt darüber nach, woran es lag, dass Eltern (und ihre Kinder) sich kaum oder gar nicht einladen ließen. Möglicherweise war es das passende Angebot, die Familien haben es eventuell nur nicht mitbekommen oder ihr seid ihnen noch zu fremd bzw. habt etwas angeboten, was gar nicht zu euch gepasst hat. Habt ihr zu sehr eure Vorlieben befriedigt als die Bedürfnisse der Eltern? Kamen Eltern/Familien ein anderes Mal oder einige Male zuvor und inzwischen nicht mehr? Wurden sie durch etwas abgestoßen? Würde es Sinn machen, bei ihnen nachzufragen?

*Punkteskala*
Nennt einzelne Eindrücke zum vergangenen Anlass und schreibt sie untereinander auf. Im Anschluss darf jeder Mitarbeiter bei den Aussagen einen Punkt aufmalen, mit denen er übereinstimmt. Je mehr Punkte eine Aussage hat, desto mehr Zustimmung hat sie erhalten. Kommt darüber ins Gespräch und zieht Konsequenzen aus dem Ergebnis.

| | |
|---|---|
| Die Atmosphäre war gut. | ••••• |
| Das Essen schmeckte etwas fad. | • |
| Die Moderation war erfrischend. | ••• |
| Das Musikstück war zu langweilig. | •• |
| Der Sketch ging zu lange. | •••• |
| Ich habe mich wohlgefühlt. | •••••• |

## Ja-/Nein-/Weiß-nicht-Ecken

Klebt in eine Ecke ein Blatt mit der Beschriftung „Ja", in die gegenüber-
liegende eines mit einem „Nein" und in eine der beiden freien Ecken ein
„Weiß nicht"-Blatt. Der Leiter nimmt die von euch im Voraus ausgewählten
Kriterien und stellt Fragen dazu, die mit „Ja/Nein/Weiß nicht" beantwortet
werden können, z. B.: „Findest du, dass die Atmosphäre gut war?" „Fandest
du das Programm ansprechend?" Zu jedem dieser Kriterien können die Teilnehmer in eine der Ecken gehen, die ihre Meinung zur Frage widerspiegelt.
Die Anzahl der jeweiligen Meinungen wird notiert. Es besteht jetzt die Möglichkeit zu erklären, warum man dort steht und ob man etwas dazu ergänzen
möchte. Welcher Gesamteindruck kristallisiert sich bei den einzelnen Punkten heraus? Was soll beibehalten werden? Was soll beendet werden? Was muss
verändert werden?

## Aussagen vervollständigen

Beginne Sätze, die von den anderen ergänzt werden: Ich bin zufrieden, weil ...;
Mir hat gefallen, ...; Nicht so toll fand ich ...; Beim nächsten Mal ...

## Mr. Smiley

Lege runde Pappstücke (Durchmesser ca. 5 cm) in gelber Farbe bereit. Jeder
Mitarbeiter malt sich mit einem Edding entweder ein lachendes oder ein
trauriges Smiley-Gesicht auf ein solches Pappstück, je nach Gesamteindruck,
den man vom Projekt oder der Veranstaltung gewonnen hat. Ist er eher positiv oder negativ? Anschließend befestigt jeder sein Smiley mit einem doppel-
seitigen Klebeband am Pullover. Kommt auf diese Weise über eure Gefühle
und Eindrücke zu sprechen.

## Feedback-Bogen

Bei größeren Veranstaltungen, wo es nicht möglich ist, den Eindruck eines jeden Gastes in Erfahrung zu bringen, wäre ein Feedback-Bogen hilfreich, den
die Besucher ausfüllen können. Bitte konzentriert euch auf wenige, wichtige
Fragen, die Gäste kommen ja schließlich nicht, weil sie so gern Fragebögen
ausfüllen.

> **Zum Weiterdenken:** *Gibt es jemand in eurem Umfeld, der Erfah-*
> *rung mit Auswertungsprozessen hat und euch hierbei leiten könnte? Ein*
> *externer, nicht beim Anlass Dabeigewesener könnte diesen Prozess objek-*
> *tiver begleiten. Hilfreiche Hinweise zum Thema „Auswertung", fremd-*
> *wörtlich „Evaluation" genannt, findet man im Internet.*[62]

# 6. Freud und Leid

Trotz bestem Wissen und guter Vorbereitung wird neben dem, was gut läuft, auch mancher Rückschlag hinzunehmen sein. Wie geht man mit dem Freudigen um und wie mit dem Enttäuschenden? Die damit verbundenen Gedanken und Gefühle sollten nicht einfach im Raum stehen bleiben, sondern entsprechend aufgegriffen werden.

## 6.1 Feiern

Gelungenes Feiern schweißt die Mitarbeiter bzw. Gemeinde zusammen und motiviert für zukünftige Projekte. Ein kleines Fest im Rahmen der Mitarbeiterschaft ist schnell und unaufwendig vorbereitet. Besser ist es allerdings, wenn es Teil eines Gemeindeanlasses, z. B. Gottesdienst oder Erntedankfest ist. Schließlich soll die Familienarbeit ja ein Gemeindeprojekt sein.

Auf welche Weise kann man Gott dafür danken, was er möglich gemacht hat? Und wie oder wer kann all den Beteiligten, die sich eingebracht haben, den Dank ausdrücken? Dabei dürfen die ganzen Helfer, die im Hintergrund aktiv waren, nicht vergessen werden!

Errichtet eine Dankeswand, denn Klagemauern gibt es schon genügend. Behängt eine Wand im Gemeindehaus mit Pappe. Dort können nach und nach, gern auch über einen längeren Zeitraum hinweg, Bilder aus den Veranstaltungen und kurze Stichworte über das, was Mitarbeiter und Teilnehmer als angenehm empfanden, angebracht werden, am besten mit dem passenden Datum versehen.

Ein Jubiläum innerhalb der Familienarbeit, z. B. ein Jahr Elterncafé o. Ä., wäre ein solcher Grund zum Feiern. Hierbei könnten Sonnen aus Pappe verteilt werden. Jeder, der möchte, schreibt ein Stichwort zu dem auf, was ihm zur Familienarbeit bzw. dem Projekt einfällt, wofür er dankbar ist, auf eine solche Sonne und pinnt sie an die Wand. Während einer Pause können die „Festbesucher" daran vorbeiflanieren. Der Dank an Gott kann dann abschließend in einer Gebetsgemeinschaft zum Ausdruck gebracht werden.

Eine weitere Veranschaulichung: Verteilt im Vorfeld des Projektes mit jungen Pflänzchen versehene Blumentöpfe, die mit euren Zielen und Wünschen beschriftet werden. Gießt die Blumen zuhause ordentlich, dass sie zur Feier nicht nur überleben, sondern auch wachsen. Bei einem Dankgottesdienst werden dann die Blumentöpfe in die Mitte gestellt, deren aufgeschriebene Ziele und Wünsche Realität wurden.

## 6.2 Beerdigen

Es war ein grauer verregneter Tag im November. Ich weiß es noch genau, als wäre es gestern gewesen. Vor wenigen Stunden lief ein Projekt aus, das mir sehr am Herzen lag. Anderen offensichtlich nicht in dem Maße. Es kamen nämlich keine Familien. Drei Jahre lang hatte das Konzept funktioniert, bis es nicht mehr zog. Und so haben wir uns umorientiert und ein anderes Projekt auf die Beine gestellt. Trotzdem konnte ich das Vorherige nicht einfach ausblenden. Meine Gedanken kreisten noch um den „plötzlichen Niedergang" und wollten sich nicht mehr davon lösen. Ein Stoppschild musste gesetzt werden.

Würdigt Projekte, bevor ihr sie fallen lasst. Das wird dem ein oder anderen – vor allem demjenigen, der es ausgetüftelt hat – helfen, damit abzuschließen und ganz für das neue da zu sein. Tauscht euch darüber aus, was dieses Projekt Gutes bewirkt hat, wo es die Ziele gefördert und die Strategie vorangebracht hat. Und dann legt es zu den Akten. Sofern nicht bereits bei der Auswertung geschehen, darf die Frage nach dem Warum gestellt werden. Was waren die Gründe, warum es (inzwischen) nicht (mehr) funktionierte?

Manchem ist es eine Hilfe, wenn man das Projekt auf plastische Art und Weise „beerdigen" kann, z. B. indem eine Fotocollage bzw. eine Diashow mit den schönsten Momenten erstellt und gezeigt wird. Jeder Mitarbeiter kann sein persönliches Highlight auf einen farbigen Zettel schreiben und an ein Plakat heften, das die Überschrift „Danke" ziert.

## 6.3 Fehler machen

Eines werdet ihr mit Sicherheit fabrizieren: Fehler. Manchmal riskiert ihr etwas und es klappt dann nicht. Lasst euch nicht davon irritieren. Fragt euch, wie es dazu kam, und lernt daraus, um Ähnliches in Zukunft zu vermeiden. Nur wer nichts tut, macht an sich keine Fehler. Und Nichtstun ist der größte Fehler, so beschreibt es Jesus im Gleichnis von den anvertrauten Silberstücken (Mt 25,14-30). Er fordert uns auf, die von Gott anvertrauten Begabungen einzusetzen.

Es ist tröstlich zu wissen, dass Fehler so oder so immer wieder vorkommen werden. Das stellt uns aber auch vor die Frage, wie wir mit dem Scheitern umgehen. Der erste menschliche Impuls ist das Abschieben: *„Es lag doch daran, dass es regnete, und Holger kam auch zu spät, deshalb konnte ich nicht ...!"* Bereits Adam und Eva beherrschten diese Methode sehr gekonnt. Adam schaffte es sogar, zwei Personen gleichzeitig die Schuld in die Schuhe zu schieben, Eva und Gott. *„Die* Frau, *die* du mir gegeben hast, reichte mir eine Frucht ..."* (1. Mose 3,12). Seitdem ist es tief in uns Menschen verankert, Schuld auf andere oder die Umstände abzuwälzen.

Bill Donahue von Willow Creek zählt weitere Irrwege auf, die uns im Umgang mit persönlichem Versagen kein Stück weiterbringen: Fehler zu leugnen („Das war kein Fehler!"), sie kleinzureden („Hat doch niemandem geschadet."), zu vergeistlichen („Vielleicht hat Gott etwas damit vor.") oder zu betäuben (Arbeit, Medienkonsum, Medikamente, Essen, Alkohol, sich mit anderen Aktivitäten ablenken, um es dadurch verdrängen).
Die Konsequenz aus diesem Verdrängen sind gestörte Beziehungen zu Gott und zu Mitmenschen, also auch den anderen Mitarbeitern (Spr 18,19). Donahue stellt diesen Ausweichversuchen trittsichere Wege entgegen: Fehler zugeben, den vollen Umfang anerkennen, Gott nicht vorschieben, sondern ihn klären lassen (Ps 139,23) und sich einen Verbündeten suchen. Gott und den Mitmenschen gegenüber die Fehler zugeben, das macht den Weg zur Vergebung und zum Neuanfang frei. Das kennt ihr sicher aus vielen Predigten, aber nicht das Wissen darum bringt den Durchbruch, sondern das Umsetzen. Dabei kann uns jemand helfen, zu dem wir Vertrauen haben, der auch bei unseren Niederlagen für uns da ist, dem wir ehrlich gegenüber sein können und dem wir die Erlaubnis geben, offen mit uns zu reden und uns auf Dinge hinzuweisen.

Angesammelte Fehler können einen drei Richtungen einschlagen lassen: Angriff (1. Mose 3,12-13), Rückzug (1. Mose 3,8; Ps 32,3) oder Umkehren aus diesen Sackgassen (Ps 32,5). In diesen Momenten liegt die Chance, näher zu Gott und Mitmenschen zu finden, aber auch die Gefahr, sich von beiden zu distanzieren. Das Fallen ist oftmals nicht das Drama, sondern das Liegenbleiben.

Da Fehler immer auch am eigenen Selbstwert kratzen, ist es nicht so einfach, sich ihnen zu stellen. Erleichtern kann dies eine Atmosphäre in eurem Mitarbeiterkreis, die Fehler gestattet. Legt es miteinander fest: Wir dürfen Fehler machen! Oftmals ist es eben nicht so, dass wir, genauso wenig wie die anderen Teammitglieder auch, von Sieg zu Sieg eilen, sondern auch einiges an Zerbruch ansammeln. Andererseits gibt es diesen frommen Leistungsdruck, zu funktionieren und Erfolg haben zu müssen, der einen verleiten möchte, eine gute Fassade nach außen zu kehren, auch wenn die Bausubstanz dahinter zeitweise recht morsch ist. Wie reagiert ihr in eurer Gruppe, wenn jemand einen Fehler eingesteht? Spielt ihr mit beim Vertuschen oder Verharmlosen („Ist nicht schlimm!", „Ist schon okay!", „Fand ich gar nicht so wild.") oder baut ihr demjenigen eine Brücke, über die er gehen kann? Ist es nicht mindestens genauso herausfordernd, auf Fehler eines anderen angemessen und hilfreich zu reagieren, als eigene einzugestehen? Wie kann es gelingen, demjenigen zu begegnen, der seine Schwachstelle offenbart? Dessen Fehler bestätigen („Das schätzt du richtig ein." „Das sehe ich auch so."), ohne ihn dabei zu beschämen, den Umfang anerkennen und ihn damit zu Gott führen, sprich mit ihm beten, um für ihn ein solcher Verbündeter zu sein. Vielleicht braucht er auch Ermutigung zu einem klärenden Gespräch mit denjenigen, die unter seinem Fehler zu leiden haben.[63]

> **Zum Weiterdenken:** *Ich wünsche dir neben einem realistischen Blick auf dich und dein Scheitern die nötige Gelassenheit, denn Jesus hat deine Fehler bereits einkalkuliert.*
>
> *Wie könnt ihr als Mitarbeiterteam eine Atmosphäre schaffen, in der Fehler gemacht werden dürfen und zugegeben werden können? In der Regel braucht es hier einen Eisbrecher, der damit anfängt. Wie wäre es mit dir als Leiter?*

## 6.4 Ausgenutzt werden

Wer sich für andere einsetzt und ihnen hilft, wird nicht nur Dankbarkeit ernten, sondern auch irgendwann einmal ausgenutzt werden. Sollte euch das eines Tages widerfahren, dann befindet ihr euch in guter Gesellschaft, denn selbst Jesus ist das passiert. Er half zehn Aussätzigen, indem er sie gesund machte, aber nur einer kam zurück und dankte ihm dafür (Lk 17,11-19). Warum hat Jesus den anderen neun ebenfalls geholfen, obwohl er sicherlich vorher wusste, wie sie reagieren werden?

Das ist die höhere Ebene der Nächstenliebe, auch denen Gutes zu tun, die es nicht zu schätzen wissen. Dankbaren Menschen zu helfen, die einem nahestehen, ist nicht so schwer, als denjenigen das Leben zu erleichtern, die dich ausnutzen wollen und hinter deinem Rücken vielleicht sogar noch über dich lästern (Lk 6,32-35). Lasst euch nicht von dieser Minderheit entmutigen, damit ihr auch weiterhin offen und ohne Vorbehalte auf diejenigen Familien zugehen könnt, die eure Hilfe benötigen.

Wie sehr habe ich mich anfangs über die Eltern aufgeregt, die bei Familienveranstaltungen zwar nicht selbst gekommen sind, aber doch gern ihre Kinder bei uns geparkt haben, um sich einen netten Nachmittag zu machen. Andererseits hat den abgelieferten Kindern diese Zeit bei uns gutgetan und den Eltern der Bummel durch die Fußgängerzone wohl auch.

**Zum Weiterdenken:** *Prüfe deinen Antrieb, anderen zu helfen, anhand von 1. Korinther 13. Welche Eigenschaften gehören diesem Bibelabschnitt gemäß zur „selbstlosen Liebe" dazu?*

*Man kann nur das weitergeben, was man selbst besitzt. Wie sehr bist du dir Gottes Liebe bewusst, die er nicht an Bedingungen knüpft und auch nicht von deinem Verhalten abhängig macht? Und wo versuchst du stattdessen, Gott durch dein (soziales) Verhalten gefallen zu wollen, um von ihm ein Stück seiner Liebe in Form einer positiven Reaktion zu erhalten? Wo versuchst du innerhalb dieses Denkmusters Menschen etwas Gutes zu tun, um von ihnen ebenfalls Dank und Anerkennung zu erhalten? An welchen Stellen drohst du bitter zu werden, weil Menschen dich enttäuscht haben? Wer kann dir helfen, diese Enttäuschungen aufzuarbeiten?*

## 6.5 Überfordert fühlen

Kurz vor Weihnachten wird einem mit Blick in den Briefkasten bewusst, wie viele Menschen weltweit Hilfe benötigen. Selbst wenn man den Kreis enger zieht und nur den eigenen Ort betrachtet, gäbe es immer noch enorm viel zu tun. Wir können allerdings weder die Last der Welt auf unseren Schultern tragen, noch allen Familien in unserem Stadtteil persönlich beistehen. Besser kümmert man sich um weniger Familien, aber um diese dafür intensiver. Wer seine Zeit und Kraft zu sehr aufsplittet, weil er allen helfen will, wird erleben, dass am Ende weder für die einen noch für die anderen etwas dabei herauskommt und man im Endeffekt für niemanden richtig da sein kann.

Man kann aber auch mit Familiensituationen konfrontiert werden, die einen überfordern, z. B. wenn Alkoholprobleme oder Misshandlungen auftreten. Sucht euch kompetente Hilfe, bezieht einen der Hauptamtlichen vor Ort mit ein oder fragt ihn um Rat, wenn ihr Adressen von Hilfseinrichtungen wie dem

Blauen Kreuz benötigt. Scheut euch auch nicht, Familien in diesen Extremsituationen an erfahrene Seelsorger weiterzuvermitteln.

**Zum Weiterdenken:** *Welche Hilfen bietet hier deine Landeskirche, dein Dekanat, dein Gemeindeverband oder dein Jugendverband?*

## 6.6 Erwartungen erfüllen

Wenn (unausgesprochene) Erwartungen Sonnenstrahlen wären, dann würde jeder, der sich ihnen aussetzt, auf der Stelle verbrennen, so hoch wäre die Anzahl und Stärke. Erwartungen sind eben bei jeder einzelnen Begegnung zwischen Menschen unterschiedlich hoch vorhanden, ob man sich dessen bewusst ist oder nicht. So kann es vorkommen, dass innerhalb der Gemeinde unterschiedliche Vorstellungen die Familienarbeit betreffend kursieren, die sich teilweise sehr widersprechen. Sich diesen unterschiedlichen Ansichten ausgesetzt zu fühlen, kann einem das (Mitarbeiter-)Leben erschweren, denn *„allen (Leuten) recht getan ist eine Kunst, die niemand kann".*[64] Es darf also, bei aller Gesprächs- und Korrekturbereitschaft von eurer Seite aus, nicht das Ziel für die Familienarbeit sein, alle zufriedenzustellen und es jedem recht machen zu wollen. Was die verschiedenen Ansichten innerhalb der Gemeinde angeht, benötigt ihr Klarheit über eure Ziele und das Vorgehen, damit ihr es auch gegenüber Kritikern erklären und vertreten könnt. Wenn ihr selbst den Kurs nicht kennt, werden euch sämtliche Ansichten, die an euch herangetragen werden, hin- und herwerfen wie ein Fischerboot bei hohem Wellengang. Es wird euch verunsichern und alles komplett neu überdenken lassen. Auf diese Weise kommt ihr auf keinen grünen Zweig. *„Es gibt keinen sicheren Weg zum Erfolg, aber einen sicheren Weg zum Misserfolg: Es allen recht machen zu wollen."*[65]

Findet im Mitarbeiterkreis den Weg, der eurer Ansicht nach dran zu sein scheint. Kommuniziert ihn gut und häufig in die Gemeinde hinein, seid aber auch bereit, euch konstruktive Rückmeldungen zu eurem Kurs geben zu lassen. Versichert euch auch über die Rückendeckung durch die Gemeindeleitung.

Es muss euch ebenfalls bewusst sein, dass ihr auch die Erwartungen und Bedürfnisse sämtlicher Eltern in eurem (Gemeinde-)Umfeld nicht erfüllen könnt. Wer sich auf eine Richtung festlegt, gerät in den Gegenverkehr derjenigen, die in die andere Richtung unterwegs sind. Es wird also vorkommen können, dass Eltern sich über euren eingeschlagenen Weg ärgern oder ihn einfach nur nicht als das Optimale ansehen. Das sollte euch nicht verunsichern.

Die nicht kommunizierten Erwartungen, die jeder hat und die andere nicht erfüllen, führen dazu, dass Misstöne im Miteinander auftreten. Ein Mitarbeiter beteiligt sich äußerst motiviert am Programm, bringt sich dort mit Elan ein, aber sobald alle Familien nach Hause gegangen sind, schließt er sich ihnen an. Die anderen im Team sind sauer, weil sie die stille Erwartung haben, dass er auch beim Aufräumen hilft. Mit ihm darüber geredet hat allerdings bisher niemand von ihnen. Und so geht er jedes Mal fröhlich nach Hause, während sich die Zurückbleibenden immer mehr darüber ärgern, bis eines unschönen Tages einer von ihnen in die Luft geht und ihn wegen einer scheinbaren Kleinigkeit anfährt. Er wundert sich, dass man sich darüber so echauffieren kann, ahnt aber nicht, dass sich in seinem Gegenüber schon seit Wochen brodelnde Lavamassen ansammeln, die jetzt durch den berühmten letzten Tropfen zum Ausbruch kommen. Unausgesprochener Ärger und Wut verletzten einen selbst und andere. Zeit heilt allerdings keine Wunden, sondern vergrößert sie, sodass sich immer mehr emotionaler Eiter bildet, der einen innerlich zunehmend vergiftet. Hinzu kommt: Wer sich verletzt fühlt, der lässt sich davon beherrschen und verletzt dadurch auch leichter andere, selbst wenn diese mit dem eigentlichen Konflikt nichts zu tun haben. Wer Ärger mit jemandem aus der Gemeinde oder einem Arbeitskollegen hat, der nimmt diese Gefühle mit nach Hause und ist dort ebenfalls wesentlich gereizter. Kein Wunder also, dass uns die Bibel rät, Frust und Ärger, der z. B. durch unerfüllte Erwartungen, seien sie nun berechtigt oder nicht, zustande kommt, umgehend mit dem betreffenden Teamkollegen zu klären (Eph 4,26). Natürlich habt auch ihr als Mitarbeiter Erwartungen an die Gemeinde, z. B. dass sie euch unterstützen, und auch an die Familien. Redet darüber, sonst raubt ihr euch die Freiheit, unvoreingenommen auf sie zugehen zu können. Seid dabei nicht vorwurfsvoll, sondern vermittelt es so, dass sich die Empfänger dafür öffnen.

**Zum Weiterdenken:** *Wie gehst du persönlich damit um, wenn dir die Erwartungen anderer bewusst werden? Wie sehr siehst du deinen Selbstwert einknicken, wenn du sie nicht erfüllen kannst und andere dir deshalb nicht mehr wohlgesonnen sind? Wie viel von dem, was du tust, ist davon geprägt, es anderen recht machen zu wollen?*

# 6.7 Dranbleiben

Da war es wieder, das Mutter-Kind-Kreis-Phänomen. Auch in dieser Gemeinde, die ich besucht habe, lassen sich einige Mütter zu diesem Angebot äußerst gern einladen. Zusammensitzen, heiße Koffeingetränke zu sich nehmen und angeregt klönen: Das ist genau ihr Ding! Mehr wollen sie nicht, schon gar keinen Gottesdienst oder Hauskreis besuchen, obwohl sie immer wieder einmal höflich dazu eingeladen wurden. Selbst die Andachten lassen sie wie einen herbstlich kühlen Regenschauer an sich abperlen. Der Kontakt zu den Müttern mit ihren Kindern ist geknüpft, sie kommen regelmäßig in den Mutter-Kind-Kreis und fühlen sich dort offensichtlich pudelwohl. Die Hemmschwelle ist inzwischen ab- und eine persönliche Beziehung nebst Vertrauen aufgebaut. So läuft das nun schon ganze zwei Jahre.

Mag sein, dass es auch einmal notwendig ist, ein Angebot wieder einzustampfen, wenn sich nichts mehr vorwärts bewegt. Dann sollte es allerdings offensichtlich sein, z. B. wenn sich über einen gewissen Zeitraum keine Familien einladen lassen und klare Signale von Jesus kommen. Ansonsten ist das wie bei der Bundeswehr: Solange kein neuer Befehl kommt, gilt der alte.

Wahrscheinlich hängt das mit meiner persönlichen Geschichte zusammen, dass ich euch hier ermutigen möchte, nicht zu schnell aufzugeben. Jahrelang haben sich eine Handvoll Mitarbeiter kreativ und treu in eine Offene Jugendarbeit investiert, damals, im letzten Jahrtausend noch „Teestube" genannt, heute würde es wohl Jugendcafé heißen. Jeden Samstagabend öffneten sie die Pforten, jeden Samstag kamen mal mehr, mal weniger Besucher. Ich war damals einer von ihnen. Es war der Termin in der Woche, den ich um nichts in der Welt versäumen wollte. Schon beim ersten Besuch lief ich einem Mitarbeiter in die Arme, der sich trotz seiner Vorbereitungen Zeit für mich nahm. Wie viele Monde sich ins nicht vorhandene Tal senkten, kann ich nicht mehr eruieren, aber nach einiger Zeit ließ ich mich in den Jugendkreis einladen und dadurch auch zu einer Jugendevangelisation. Am Anfang meiner Geschichte mit Jesus stand das Mit-hineingenommen-Werden und die Treue dieser Mitarbeiter in einer Arbeit, die sie nicht so viele offensichtliche Früchte ernten ließ. Ich dürfte über all die Jahre gesehen so ziemlich der Einzige gewesen sein, der über diese Arbeit in die Gemeinde und in der Folge dann auch zu Jesus gefunden hat. Jesus ging lange Wege und betrieb einen großen Aufwand, weil ich ihm so wichtig war und immer noch bin.

Langer Rede kurzer Sinn: Prüft genau, ob es dran ist, ein Projekt aufzugeben oder nicht. Möglicherweise setzt Gott gerade einen an langer Hand geführten Plan um, in dem euch eine entscheidende Rolle zukommen wird. Oder er möchte sehen, ob ihr ihm euer Vertrauen nicht nur in der kuscheligen Behaglichkeit eines sonntäglichen Gottesdienstes zusichert, sondern es auch im rauhen Mitarbeiter-Alltag nicht wegwerft.

Solltet ihr an einer Stelle nicht weiterkommen, Familien sich wieder abwenden, gar nicht erst kommen oder für Glaubensfragen wie vernagelt sein, dann kann Jesus sehr gut nachempfinden, wie es euch damit geht. Er hat es selbst immer wieder erlebt, dass Menschen sich von ihm abgewandt haben, sich gern helfen ließen, aber spätestens dann abgesprungen sind, als es ans geistlich gesehen Eingemachte ging (Joh 6,65-67).

Wo persönliche Not ins Leben von Familien eindringt, entsteht manchmal aber auch eine Offenheit für den Glauben, vor allem dann, wenn alle menschlich zusammengeknoteten Stricke reißen und Sicherheiten schwinden, auf die man sich bisher verlassen hat. Verurteilt diese Eltern nicht im Stile von „Ja, *jetzt* kommt ihr daher!", sondern versucht, diesen Familien in ihrer Not zu begegnen, um für sie da zu sein.

**Zum Weiterdenken:** *Freue dich über diejenigen, die kommen, die bleiben, die Interesse zeigen, selbst wenn es wenige sind. Sei mit dem Herzen ganz bei ihnen und trauere nicht ständig denjenigen hinterher, die sich nicht einladen ließen, sonst verlierst du am Ende auch noch die Familien, die da sind.*

*Wenn du den Einzelnen wahrnimmst und auf den eingehst, den Gott dir anvertraut, dann wird er dir oder deinen Nachfolgern zu einem späteren Zeitpunkt auch weitere bzw. mehrere Menschen anvertrauen (Lk 16,10; 19,17).*

# 7. Beispiele aus der Praxis

Dieses Kapitel bietet eine Auswahl an verschiedenen Projekt- und Programmbeispielen. Zuerst werden zwei ausführlichere Entwürfe vorgestellt, die in der Praxis erprobt wurden. Anschließend nenne ich unterschiedliche Ideen, die mit ergänzenden Bemerkungen und Tipps versehen sind. Am Ende des Praxisteils ist ein Sammelsurium an Stichwort-Schnipseln aufgeführt, wodurch ebenfalls verschiedene Konzepte und Events aufgezählt werden.

## 7.1 Vorbemerkungen

Bevor ihr euch in die weiteren Seiten vertieft, möchte ich euch noch einmal einladen, die vorhergehenden Kapitel mit ihren wichtigen Detailinformationen nicht zu überspringen. Ergänzend dazu seien euch folgende nachdenkens- und umsetzungswerte Merksätze ans Herz gelegt, die euch durch die verschiedenen Umsetzungsbeispiele begleiten sollen:
- Es ist einfacher, Programme zu veranstalten, als bei den Familien zu sein.
- Programme ersetzen keine Kontakte, sie fördern und unterstützen diese.
- Programme finden nicht um ihrer selbst willen statt, sondern dienen den Familien.
- Soziales und Kulturelles sollen nicht gegeneinander ausgespielt werden. Beides hat seine Berechtigung und hängt von der Zielgruppe ab.
- Was in der einen Gemeinde funktioniert, klappt nicht automatisch auch bei anderen.

Weil Programme keine Kontakte ersetzen, ist es von großer Bedeutung, dass ihr bei euren Veranstaltungen genügend Zeit für die Begegnung reserviert. Solltet ihr in Zeitnot kommen, kürzt lieber das Programm als die Pausen bzw. andere Zeiten, bei denen sich die Besucher unterhalten und somit näherkommen können! Sensibilisiert die Gemeinde auch dahin gehend, dass sie sich nicht an den Tischen zusammenrotten, sondern unter die Gäste mischen. Auch wenn es im Verlauf des Buches schon genannt wurde, wiederhole ich es der Wichtigkeit halber erneut: Die ultimative Methode gibt es nicht. Ideen zu entwickeln oder sich anderweitig inspirieren zu lassen, ist nicht die größte Herausforderung. Das Richtige zu finden, das zu den Familien und zur Gemeinde passt, ist zuweilen bedeutend schwieriger. Die folgenden Seiten bieten Vorschläge an, die man nicht 1:1 übernehmen kann, sondern an die örtlichen Gegebenheiten anpassen muss.

# 7.2 Entwürfe

Anhand zweier Entwürfe möchte ich Teile der vorhergehenden Kapitel aufgreifen bzw. ergänzen und exemplarisch zeigen, wie Familienarbeit konkret gestaltet werden kann. Der erste Entwurf stellt ein sozial-kulturelles Projekt vor, der zweite eine kulturelle Veranstaltung.

### 7.2.1 Die Atempause

Die Atempause ist ein Mehrgenerationenkreis, der als offener Treff für alle Altersschichten einmal in der Woche zwischen 15.30 Uhr und ca. 18.15 Uhr seine Pforten öffnet. Neben Senioren kommen vor allem Mütter mit ihren Kindern im Alter von drei bis 14 Jahren. Der Kindertreff und die Jungschargruppe wurden, u. a. um Kräfte zu bündeln, in dieses Projekt integriert. Zum gemeinsamen Abschluss, dem Abendessen, stoßen dann auch teilweise die älteren Kinder und von der Arbeit kommenden Väter der Familien dazu.

*Wünsche und Visionen*

Die Atempause soll eine Oase für Kinder, Eltern und Senioren sein. Die unterschiedlichen Generationen sollen zusammengebracht und das Verständnis füreinander gefördert werden. Aus einem Gegeneinander wird ein Miteinander und auch das Interesse und Vertrauen im Dorf wächst gegenüber der Gemeinde. Tragfeste Beziehungen wachsen, die bis in den Alltag hineinwirken.

*Ziele*

2013 werden sich drei außenstehende Familien in unseren Gottesdiensten wiederfinden. Die Eltern dieser Familien werden sich in Hauskreise einladen lassen und somit den Sprung in die Gemeinde schaffen. Bis 2012 werden zehn neue Mütter oder Väter und 12 Kinder zur Atempause dazukommen und in die dortigen Kleingruppen integriert werden, d. h. regelmäßig (2-mal im Monat) dort anzutreffen sein. Bis 2011 werden die unterschiedlichen Generationen nicht nur unter ihresgleichen sein, sondern auch etwas miteinander unternehmen.

Das erste Jahr soll eine Entwicklungsphase sein. Bis September 2010, dem einjährigen Bestehen des Projektes, wird das Konzept laufend weiterentwickelt, überarbeitet, Verschiedenes ausprobiert und dann überdacht und festgelegt.

Da diese Ziele zwar genau, aber dadurch nicht mehr griffig genug sind, werden die Jahresziele so zusammengefasst: *„Entwickeln, Verbinden, Wachsen, Integrieren".*

## Familiensituation am Ort

Der Ort, an dem wir als Gemeinde dieses Projekt durchführen, ist ländlich gelegen und geprägt und hat ca. 1500 Einwohner. Die geschlossenen Hoftore spiegeln die Mentalität wider. Jeder kennt jeden. Hier wohnen viele junge Familien, die zur gutbürgerlichen Mittelschicht gehören. Manche zugezogene Familie ist (noch) nicht in den Ort integriert und sucht Anschluss. Vereinzelt sind auch alleinerziehende Mütter anzutreffen. Ansonsten gibt es im Moment keine großen sozialen Auffälligkeiten, auf die eingegangen werden könnte. Die Gemeinde hat Kontakte zu Familien, deren Kinder im Kindergarten- und Grundschulalter sind, vereinzelt auch zu Eltern, deren Kinder in die Jungschar gehen (könnten). Vor allem die Mütter suchen einen Platz, an dem sie sich austauschen können. Für Kinder sind die Freizeitgestaltungsmöglichkeiten vor Ort überschaubar. Neben Sportverein und Kinderchor gibt es einen kommunalen Jugendtreff, der auch Zeiten für Jüngere einplant. Die Kinder werden aber teilweise auch von ihren Eltern zu verschiedenen Angeboten in andere Ortschaften gefahren. Den Familien ist es wichtig, finanziell abgesichert zu sein, u. a. deshalb gehen auch viele der Mütter zumindest halbtags arbeiten.

## Gemeindepotenzial und Kooperationen

Die Beziehungen zu den o. g. Familien werden größtenteils von sieben Mitarbeitern (sechs Frauen, ein Mann) der Atempause gepflegt. Sechs Mitarbeiter gehören der Kerngemeinde an, eine Mutter aus dem Ort kommt ausschließlich zu diesem Treff und hilft im Bereich der Kinderstunde mit. Die unterschiedlichen Begabungen der Mitarbeiter ergänzen sich und kommen sehr gut zur Entfaltung. Hier zeigt sich ebenfalls, dass dieses Projekt nicht nur zu den örtlichen Familien, sondern auch zu uns als Gemeinde passt. Durch die vielfältigen Aufgaben können weitere Mitarbeiter problemlos integriert werden. Da die Mitarbeiterzahl zurzeit überschaubar ist, musste allerdings manche gute Idee vorerst hintenanstehen.

Die Grundlage der Projektidee war zu überlegen, welche Begabungen und Neigungen die einzelnen Mitarbeiter haben, statt permanent Löcher zu stopfen, d. h. Mitarbeiter zu finden, denen das noch zusätzlich aufgeladen werden kann, unabhängig davon, ob es ihnen liegt oder nicht. Zur Weiterbildung wurde die offene Arbeit des nahe gelegenen Mehrgenerationenhauses besucht.

## Werbung

Die Besucher ließen sich durch Mund-zu-Mund-Propaganda, Handzettel, die in sämtliche Haushalte verteilt wurden, und durch Zeitungsartikel kurz vor

Beginn des Projektes und vor und nach dem einjährigen Geburtstag der Atempause einladen. Zu den Events gibt es spezielle Einladungsaktionen.

*Zusammen*
Zur Atempause wird auch die Gemeinde eingeladen, sodass sich die Familien und Senioren aus dem Ort mit denen der Gemeinde vermischen. Dies tut beiden Seiten sichtlich gut. Als ein Ergebnis lässt sich jetzt schon beobachten, dass sie sich teilweise auch außerhalb unseres Mehrgenerationenkreises treffen.

*Von der Strategie bis zur Projektfindung*
Aufgrund von Predigten[66] und anderweitigen Eindrücken kam in der Gemeindeleitung der Wunsch auf, eine offene Arbeit für alle Generationen entstehen zu lassen. Diese Begegnungsplattform für Familien wurde geprüft und beschlossen. Neben einem Programm (kultureller Faktor) sollte viel Zeit zur Begegnung, zum Kennenlernen und Gespräch bleiben. Vor allem alleinstehenden Senioren und alleinerziehenden Müttern, aber auch generell Familien jeder Couleur könnte dadurch eine Möglichkeit gegeben werden, Beziehungen zu knüpfen und Menschen zu treffen, die sich für sie interessieren, ihnen zuhören und ihre Hilfe bei alltäglichen Problemen anbieten (sozialer Faktor). Somit war der erste Pfeiler der Strategie gesetzt, das *Was*.

Der neu gebildete Mitarbeiterkreis dieser offenen Arbeit legte die drei letzten Eckpunkte der Strategie fest: *Wann* soll es stattfinden? Um die Kontakte aufbauen zu können, sollten die zeitlichen Abstände nicht zu groß sein, ein wöchentlicher Turnus wurde festgelegt. Um sich ganz auf diesen Bereich konzentrieren zu können und um den Mitarbeitern Freiräume zu schaffen, werden in der Gemeinde für einen Zeitraum von mindestens zwei Jahren keine weiteren zusätzlichen Projekte und besonderen Aktionen angesetzt. Dadurch wird auch zum Ausdruck gebracht, dass die Atempause das gemeinsame Projekt der ganzen Gemeinde ist.

*Wo* soll der Mehrgenerationenkreis stattfinden? Das eigene Gemeindehaus wurde dafür ausgewählt, weil die Räumlichkeiten ideal sind. Mit entscheidend waren auch finanzielle Gründe. Es ist somit nicht möglich, dass wir uns für dieses Projekt an einem neutraleren Ort einquartieren.
Blieb noch die Frage nach dem *Wer* zu klären. Die Mitarbeiterschaft setzt sich aus den bisherigen Mitarbeitern der Kinderstunde und der Jungschar zusammen. Sie werden ergänzt durch Mitarbeiter, die ihre Stärken im leiten-

den, organisatorischen, kreativen und gastfreundlichen Bereich haben. Zu dieser Mitarbeitertruppe haben sie teilweise dadurch gefunden, dass sie die im Vorfeld der Atempause-Gründung vermittelte Vision einer generationenübergreifenden Arbeit sehr angesprochen hat.

Auch wenn der Mehrgenerationenkreis offen für alle ist und sich jeder Besucher dort unabhängig von Alter und Herkunft wohlfühlen kann, finden vor allem Mütter einen Platz zum Austausch und ein offenes Ohr für ihre Anliegen. In der Folge wurden verschiedene Ideen ausgetauscht, wie dieser Mehrgenerationenkreis konzeptionell und inhaltlich zu gestalten wäre. Der Vorteil zeigte sich sehr bald: In diesen Rahmen einer Offenen Arbeit ist sehr vieles problemlos integrierbar.

*Gestaltung*

| 15.30 | Freies Spiel / Kaffee und Kuchen / Gespräche | |
|-------|-----------------------------------------------|----|
| 16.00 | **Angebote**<br>- Basteln / Malen<br>- Workshops | **Jungschar**<br>- Gemeinsames Bibellesen<br>- Outdoor-Aktionen<br>- Workshops<br>- Spiele<br>- ... |
| 16.45 | **Gesprächskreis / Kindertreff / Geschichtenecke** | |
| 17.30 | Abendessen | |
| 18.15 | Ab- und Aufräumen | |

Der offizielle Beginn ist um 15.30 Uhr, es kann aber auch später noch dazugestoßen werden. Es ist zudem jedem überlassen, wann er gehen möchte. Die allermeisten sind jedoch von Anfang bis Ende anwesend. Außerdem ist es problemlos möglich, als Eltern seine Kinder vorbeizubringen, um in dieser Zeit etwas zu erledigen.

In der ersten halben Stunde ist es jedem freigestellt, was er tun möchte. Verschiedene Angebote, vom Tischkicker über Spielecken (LEGO®, Playmobil®, Puppen, Verkleidungsutensilien, Autos) bis hin zum gepflegten Gesellschaftsspiel stehen bereit. Parallel dazu bieten sich verschiedene Tischgruppen fürs Zusammensitzen und Kaffeetrinken an.

Ab 16.00 Uhr trennen sich die Jungscharler und haben in einem extra Raum ihr eigenes Programm, das bis zum Abendessen dauert. Obwohl sie auch gern mit den anderen Altersgruppen zusammen sind, ist ihnen ihre exklusive Jungscharzeit sehr wichtig. Hier wird zusammen Bibel gelesen und sich darüber ausgetauscht. Anschließend geht es nach Möglichkeit ins Freie, z. B. auf den Bolzplatz, wo die dort anzutreffenden Kinder zu unserem Fußballmatch oder einer eher exotischeren Sportart, die deshalb Interesse weckt, z. B. Baseball, eingeladen und integriert werden. An anderen Tagen lieben es die Jungscharler, sich mit Walkie-Talkies bewaffnet im Wald zu suchen oder im Hof eine Runde Streethockey zu spielen. Sollte es nicht möglich sein, nach draußen zu gehen, gibt es nicht minder lustige Spiele im Haus.

Während dieser Zeit werden für die anderen Besucher, ob groß oder klein, verschiedene Aktivitäten angeboten, wie z. B. kreative Bastelangebote oder Plätzchen backen, die hinterher zusammen mit den Mitarbeitern an alleinstehende Senioren verteilen werden, die schlecht zu Fuß sind und nicht (mehr) kommen können. Jeder wird in dieser Zeit gebeten, sich einem dieser Angebote anzuschließen.

Ab 16.45 Uhr teilt sich diese Gruppe noch einmal. Für die Kindergartenkinder gibt es eine Vorleseecke, die Grundschulkinder gehen in den Kindertreff. Dort bekommen sie auf kreative Weise biblische Geschichten und Inhalte vermittelt, die von verschiedenen Spielen umrahmt werden. Die Erwachsenen, ob Mütter oder Senioren, treffen sich ebenfalls und tauschen sich über ein Thema aus, das mit dem Leben der Teilnehmer zu tun hat. Hier fließen biblische Inhalte mit ein. Vor allem die Senioren der Gemeinde können dabei ihren reichen Erfahrungsschatz mit den Jüngeren teilen. Alle diese Kleingruppen werden von Mitarbeitern betreut und angeleitet.
Den Abschluss bildet das bereits erwähnte gemeinsame Abendessen.

Dieser reguläre Ablauf wird durch halbjährliche Events wie z. B. Bauen mit 20 000 Holzklötzchen[67] oder die „JoeMax Familienshow", die bei uns gastierte, bereichert.

*Auswertung und Erfahrungswerte*
Nach jeder Atempause treffen sich die Mitarbeiter zum kurzen Austausch und Gebet: Was lief gut? Worauf ist in Zukunft zu achten? Auf diese Weise wurde nicht nur am Programmablauf gefeilt, sondern auch Regeln entwickelt, die den Besuchern der unterschiedlichen Altersschichten helfen, sich wohlzufüh-

len. Um den Lautstärkepegel zu senken, wurden die beiden zur Verfügung stehenden Etagen aufgeteilt. Im Untergeschoss darf nach Herzenslust getobt werden, das Obergeschoss wurde zur „ruhigen Zone" erklärt, wo man bei Kaffee, Kuchen und Knabbereien zusammensitzen und sich unterhalten kann. Dies wird übrigens auch von manchen Kindern sehr gern in Anspruch genommen.

Bei den ca. vierteljährlichen Mitarbeitertreffen geht es nicht nur darum, Programm zu planen, sondern auch auf die vergangenen Wochen zurückzublicken. Die erste tief greifende Auswertung und Überarbeitung wurde nach einem Jahr vorgenommen. So konnten Schwachstellen im Ablauf erkannt und behoben werden. Was gefällt den einzelnen Altersstufen? Warum kamen sie bisher? Was muss verbessert werden? Diese und ähnliche Fragen beschäftigten uns bei dieser Revision.

Folgende Beobachtungen wurden genannt:
- Nach kurzer Zeit kamen bereits viele Stammgäste. Das Projekt wurde zu einem positiven Dorfgespräch.
- Die Zeit zur freien Gestaltung war mit 60 Minuten zu lang angesetzt. Bereits nach 30 Minuten gab es sehr viel Unruhe, weil die jüngeren Kinder nichts mehr mit sich anzufangen wussten. Hier musste um die Hälfte gekürzt werden.
- Die Gefahr an diesem Projekt: Die unterschiedlichen Generationen befinden sich zwar unter einem Dach, bleiben dort aber doch für sich. Es reicht nicht aus, die Plattform dafür anzubieten, dass sich die Generationen begegnen können. Die Begegnung muss auch seitens der Mitarbeiter gefördert werden. So gehört es zu deren Aufgaben, als „Animateure" und „Vermittler" Opa Schmidtlein und den 8-jährigen Kevin-Sebastian an einen Tisch zu bringen, um sie zu einem Brettspiel anzuregen. Nach dieser Starthilfe haben beide ihre Freude an der gemeinsamen Unternehmung.
- Die Mütter möchten am liebsten einfach nur zusammensitzen und reden, das würde ihnen schon reichen. So bleiben sie allerdings unter sich.
- Die Aufsicht bei den Kindern im Haus und auf dem Hof war nicht immer ganz klar geregelt, v. a. wenn die Kinder beim Abendessen früher fertig waren und sich zum Spielen zurückzogen. Inzwischen ist nach dem Abendessen Schluss, wer mit Essen fertig ist und aufsteht, geht.
- Eine gemeinsame Andacht für alle war zu Beginn des Projekts ein großer Wunsch, der sich jedoch nicht verwirklichen ließ. Bei dieser Gruppengröße war es einfach zu unruhig. Die geistlichen Impulse wurden in die Kleingruppen verlagert.

## 7.2.2 Der 80er-Jahre-Abend

Der 80er-Jahre-Abend war ein von den Jungscharlern und Teenkreislern für ihre Eltern gestalteter Bunter Abend. So kamen jede Menge Kindheits- und Jugenderinnerungen sowohl bei Frauen als auch bei Männern hoch. Auch die Kinder waren gelinde gesagt erstaunt, wie das damals so zuging. Wir hatten weder vorher noch hinterher ein so absolut ausgeglichenes Verhältnis von männlichen und weiblichen Besuchern wie an diesem Abend.

### Ziele
Über einen Zeitraum von fünf Jahren werden diverse kulturelle Anlässe mithelfen, den Kontakt zu den Jungschar- und Teenkreiseltern aufzubauen und zu verstärken. Innerhalb dieses Zeitfensters werden sich alle Eltern der Kinder zu einem oder mehreren dieser zwanglosen Abende einladen lassen, damit wir uns gegenseitig kennenlernen können. Jeweils nach diesen Abenden wissen wir nicht nur die Namen der anwesenden Familienmitglieder, sondern auch ein Stück mehr über deren Lebensbezüge.

### Familiensituation am Ort
Bisherige Gemeindeveranstaltungen wie Familiengottesdienste wurden von den örtlichen Familien nahezu nicht besucht. Die Hemmschwelle war zu hoch. Hier musste eine Stufe tiefer angesetzt werden. Die Eltern der Jungscharler und Teenkreisler erlebten ihre Kindheit bzw. Jugendzeit in den 80er Jahren. Da diese Phase wie keine andere Zeit im Leben prägt, ist das Damals eines ihrer Lieblingsgesprächsthemen. Vor allem die klassische Samstagabend-Show-Unterhaltung wurde immer wieder erwähnt. Diese Erinnerung wurde seitens der Mitarbeiterschaft aufgegriffen und in Form einer Serie Bunter Abende umgesetzt.

### Gemeindepotenzial
Diese Veranstaltung wurde von der Jungschar und dem Teenkreis durchgeführt. Wenn die eigenen Kinder beteiligt sind, lassen sich Eltern eher einladen. In der Gemeinde und in den Familien wurde um Dekorationsartikel gebeten, die dann am Vortag dieses Events von den Kindern und Teenagern angeschleppt wurden. Da sich auch die Mitarbeiter noch sehr gut an diese Zeitepoche erinnern konnten, war das nötige Know-how und Gespür für dieses Projekt vorhanden. Viele ergänzende Informationen, z. B. aus dem Bereich Mode, Musik, Film und Fernsehen konnten mithilfe des Internets problemlos gefunden bzw. die Erinnerungen an diese Epoche daran geknüpft werden.

## Strategie

Die Hemmschwelle bei den Familien sollte durch eine Reihe kultureller Veranstaltungen gesenkt werden. Dazu gehörte der jährliche Bunte Abend, der ca. einen Monat nach den Sommerferien angesetzt wurde. Wir starteten mit einer Filmpremiere eines von den Teenies selbst gedrehten Streifens. Weitere Veranstaltungen waren der 80er-Jahre-Abend, ein Titanic-Abend, ein Krimi-Dinner und eine Quiz- und Experimente-Show, bei der die Jungscharler und Teenkreisler ihre Eltern herausforderten. Als Ort wurde aufgrund finanzieller Überlegungen und der fehlenden (technischen und platzbedingten) Möglichkeiten vor Ort das Gemeindehaus gewählt. Da diese Abende einen hohen Anreiz boten, stellte das den Eltern unbekannte Haus kein Problem dar.

## Brainstorming und Projektfindung

Die Ideen zu Thema und Inhalt wurden, wie bei den anderen Bunten Abenden auch, ungefähr ein dreiviertel Jahr im Voraus angedacht. Am Ende wurde dann aus dem Pool an Vorschlägen jeweils das Thema ausgewählt, das die Familien am ehesten ansprechen würde. Da die Jungscharler und Teenkreisler mitwirkten, musste der jeweilige Vorschlag auch ihnen gefallen.

## Werbung

Die Handzettel wurden mit ansprechenden Motiven aus den 80ern gestaltet und an die Eltern der Jungscharler und Teenkreisler verteilt. Bei persönlichen Begegnungen wurde dann noch einmal dazu eingeladen. Da das Thema schnell Interesse weckte, benötigte der Anlass keine aufwendige Werbestrategie.

## Zusammen

Auch bei diesem Anlass wurde die Gemeinde mit eingeladen, um bereits zu diesem Zeitpunkt ein Kennenlernen nicht nur mit den Mitarbeitern, sondern mit der ganzen Gemeinde zu ermöglichen. Die Familien sollten ein Gespür für die Gemeinde bekommen und Vorurteile abbauen können. Die Gemeindeglieder waren auch nicht nur Zuschauer, sondern nahmen am Geschehen teil und prägten die Atmosphäre entscheidend mit.

## Dekoration und Technik

Ein Highlight war die Gestaltung des Raumes. Neben Infowänden mit humorvollen Fakten über die 80er Jahre wurden viele typische Gegenstände dieses Jahrzehnts verwendet, z. B. Schallplatten und weiße Tennissocken, die von der Decke hingen. Poster mit 80er-Jahre-Motiven bzw. Personen und stylische Tapeten zierten die Wände. Das Durchforsten diverser Dachböden förderte erstaunlich viele „Schätze" zutage, die sich für einen solchen Anlass sehr gut eigneten. Für kleines Geld konnte auch auf Flohmärkten oder bei E-Bay einiges an Dekogegenständen besorgt werden. Auf den Tischen lagen LEGO®-Steine und Bastelbögen aus Micky-Maus-Heften dieser Ära, womit man sich jeweils nebenher beschäftigen konnte. Auf der Bühne war eine stilechte Sitzgruppe zu finden, auf der Interviews mit vorher angefragten Personen über ein bestimmtes Thema aus den Bereichen Zeitgeschichte, Pop-Kultur und bleibende Eindrücke geführt wurden. Daneben fand sich ein nicht ganz zeitgemäßer Beamer, mithilfe dessen kleine Videoeinspielungen und die Quizfragen an die Wand geworfen wurden.

Eine kleine Ausstellung mit typischen Reliquien wurde an einer Wand entlang aufgebaut: alte Schulbücher, eine (gewaschene) Schweißbändersammlung, Gesellschaftsspiele, Musik- und Hörspielkassetten, Zauberwürfel, Jugendbücher, Yps-Gimmicks, Coca-Cola-Knibbelbilder, Spielzeuge bis hin zu technischen Geräten (LP-Player, Walkman, als Brotkasten bezeichneter C64 usw.). An einem größeren Fernsehgerät (natürlich ebenfalls aus dieser Epoche) liefen Folgen typischer 80er-Jahre-Serien. So hatten früher kommende Familien verschiedene Anlaufpunkte. Während der zwanzigminütigen Pause wurden diese Erinnerungsstücke dann ebenfalls von den Eltern mit dem verklärten Blick der guten alten Zeit bewundert. Aus dieser Ecke erklungen viele „Ahs", „Ohs" und „Kennst du noch".

## Gestaltung

Für den Abend wurden folgende Personen benötigt:
- Essenslieferanten
- Moderator, der kundig durch den Abend führte und einige Anspielungen und kleine Anekdoten einfließen ließ
- Techniker für Einspielungen von Videos und Powerpoint-Folien, Licht und Ton
- Pausen-DJ
- wortgewandter Kommentator der Tippkick-Fußballspiele
- Quiz-Assistentin in Anlehnung an die vielen Samstagabend-Shows, die ohne nicht auskamen. Sie brachte die für die Fragerunden benötigten Gegenstände und verteilte die Punkte unter den jeweiligen Rategruppen
- Großvater Detlef, er erzählte in seinen kurzen auflockernden Zwischenauftritten skurrile Begebenheiten aus den 80ern
- eine Mini-Big-Band, bestehend aus Keyboarder und Schlagzeuger, die mit kurzen Instrumentalstücken zum nächsten Programmpunkt überleiteten.

## 7.2.2 Der 80er-Jahre-Abend

Der Ablauf wurde, wie in den folgenden Seiten ausgeführt, abwechslungsreich gestaltet. Es gab auch einige Programmpunkte, an denen sich die Familien direkt beteiligen konnten. Zu Beginn wurden vier Teams gebildet (nach Tischgruppen). Jedes Team stellte einen Sprecher. Nur was er sagte, galt als offizielle Antwort. Während des Abends konnten in verschiedenen Spielrunden Punkte gesammelt werden. Gestellte Fragen wurden nicht nur beantwortet, sondern auch mit interessantem Hintergrundwissen unterfüttert. Pro gewonnener Runde gab es einen farbigen Tennissoftball in ein für jede Mannschaft aufgestelltes orangefarbenes Rohr (Baumarkt). Am Ende des Abends wurden die Rohre gelehrt und die Bälle ausgezählt. Die Mitglieder des Siegerteams bekamen typische, in weiße Tennissocken verpackte Süßigkeiten aus den 80ern.

### Ablauf des Abends[68]

- eine zur Einstimmung gezeigte Powerpoint-Präsentation mit prägnanten, witzigen, skurrilen und längst vergessenen Bildern aus den 80ern

Themenbereich Schule und Lifestyle
- Typische Redewendungen und Sprüche, die von den Jungscharlern pantomimisch dargestellt wurden, mussten erraten werden. Beispiele: „Die Kurve kratzen", „Locker vom Hocker", „Null Bock", „Auf die Dauer hilft nur Power", „Ich glaub, mich knutscht ein Elch", „Hier geht die Post ab" [69]
- Quizrunde mit Multiple-Choice-Fragen über die Schulzeit und Popkultur[70]
- Hörspielfiguren den entsprechenden Serien zuordnen[71]
- Sammeln: Gegenstände wie Panini-Sammelalbum, Asterix-Comic usw. wurden gezeigt. Wer eines dieser Gegenstände besaß, musste die Hand heben. Dafür gab es pro Person einen Punkt für die Gruppe. Wer es heute noch in seinem Fundus hat, reckte beide Hände empor (zwei Punkte).
- Jugendkulturen beschreiben lassen: Mods, Popper, Punk, Rocker, Waver, Teddies, Parkas, Ökos. Anschließend gab es eine Kurzzusammenfassung, was diese „Typen" kennzeichnete.
- Ausgestorbenes erraten: Dinge, die es heute nicht mehr gibt oder die nicht mehr die Bedeutung haben wie in den 80ern, werden mit einem Wortteil angedeutet, der Rest davon musste erraten werden: Sommer-(schlussverkauf), Sand-(männchen „West"), Welt-(spartag) usw.

Themenbereich Mode
- Ein Tisch mit verschiedenen Kleidungsstücken und Accessoires wurde aufgestellt. Je ein Abgesandter aus den Gruppen durfte dieses Kunstwerk für

30 Sekunden betrachten. Anschließend wurde der Tisch abgedeckt. Die Teilnehmer mussten alles, was sie gesehen hatten, notieren.
- Modenschau[72]: Die Jungscharler und Teenkreisler kamen im Outfit der 80er Jahre zu diesem Abend und konnten es nun auf der Bühne zeigen. Dieser schrill-schräge Höhepunkt des Abends machte den Eltern erschreckend schonungslos bewusst, was sie damals alles freiwillig und sogar noch stolz am Leib trugen.

Themenbereich Zeitgeschichte
- Wichtige Ereignisse mussten nach Art der Sendung Montagsmaler gezeichnet werden. Dabei durfte der am Overheadprojektor Werkelnde weder sprechen noch Buchstaben aufmalen. Nach der Punktevergabe wurde das ein oder andere Ereignis etwas näher thematisiert.[73]
- Ein paar Beispiele vom „Wort des Jahres" wurden genannt und mussten in die richtige Reihenfolge gebracht werden.[74] Auf das ein oder andere wurde kurz eingegangen.
- Suchspiel: Bestimmte im Raum befindliche 80er-Jahre-Gegenstände mussten gefunden werden.

Pause
- Zeit für Gespräche
- Ausstellung besichtigen
- Bastelbögen und LEGO®-Steine auf den Tischen
- Spielecke (Tipp-Kick-Brett usw.)
- Snacks und Getränke aus den 80ern (u. a. Cherry-Cola, Trinkbrause, Schokokussbrötchen, Wassereis usw.) und zeitlose Kartoffelchips
- im Hintergrund liefen 80er-Jahre-Hits

Themenbereich Sport
- Sportquiz[75] nach dem Spielprinzip von „Dalli-Dalli"[76]
- Kleines Tipp-Kick-Turnier: je ein Vertreter der Gruppen, Spielzeit je 1 Min.
- Die genannten Fußballer nach der Anzahl ihrer Bundesligaspiele ordnen[77]
- 80er-Jahre-Dreikampf: Wassereiswettessen; Jojowettbewerb; größte Kaugummiblase

Themenbereich Technik und Verkehr
- Auf los geht's los: Für jede richtig beantwortete Frage ging es für jeweils einen Kandidaten eine Treppenstufe (Leitersprosse) höher, für jede falsch beantwortete eine zurück.

10-15 Fragen mussten für die Spielzeit von einer Minute eingeplant werden.[78]
Der Kandidat wurde mittels Losverfahren gewählt. Unter die Sitzpolster
wurden Nummernzettel gelegt. Die Assistentin zog aus einer Lostrommel
eine Nummer. Wer unter seinem Sitzpolster einen Zetttel mit der gleichen
Zahl vorfand, spielte diese Sonderrunde.

- Was ist ein Schallplattenspieler? Aus jeder Gruppe wurde je ein Bruder oder
eine Schwester der Jungscharler bzw. Teenies aus dem Raum geschickt und
nacheinander wieder hereingeholt. Ihre Aufgabe: Eine Schallplatte anhand
eines bereitgestellten Schallplattenspielers zum Klingen bringen. Es wurden
10 ct Schallplatten vom Flohmarkt und ein sehr robuster LP-Player benutzt,
der schon ganz anderes schadlos überstanden hat.

- Technik-"1, 2 oder 3"[79]: An einer freien Wand wurden drei Plakate mit den
Zahlen 1, 2 und 3 angebracht. Nun wurden Fragen gestellt, die Teilnehmer
(je einer der älteren Geschwister aus jeder Gruppe) mussten ihre Antwort
dadurch zum Ausdruck bringen, dass sie sich vor einem der jeweiligen Fel-
der postierten. Das richtige Lösungsfeld wurde mit einer Taschenlampe an-
gestrahlt.

### Themenbereich Musik

- A-Z-Spiel[80]: Anhand einer Umschreibung mussten der oder die Interpreten
herausgefunden werden: Die Jungs vom Tierladen (Pet Shop Boys); kompo-
nistenbesingender Greifvogel mit o (Falco); Ich verstehe (a-ha); Playback-
erprobtes Gewürz (Milli Vanilli); Ingolstädter Frisurenfeuerwerk (Bonfire) ...

- Lieder wurden verlangsamt oder beschleunigt abgespielt.[81] Welche Gruppe
den Titel zuerst nannte, bekam den Punkt.

- Hitmix: Pro Runde ein Medley mit drei Liedern, die allerdings gleichzeitig
abgespielt wurden.

- Musikgenre: Lieder wurden auszugsweise vorgespielt, die dem entsprechenden Genre zugeordnet werden mussten.[82]

- Bestimmte Lieder den passenden Tänzen zuordnen (Lambada, Breakdance ...)

- Wie heißen die Interpreten richtig? Nico de Angelo (Nino de Angelo);
B.B. Watch (C.C. Catch); Gil Collins (Phil Collins) usw.

### Themenbereich Film und TV

- 80er-Jahre-Krimis raten[83]
- In Werbespots genannte Namen der Marke zuordnen lassen[84]
- Hast du Töne: Wer verbirgt sich hinter bestimmten von den Teenies imitier-
ten Tönen?[85]
- Werbesprüche raten

- Soundtrack: Melodien von Fernsehsendungen wurden kurz angespielt und mussten erkannt werden. Variante: Angespielte Melodien weitersummen lassen
- Kinderprogramm: Fragen zu bestimmten Kindersendungen[86]
- Verkehrte Titel: Wie hießen die Fernsehsendungen in Wirklichkeit?[87]
- Dingsda[88]: Die Jungscharler durften vorab in Manier dieser bekannten Sendung Begriffe, wie z. B. Schrankenwärter, Ikea, ... umschreiben. Dies wurde auf Video aufgezeichnet und den Eltern zum Raten vorgespielt.

Abendaufgabe
Ein Zauberwürfel, der auf den Tischen bereitlag, sollte zusammengedreht werden. Zusätzlich mussten LEGO®-Kunstwerke gebaut werden, die von einer fachkundigen Jury aus Jungscharlern beurteilt wurden. Die benötigten Steine lagen auf den Tischen aus. Die Gruppen hatten den ganzen Abend Zeit, das nebenher zu erledigen.

Nach der Auswertung und Siegerehrung erwartete die Familien zum Abschluss des Abends das Sandmännchen in Form eines kurzen Sketchs, in dem „Piggeldy und Frederick" nachgespielt wurden.

Geistlicher Impuls
Ein Mitarbeiter erzählte, wie er die 80er Jahre und somit seine Kindheit und Jugendzeit erlebt hat. Teil dieses Erlebnisberichts war auch sein Suchen nach Sinn im Leben und seine damit verbundene Entscheidung für ein Leben mit Jesus.

*Auswertung und Erfahrungswerte*
Bis auf den geistlichen Impuls, der zu umfangreich und zu unharmonisch ins Ganze eingebunden war, kamen die einzelnen Elemente sehr gut an. Die Rückmeldungen der Eltern waren größtenteils positiv. Dies bestärkte die Mitarbeiter, mit ihrem Konzept der Bunten Abende weiterzumachen, v. a. weil sich diese Form der Veranstaltung nach und nach unter den Eltern herumgesprochen hatte. Das Programm war mit seiner Dauer bis 22.30 Uhr zu lang. Obwohl die Familien sehr lange blieben, wurde dadurch die Zeit für Gespräche zu sehr beschnitten. Es störte niemanden, dass versehentlich der ein oder andere Gegenstand und Sachverhalt aus den Endsiebzigern und Anfang der 90er reinrutschte.

# 7.3 Ideenpool

Nun folgen einige Gedankensplitter und Erfahrungswerte zu verschiedenen sozialen Projekten und kulturellen Veranstaltungen, die sich je nach den örtlichen Gegebenheiten gut in eine Familienarbeit integrieren lassen. Beim ein oder anderen Beispiel verschwimmen die Grenzen zwischen Sozialem und Kulturellem. Zur Erinnerung: Im Bereich Soziales geht es darum, wie man (angeschlagenen) Familien konkret helfen kann. Die kulturellen Vorschläge bieten euch Möglichkeiten an, etwas zusammen mit Familien zu unternehmen, um sie besser kennenzulernen.

Aber nicht nur Familien können von den sozialen und kulturellen Projekten profitieren, selbst Senioren haben an den allermeisten nun genannten Vorschlägen viel Freude. Da die genannten Aktionen zumeist nicht nur auf Familien geeicht sind, besteht bei vielen Aktionen die Möglichkeit, auch Jugendliche und Junge Erwachsene, Alleinstehende bzw. Paare ohne Kinder mit zu integrieren. Somit können alle unter einem Dach bzw. an einem Ort zusammenkommen.

## 7.3.1 Soziale Projekte

### Café oder Restaurant

Entweder ein Chill-out-Café für die Eltern oder ein Restaurant, das ein Mittagessen mit günstigen Preisen für Schulkinder anbietet. Evtl. schließt ein Restaurant in eurer Nähe, das ihr übernehmen könnt.

Neben den Mitarbeitern, die für den Café-Betrieb benötigt werden, sollte auch an Gesprächspartner gedacht werden, die für die Gäste da sind.

Vor Beginn eines solchen Projekts gibt es einiges zu beachten. Hilfreiche Informationen findet man unter http://www.a-m-d.de/cafes/ (Themen: Rechtsfragen, Café-Gründung, Mitarbeiten, Gastfreundschaft und Glauben leben).

### Elternvorträge

Referate mit anschließender Fragerunde und Gespräch an den Tischen werden immer wieder gern von den Eltern besucht. Eventuell ist im Anschluss an eine Serie von Vorträgen ein Elterngesprächskreis möglich, um über aktuelle Herausforderungen ins Gespräch zu kommen und konkrete Hilfe zu erfahren.

Ideen zum Einstieg:

- Karikaturen zeigen, die den familiären Alltag zwischen Eltern und Kindern darstellen

- Zitate, z. B. *„Zwei Dinge sollen Kinder von ihren Eltern bekommen: Wurzeln und Flügel"* (Johann Wolfgang von Goethe). Für was stehen die Wurzeln und für was die Flügel? Weitere Zitate zum Thema Erziehung: http://www.gierhardt.de/schulsprueche.html

Themen aus dem Bereich Erziehung:
- Trotzphasen
- Pubertät
- Zu-Bett-bring-Rituale
- Entwicklung fördern
- Umgang mit neuen Medien: „Wenn Kinder surfen", „Wie viel Handy braucht das Kind?" Schwerpunkte sind hier u. a. Die positiven Möglichkeiten des Internets und die technischen (Viren) und persönlichen (Verlust der Anonymität) Gefahren. Das Computerthema könnte mit einem PC-Kurs für Eltern verbunden werden. Nur mit dem, was man selbst beherrscht, kann man andere wirklich beschützen.
Empfehlenswerte Vorträge und Seminare zum Thema Erziehung bieten Referenten u. a. von BSL[89], Pep4Kids bzw. Pep4Teens[90] und LeVi[91] an.

*Winterspielplatz*
Dieses Projekt bietet den Eltern eine Entlastung und den Kindern eine Möglichkeit, in der kalten Jahreszeit woanders spielen zu können als nur zu Hause. Das Gemeindehaus bietet sich als Veranstaltungsort an, denn Spielmaterial ist oft schon vorhanden. Auf diese niederschwellige Weise lernen die Besucher das Gebäude kennen. Die Eltern sind natürlich auch willkommen, ihnen wird ein gemütlicher Sitzbereich mit Kaffee und Kuchen angeboten. Wo Kinder sich wohlfühlen, da kommen oft auch die Eltern gern hin.

Die Aufsicht[92] muss organisiert werden, die Kinder benötigen Anleitung. Spielgeräte sind vorab auf mögliche Gefahren zu testen. Die Mitarbeiter werden im Vorfeld geschult und bereiten sich auf mögliche Verletzungen vor, halten Verbandskasten, Notrufnummern und Handy griffbereit. Bitte denkt auch an MItarbeiter, die mit den Eltern ins Gespräch kommen.

Mögliche Spielgeräte:
- Bällebad (gibt es inzwischen in nahezu jedem Spielwarengeschäft)
- Tischkicker, Air Hockey, Jakkolo, Tischtennis
- Motorikspiele (Kletterpfad[93])
- Tischspiele: Weykick, Tisch-Curling, Tipp-Kick

- Riesenmikado
- Slackline
- Brettspiele[94]
- Turnmatten zum Herumhüpfen[95]
- Basketballkorb
- Softfußball-Ecke
- Kinderschminken
- Softballtennis
- LEGO®- und Playmobil®-Ecke
- Hüpfburg (muss durchgehend beaufsichtigt werden) oder Varianten wie Kletterberge und Rutschen[96]
- Kistenrutsche[97]
- Kissen für Kissenschlacht[98]
- Bobbycar- oder Laufrad- bzw. Tretroller-Parcours mit Pylonen und anderen kleinen Hindernissen
- PC-Ecke mit pädagogisch wertvollen Computerspielen
- Bistro-Ecke mit Tischen (klein und rund) und Stühlen

Da es zu teuer wäre, alle benötigten Materialien wie Spielgeräte und Medien zu kaufen, die eventuell nach einiger Zeit ihren Reiz verlieren, bietet es sich an, sie zumindest teilweise auszuleihen. Mögliche Quellen sind u. a. die Materialstellen der EC-Landesverbände, die kommunale Jugendpflege, diverse Spielmobile[99], Kreisbildstellen, Kinderschutzbund usw. Vor Projektbeginn bietet es sich an, andere Indoor- und Winterspielplätze zu begutachten.

*Kindergeburtstagsservice*
Viele Eltern sind mit einem Kindergeburtstag entweder überfordert, haben einen Horror davor oder wissen schlicht nicht, wie sie ihn gestalten sollen. Mitarbeiter der Gemeinde bieten den Eltern an, die Kindergeburtstage für sie zu organisieren und (mit ihnen zusammen) durchzuführen. Um den Aufwand in Grenzen zu halten, geht dies nur bei einer überschaubaren Anzahl an Familien, da ja niemand benachteiligt werden sollte. Es macht Sinn, den Eltern verschiedene Programme anzubieten und mit ihnen das Geplante vorher abzusprechen. Es sind viele abgewandelte Jungscharstunden möglich, sofern sie themenorientiert aufgebaut sind: Römer, Ägypter, Piraten usw.

*Hilfen für Familien/Alleinerziehende*
Gestressten Familien, vor allem mit alleinerziehendem Elternteil, kann dabei etwas Freiraum verschafft werden:

- Bügelservice
- Babysitter
- Rasen mähen, Gehweg kehren
- Einkäufe oder Fahrdienste übernehmen
- während des Urlaubs Blumen gießen und nach der Post sehen
- während des Krankenhausaufenthalts von Mutter oder Vater Kinder und Haushalt betreuen
- die Kinder der kranken Eltern vom Kindergarten abholen und über Mittag oder auch mal ein Wochenende zu sich in die Familie nehmen
- Tagesmutter werden
- bei Reparaturen im Haushalt oder bei Computerproblemen helfen
- eine Werkzeugausleihe organisieren
- bei Anträgen und anderen Formularen helfen oder bei Behördengängen begleiten
- Autowäsche[100]
- sich bei Renovierungsarbeiten als Helfer anbieten
- Obstbaumernte; Gartenarbeiten

Über welches Fachwissen und Können verfügt ihr als Gemeinde, um Familien konkret helfen zu können?

### Kinderbetreuung

Frühstück[101] oder Mittagstisch für Kinder; Hausaufgabenbetreuung, anschließender Spielenachmittag bzw. Jungscharstunde o. Ä., gemeinsames Abendessen mit den Eltern, die ihre Kinder abholen usw. sind Angebote, die mehrmals wöchentlich oder auch nur einmal pro Woche durchgeführt werden können, je nachdem, was für die Gemeinde stemmbar ist. Dieser Service wird dann sicherlich nicht nur von alleinerziehenden Müttern und Vätern angenommen, sondern auch von Familien, bei denen beide Elternteile arbeiten. Hier lohnt es sich, über eine Kooperation mit kommunalen Gruppen nachzudenken.

### Begrüßungsabend für neu Zugezogene

Familien, die neu zugezogen sind, werden zu einem Begegnungs- und Infoabend eingeladen. Die möglichen Inhalte einer solchen Veranstaltung wären: Wo finde ich was? Eingeladene Vertreter der Ortsverwaltung oder des örtlichen Gewerbeverbandes können darüber informieren. Die eigene Gemeinde stellt ihre Programme, Kreise und Angebote für Familien vor. Die Telefonnummer eines kundigen Mitarbeiters wird weitergegeben, an den man sich bei Fragen aller Art, also nicht nur die Gemeinde betreffend, wenden kann. Ein möglicher Ablauf findet sich in Kapitel 5.5.4.

Der Nebeneffekt: Auf diese Weise schleichen sich bei den Zugezogenen keine Vorurteile über eure Gemeinde ein, weil sie euch bereits persönlich und nicht über den Dorfklatsch kennengelernt haben.

## Einen Tafelladen betreiben

Verzehrfähige Lebensmittel, die Lebensmittelgeschäfte wegwerfen würden, können eingesammelt und an bedürftige Familien abgegeben werden[102]. Evtl. ist eine Kooperation mit einer Secondhand-Kleiderkammer möglich. Auf jeden Fall sollte das örtliche Sozialamt informiert und mit einbezogen werden.

## Der lebendige Adventskalender

Familien und Senioren werden angefragt, ob sie für die Kinder an einem der vierundzwanzig Tage vor Weihnachten Kleinigkeiten bereitlegen würden (Süßigkeiten, Obst, Nüsse, kleine Hefte im Stile der Pixi-Bücher, allerdings mit christlicher Botschaft, usw.), die diese sich bei ihnen z. B. nach der Schule abholen können. Jüngere Kinder sollten begleitet werden, Teenies bekommen einen Ortsplan mit, auf dem die Häuser der beteiligten Familien markiert sind. Wenn es täglich nicht möglich ist, kann es auch auf viermal (die Adventssonntage) reduziert werden. Bezieht bewusst alleinstehende Senioren ein, sie werden sich über die Besuche der Kinder freuen. Da diese oft nicht mehr selbst einkaufen können, solltet ihr ihnen das zu verteilende Material vorab besorgen und vorbeibringen.

## Der etwas andere Weihnachtsbaum

Am Weihnachtsbaum der Gemeinde hängen keine Kugeln, sondern Kärtchen. Auf diesen Kärtchen können bedürftige Familien Wünsche äußern, z. B. dringend benötigte Anschaffungen, Spielzeug für die Kinder, aber auch Hilfsdienste oder finanzielle Unterstützung für einen Familienurlaub. Vorab muss unbedingt geklärt sein: Wie definiert ihr „bedürftig"? Wer ist berechtigt? Um die Anonymität zu wahren und die für manche Familien peinliche Situation, dass ihre Bedürftigkeit öffentlich wird, zu vermeiden, können sich die Familien-Mitarbeiter als Ansprechpartner zwischenschalten und ihre Kontaktdaten auf die Kärtchen setzen. Alternativ dazu können auch die Mitarbeiter diese Kärtchen anhand ihrer Beobachtungen oder Gespräche schreiben, wodurch ihnen deutlich wird, was die jeweiligen Familien benötigen.

Die Gemeindeglieder nehmen sich, wenn sie möchten, ein oder mehrere Kärtchen und erfüllen den Familien den Wunsch. Größere Geschenke können auf mehrere Kärtchen verteilt werden. Die Mitarbeiter fungieren jeweils als Übermittler.

## Rollentausch von Eltern und Kindern

Um das Verständnis von Eltern und Kindern füreinander zu fördern, werden die Rollen, inklusive der damit verbundenen Aufgaben wie z. B. Haushalt und Hausaufgaben, für eine Stunde, besser einen halben Tag, getauscht. Ergänzend dazu könnte den Kindern und Teenies für einen anderen Tag eine weitere Aufgabe in Gestalt eines rohen Eis mitgegeben werden. Dieses Ei müssen sie überall, wo sie sich befinden, bei sich tragen und beschützen, sodass es nicht zerbrechen kann. Dieser Rollentausch wird zentral gestartet. Im Anschluss daran treffen sich alle Beteiligten zu einem Erfahrungsaustausch.

## Wir beten für Sie

Das Gemeindehaus oder die Kirche wird für eine bestimmte Zeit in der Woche geöffnet, um für Familien und andere Interessierte zu beten. Wichtig ist, dies durch Anzeigen und Artikel in der Zeitung und ein großes Schild, das gut sichtbar am Gemeindehaus oder der Kirche angebracht wird, publik zu machen. Die Mitarbeiter sollten sich auch mit Seelsorge auskennen. Dies ist vielleicht eher in einer städtischen Umgebung sinnvoll, da hier die Anonymität höher und die Hemmschwelle dadurch niedriger ist. Wie kann eine angenehme Atmosphäre gefördert werden? Wie müsste der Raum gestaltet werden?

## Familiengottesdienste

Es muss schon ein gewisser Vorkontakt zu den Familien bestehen, sonst lassen sie sich nach meiner Erfahrung kaum einladen. Wenn die Jungscharler am Programm beteiligt werden, lassen sich die Eltern viel eher auf dieses „Abenteuer" ein.

Der Einsatz von Klappmaulpuppen[103], Anspiele mit Szenen aus dem Familienalltag und kleinere Spiele mit den Besuchern lockern das Programm auf. Praxisnahe Themen, die etwas mit der Lebenswelt der Eltern zu tun haben, sollten aufgegriffen werden.

Die Diskrepanz zwischen Familiengottesdienst und „normalem Gottesdienst" darf nicht zu hoch sein, sonst bekommen die Eltern einen Kulturschock, wenn sie den regulären Gottesdienst besuchen.

## 7.3.2 Bunte Abende

### *Filmpremiere*

Mit dem Teenkreis wird ein Film gedreht, um ihn den Eltern in einer abendlichen Filmpremiere vorzuführen. Im Vorfeld sammeln die Mitarbeiter zusammen mit den Teenies Ideen und verfassen das Drehbuch, zumindest die groben Züge.

Zum Filmen braucht man neben den inzwischen recht günstigen Kameras und einer Schnittsoftware vor allem Zeit. Eine Minute Film erfordert erfahrungsgemäß zwischen 30-45 Minuten Drehzeit. Die anfallenden Aufgaben werden unter den Mitarbeitern aufgeteilt: Drehbuchschreiber, Regisseur, Kameramann und Cutter, das macht es für alle Beteiligten leichter. Oft finden sich in den Gemeinden begabte Jugendliche, die miteinbezogen werden können. Diverse Computerzeitschriften bieten immer mal wieder Sonderhefte und Artikel zum Thema „Filmen" und „Schneiden" an.[104] Im Internet finden sich zudem dutzende (meistens hilfreiche) Tipps.[105] Muss eine „Dreherlaubnis" eingeholt werden (Bahnhöfe, ...)? Bei verwendeter Filmmusik muss unbedingt die Rechtslage beachtet werden!

Bitte erinnert die Darsteller daran, dass sie bei jedem Drehtag die gleichen Kleider anhaben, sofern das nächste Mal an einer Szene weitergedreht wird.

### Infos zum Premieren-Abend

Um Pannen vorzubeugen, sollte die Technik inklusive der Film-DVD im Vorfeld getestet werden. Als Einladung wird eine DVD mit einem kurzen, Interesse weckenden Filmausschnitt an die Eltern verteilt. Dem Anlass entsprechend dürfen (kostenlose) Eintrittskarten, die mitgebracht und am Eingang vom Kartenabreißer kontrolliert werden, nicht fehlen.

*Aufbau*: Reihenbestuhlung, DVD-Player und Beamer, Popcorn-Station, Garderobe (Mitarbeiter dafür abstellen)

*Dekoration*: roter Teppich, Filmplakate, neben dem Haupteingang einen überlebensgroßen Papp-Oscar aufstellen (evtl. dessen Gesicht mit einem Bild eines der Beteiligten ersetzen) und mit einem Baustrahler anleuchten. Ein mit einer Kinotafel[106] bemaltes Leintuch über den Eingang hängen, nicht mehr benötigte CDs und DVDs an dünnen Schnüren von der Decke baumeln lassen usw.

### Programm

*Warm up*: Witzige Begrüßung, Interviews mit den Beteiligten: Wer verbirgt sich hinter dem Teenkreis, was ist das? Aber auch über die Entstehung des Films kann berichtet werden. Anschließend wird der *Hauptfilm* gezeigt, gefolgt von einer *Laudatio* (Würdigung des Werkes und Dank an die Beteiligten) und *Oscar-Verleihung* an die filmschaffenden Jungscharler, Teenies und Mitarbeiter. Statt Plastik-Oscar sind auch andere witzige Gegenstände denkbar. *After-Show-Party*: Bistrotische mit Snacks und Orangensaft oder Sekt im Nebenraum, parallel dazu werden im Hauptraum die Outtakes gezeigt, was meist gut ankommt.

### Titanic-Abend

Dies ist ein Bunter Abend, der das Thema und den Film „Titanic" aufgreift. Auch hier lassen sich in der Regel sowohl Frauen (der Romantik wegen) als auch Männer (Spannung und Abenteuer) einladen.

Die Vorbereitung kann von Teenkreislern übernommen werden, sie müssen jedoch von Mitarbeitern angeleitet werden. Als Einladung wird ein Reiseprospekt verteilt, der die Vorzüge einer Schiffsreise mit der RMS Titanic anpreist. Darin enthalten ist das Ticket, das zum Abend mitgebracht werden muss.

Das Programm startet nicht erst mit dem offiziellen Beginn. Um es den Familien zu erleichtern, in die Atmosphäre einzutauchen, wird bereits der Hof des Gemeindehauses in ein Hafengelände umfunktioniert, auf dem es einiges zu sehen und zu erleben gibt, um sich die Wartezeit bis zum Einchecken zu vertreiben, u. a. einen in der Garage stilvoll eingerichteten Pub mit alten verstaubten Flaschen, Fischernetz und Petroleumlampe als Dekogegenstände und Räucherstäbchen. Dort spielen Jack und drei andere an einem Tisch Karten. Hafenarbeiter tragen Taue und Koffer durch die Gegend. Die „White Fish Line"-Flagge flattert im Wind. Möwensound und Hafengeräusche inkl. Meeresrauschen werden über Außenlautsprecher eingeblendet usw. Wenn alle Gäste auf dem Hafengelände sind, wird Rose mit einem Oldtimer (Hochzeitsauto-Verleih) vorgefahren und von schwer schuftenden Gepäckträgern begleitet.

Mögliche Innendekoration und Begleitprogramm:
- Wackliger Steg zum Saal (durch eine Lage Pflastersteine aufgebockte breite und vor allem stabile Holzdiele, die beim Betreten ruhig etwas nachgeben und knirschen darf). An der äußeren Saalwand werden mit in den Farben des Schiffsrumpfs bemalte Leintücher aufgehängt.
- Am Eingang des Schiffs oder bereits auf dem Hafengelände finden sowohl die Ticketkontrolle als auch die MIB-Läusekontrolle[107] statt.

- Der Gemeindesaal bildet das innere des Schiffs. Hier wird abgedunkelt. Lichtgirlanden, Kerzenständer und indirektes Licht verbreiten eine stilvolle Atmosphäre. Hier erwarten die Stewards die Gäste. Dort wird bereits per Beamer ein selbst gedrehtes Video in Dauerschleife eingeblendet, aufgenommen auf einem im Hafen vertäuten Schiff, wobei nur das Wasser und etwas Hafen im Hintergrund zu sehen sind, zusätzlich werden dezente Wassergeräusche von Band oder als MP3 abgespielt.
- 1.-Klasse-Bereich für die Eltern (werden an den Tischen bedient), die Passagiere der 2. Klasse (Gemeinde) dürfen sich sportlich betätigen und sich am Buffet selbst bedienen. Um die Gemeinde und die Familien zum Kennenlernen anzuregen, sollte diese Trennung nach Klassen gut überdacht werden.
- Die Tische werden je nach Klasse edler (weiße Tischdecken, Kerzenständer, diverse Gläser und verschiedene Bestecke, Speisekarte auf marmoriertem Papier) oder einfacher (keine Tischdecke, Pappgeschirr) gedeckt.
- Im Buffetbereich stehen neben Kerzenständern auch bereits die Getränke mit auf alt gemachten Etiketten bereit.
- Im Bühnenbereich ist der Bug des Schiffes zu sehen. Um ihn anzudeuten, werden zwei dicke von den Seiten zur Mitte zulaufende Seile als Schiffsspitze angebracht. Evtl. ist es auch mit Brettern zu bewerkstelligen, was eine höhere Wirkung erzielt. Auch der Steuerstand (ein Fahrradreifen dient als Steuerrad; Telefon mit Kurbel) und das Eisbergfrühwarnsystem (Ausguck mit Klappleiter dargestellt) sind aufgebaut. Der Steuermann steht bereits parat, der Ausguck ist besetzt.
- Als Sternenhimmel werden über der Bühne schwarze Tücher und LED-Lichterketten angebracht.
- Die Fenster werden mit dickerer Pappe verkleidet, in der Mitte jeweils ein Loch als Bullauge herausgeschnitten.
- An den Wänden sind Rettungsringe angebracht (mit rot-weißem Flatterband umwickelte Schwimmreifen).

Hauptprogramm 1. Teil
Der Kapitän betritt die Brücke und begrüßt die Gäste. Auf sein Kommando hin legt das Schiff ab, der Steuermann dreht am Rad. Im Hintergrund wird ein Video abgespielt, das zuvor auf einem Schiff mit Blick auf das Gewässer aufgenommen wurde.

Um sich mit dem Schiff vertraut zu machen, folgt ein kleines Titanic-Quiz. Danach ist ein lustiger Sketch zu sehen: Jack und Rose begegnen sich das erste Mal. Die Bordunterhaltung wird angekündigt, u. a. Bordstummfilmkino

(Ein auf alt gemachtes Video[108] wird gezeigt). Die Tischgruppen müssen nun einen Text dazu verfassen. Das Geschriebene wird im Laufe des Abends als Texteinblendungen in den Film eingearbeitet, um die jeweiligen Fassungen gegen Ende des Abends zu zeigen.

### Pause/Dinner

Der Kapitän läutet mit dem Glöckchen und leitet zum Dinner über, der Bordpastor betet. Die Stewards bringen das Essen auf Tabletts und mit Wunderkerzen versehen herein.[109]
Während der Pause spielt eine Musikkapelle ein kurzes Stück. Sofern nicht vorhanden, wird eine CD mit Ragtime-Liedern abgespielt. Draußen wird währenddessen die Hafendekoration ab und Bierzeltgarnituren (Rettungsbote) aufgebaut.

### Hauptprogramm 2. Teil

Ein Steward führt mit den Gästen Rettungsübungen durch, z. B. Rettungsringezielwerfen, Rettungskleidungwettanziehen (inkl. Schwimmflossen und roten aufblasbaren Schwimmflügeln, Schwimmring mit Tier usw.). Um die Spannung etwas aufzubauen, kündigt er diese Übungen als eigentlich nicht notwendig an, dieses Schiff könne ja nicht sinken.

Anschließend wird die Liebesgeschichte von Jack und Rose schön schmalzig dargestellt („König der Welt"-Szene, „Tanz in der dritten Klasse").
Dann spielen die Tischgruppen eine Runde Eisbergversenken (ähnlich Schiffe versenken) gegeneinander.
Zum Abschluss werden die inzwischen mit Texten versehenen Stummfilme als Ergebnis der Erarbeitung der Gruppen aus Hauptteil 1 vorgeführt.

Während des letzten Films werden unvermittelt und unangekündigt ein lautes Krachen und Kratzgeräusche eingespielt, der Ausguck schmeißt größere Styroporstücke aufs Deck (Bühne) und ruft laut: „Eisberg!" Der Kapitän tritt mit Teetasse auf der Untertasse zum Steuerstand und brüllt: „Ruder hart Backbord!" Der Steuermann dreht am Rad. Der Kapitän schaut über die Steuerbord-Reling und beruhigt anschließend die Passagiere.

### Nachtisch

Eisbergeis (Vanille) wird serviert, nebenbei die Ragtime-CD eingeworfen.

<u>Hauptprogramm Teil 3</u>
Jack und Rose treten auf der Bühne in eine flache Plastikwanne, rufen ein zünftiges *„Oh nein, das Wasser dringt ins Schiff ein! Wir sinken!!!"* Anschließend rennen sie Händchen haltend zwischen den Passagieren umher. Parallel dazu wird die Beleuchtung im Saal zum Flackern gebracht und es wird immer dunkler, bis sie schließlich ausgeht und nur noch die Kerzen brennen.
Während der ganzen Zeit sind knirschende und knarzende Geräusche zu hören.

Der Kapitän tritt mit der Taschenlampe auf die Bühne und organisiert eine Rettungspolonaise, die Jack anführt. Die Notbeleuchtung geht an (Licht etwas aufhellen). Jack führt sie erst etwas durch den Saal und dann nach draußen. Während sie aus dem Saal herauskommen, werden sie mit etwas Wasser besprüht, Unwetter-Geräusche sind zu hören. Während der Rettungsaktion spielt die Kapelle „Näher, mein Gott, zu dir". Der Kapitän hält eisern die Stellung, die Passagiere haben es sich in der Zwischenzeit schon in den Rettungsbooten bequem gemacht und lassen dort den Abend bei kleinen Notration-Snacks und Mineralwasser ausklingen.

<u>Geistlicher Impuls</u>
Als geistlicher Impuls bieten sich verschiedene Aufhänger an:
- Andacht über das Gerücht, dass auf dem Rumpf des Schiffes die Aufschrift „No God, no pope" (Sinngemäß: „Wir brauchen keinen Gott und keinen Papst!") angebracht wurde, und die Frage, ob wir Gott nur dann brauchen, wenn unser Lebensschiff unterzugehen droht.
- Über das Lied, das die Bordkapelle während des Sinkens spielte: „Näher, mein Gott, zu dir!"
- Die Filmszene aufgreifen, in der der Priester den verzweifelten Passagieren, die sich während des Untergangs an ihn wenden, Psalm 23 vorliest.
- Über die Aussage von Bruce Ismay, Eigner der Titanic, beim Stapellauf: „Nicht einmal Gott könnte dieses Schiff versenken!"

Auch wenn es nicht möglich sein sollte, diesen Abend so aufwendig zu gestalten, lohnt es sich, hier zu investieren. Die Eltern sehen die Details und spüren, mit wie viel Liebe dieser Anlass vorbereitet wurde. Das bringt ihnen gegenüber Wertschätzung zum Ausdruck. Ihr werdet großes Staunen auslösen und eure Gemeinde wird einige Zeit positives Stadtteil-/Dorfgespräch sein.

## Krimi-Dinner

Während eines gediegenen Dinner-Abends mit verschiedenen Gängen wird eine Kriminalgeschichte eingeflochten.[110] Auch hier sind die Teenies maßgeblich an den Planungen und der Umsetzung beteiligt. Da auch jüngere Kinder anwesend sind, sollte die Story nicht zu heftig sein!
Das Skript mit dem Ablauf, den benötigten Requisiten und wann welche Figur auftritt und was sie zu tun oder zu sagen hat, wird im Voraus erstellt. Für jede Figur wird der Ausschnitt des Skripts kopiert, in dem sie ihren Auftritt hat.

Da es keine Zuschauer gibt, die abseits sitzen und das ganze Schauspiel betrachten, sondern alle Teil der Geschichte sind, wirkt es sehr authentisch, spannend und begeisternd. Man kennt nur seine eigene Rolle, die der anderen Gäste enthüllt sich erst nach und nach, was den Reiz erhöht. Einige Hauptrollen werden vorab besetzt, damit die Beteiligten ihre Rolle vorher proben können. Die Textlänge ist sehr unterschiedlich, von ein bis zwei Sätzen bis hin zu längeren Passagen, je nachdem, wie viel Freude die einzelnen Gäste an solchen Rollenspielen haben. Manche hatten auch keinen Text, sondern erschienen nur flüchtig im Programm, z. B. die englische Queen, die huldvoll winkend den Raum betritt und sogleich auch wieder von dannen schreitet.

Anmeldungen sind erforderlich, die Rollen werden vor Beginn des Abends unter den Gästen verteilt. Springer halten sich bereit, falls jemand kurzfristig doch nicht kommen kann. Am Eingang werden die passenden Kleider nebst Requisiten und Skripte an die Besucher ausgegeben. Die Kleidungsstücke muss man schnell überziehen können. Es sollten lange Tische bereitstehen, auf denen alphabetisch nach Namen der Figuren geordnete Kleiderstapel mit allen Requisiten bereitliegen. So muss man nichts mehr zusammensuchen, sondern kann jedem Gast sein Päckchen in die Hand drücken.

Bei der humorvollen Variante werden nicht nur die Sprechtexte vom Blatt vorgelesen, sondern auch die Regieanweisungen, z. B. liest ein Darsteller seinen Einsatz vor: „Und Sir John fiel seufzend zu Boden." Er setzt es direkt um und gleitet theatralisch gen Teppich.
Bei diesem Konzept sollten die Familien halbwegs bekannt sein, um die Rollen gut zuteilen zu können. Benötigt wird vor allem ein Schreiber, der es versteht, spannende und witzige Geschichten und Dialoge zu verfassen, und ein Souffleur, der weiterhilft, wenn jemand seinen Einsatz verpasst.

### Yes, we can!

Bei diesem Bunten Abend fordern die Jungscharler und Teenkreisler ihre Eltern heraus. Sie können somit nicht an der Programmvorbereitung beteiligt werden. Das Spielprinzip ist Sendungen wie „Frag doch mal die Maus!" oder „Wissen macht Ah!" nachempfunden. Für die Handzettel und das Showplakat über der Bühne posieren die Kids und Teens in selbstsicherer Siegerhaltung. Die Programmpunkte wecken das Interesse der Väter (Experimente) und der Mütter (Quizfragen).

Neben den nach Eltern und Kindern getrennten Tischgruppen wird eine Spielfläche in der Mitte benötigt. Auf die Bühne kommt eine Sitzgruppe für die jeweiligen Vertreter der beiden Teams mit jeweils einem Buzzer[111] vor sich. Ebenfalls auf der Bühne befindet sich der Tisch, auf dem während des Abends diverse Experimente vorgeführt werden. Im hinteren Teil des Saales befindet sich eine durch Vorhänge verdeckte Spielfläche für die Abendaufgabe. Hier muss jeweils ein Vertreter der Gruppe den Abend über ein Holzregal o. Ä. zusammenbauen. Zwischendurch wird immer mal wieder der Vorhang zur Seite geschoben, um zu sehen, wie weit die Aufgabe gediehen ist.

Die Gruppe der Jungscharler und Teenkreisler bekommt drei Kuscheltiere auf die Couch gelegt, die drei Publikumsjoker darstellen. Diese können sie im Laufe des Abends einsetzen. Bei einer Frage oder Aufgabe, bei der sie nicht weiterwissen, dürfen sie das Publikum (Gemeindeglieder und Verwandte) um Hilfe bitten, indem sie ihnen eines der Kuscheltiere zuwerfen.

Der Moderator leitet nicht nur die verschiedenen Frage- und Aktions-Runden, sondern nimmt sich zwischendurch die Zeit, um mit den Vertretern der beiden Gruppen auf dem Sofa zu plaudern. Diese Vertreter wechseln von Runde zu Runde. Sie führen die Aufgaben durch und beantworten die Fragen.

Als Erstes beraten die beiden Teams, was sie der jeweils anderen Gruppe (in denen ja ihre Eltern bzw. Kinder sitzen) im Falle der Niederlage Gutes tun möchten, z. B. abwaschen, Kuchen backen, Kinobesuch, Lieblingsessen kochen, Einkäufe erledigen, Brötchen holen, eine Woche lang eine bestimmte Aufgabe im Haushalt übernehmen, eine Woche lang von einer Aufgabe im Haushalt entbunden werden.

<u>Mögliche Spielrunden</u>
- Dalli-Dalli: Fünf selbst fotografierte Bilder werden gezeigt. Allerdings ist von ihnen anfangs kaum etwas zu sehen, weil das meiste abgedeckt wird. Nach und nach werden die Bilder immer weiter aufgedeckt. Wer es zu kennen meint, drückt den Buzzer, sodass seine Lampe leuchtet. Je mehr noch abgedeckt ist, desto mehr Punkte gibt es bei richtig erratenem Motiv.

- Drei Personen stellen sich auf die Bühne. Alle haben eine Besonderheit, die sie in ihrer Kindheit erlebt haben, die jeweils durch einen auf dem Tisch liegenden Gegenstand symbolisiert wird. Die Gruppen müssen nun die Gegenstände den passenden Personen zuordnen und in die Hand drücken. Der Moderator darf ruhig etwas Verwirrung stiften, sollte sich eine Gruppe zu sicher sein.

- Experimente (unterteilt in drei Blöcken). Zuerst wird die Frage gestellt und die Gruppen geben ihren Tipp ab. Anschließend wird das Kunststück von einem Mitarbeiter in weißem Kittel, wirren Haaren und Brille auf der Nase vorgeführt und erklärt.[112] Quellen für weitere Experimente finden sich im Internet.[113]

Was passiert, wenn man eine Kuchengabel, einen Kaffeelöffel, eine Münze und ein Glas zusammenbaut?
    a) Man empfängt damit einen Mittelwellensender.
    *b) Gabel und Löffel hängen neben dem Glas.*[114]
    c) Das Geldstück wird ohne Berührung im Glas zum Hüpfen gebracht.

Was passiert, wenn man die beiden großgeschriebenen Wörter „BEIDE" und „WÖRTER" durch einen dicken Glasstab[115] betrachtet?
    a) Beide Wörter stehen auf dem Kopf.
    b) Keines der beiden Wörter steht auf dem Kopf.
    *c) Nur eines der beiden Wörter steht auf dem Kopf.*

Was passiert, wenn man ein paar Mentos-Stücke in eine Flasche Cola light wirft?
    a) Es passiert gar nichts.
    *b) Eine Fontäne tritt aus.*[116]
    c) Die Cola schillert in den Regenbogenfarben.

Ein Luftballon, Waschlappen, ein Stück Kaugummi und eine henkellose Tasse werden bereitgelegt. Aufgabe ist es, die Tasse mindestens 5 cm hochzuheben, ohne sie anzufassen. Lösung: den Luftballon in die Tasse halten und aufblasen. Wenn er eng am Tasseninneren anliegt und nicht mehr weiter aufgeblasen werden kann, wird der Hals zugehalten und angehoben.

Zwei Bücherstapel stehen mit etwas Abstand nebeneinander. Dazu werden zwei Blätter Papier und ein Spielzeugauto bereitgelegt. Wie kann man dem Auto eine Brücke bauen, ohne das Papier zu falten und die Bücher zu verschieben? Lösung: Das eine Blatt dient als Brückenbogen zwischen den Bücherstapeln, das andere wird als Fahrbahn darübergelegt. Nun kann das schwerere Auto problemlos auf diese Brückenkonstruktion gestellt werden, ohne dass sie einstürzt.

Wie bekommt man ein hart gekochtes, geschältes Ei durch den viel zu engen Hals einer Blumenvase, ohne Gewalt anzuwenden? Bereit liegen Zitronensaft, Schmirgelpapier, Magnesiumtablette, Margarine, Pinsel zum Einfetten und ein Päckchen Streichhölzer. Das Ei darf auf die Vase gelegt, dann aber nicht mehr berührt werden! Lösung: Ein paar Streichhölzer gleichzeitig anzünden und in die Vase werfen. Drei Sekunden warten und dann das Ei obenauf legen – und schwuppdiwupp! rutscht es nach innen.[117]

- Ein Quiz mit verblüffenden Inhalten

Was zeigen die Punkte eines Marienkäfers?
  a) Geschlecht
  *b) Artzugehörigkeit*
  c) Alter

Welches der Wörter passt, unabhängig von der Sprache, nicht in die Auflistung?
  a) Otto
  b) Rentner
  *c) Kapitän* (alle anderen Wörter lassen sich vorwärts und rückwärts lesen)
  d) Lagerregal
  e) Saippuakivikauppias (finnisch: Seifenverkäufer)

Hat ein Gefängnis einen Notausgang?
  *a) Ja* (der Notausgang geht in den Innenhof)
  b) Nein

Die Kuh gilt in Indien als heilig. Somit kommt dort auch kein Rindfleisch in die Hamburger. Was wird stattdessen verwendet?
  a) Schweinefleisch
  *b) Ziegenfleisch*
  c) Es gibt nur vegetarische Burger.

- Sprichst du meine Sprache? An die Eltern werden Wörter und Bilder zum Raten gegeben, die aus der Welt der Jugendlichen stammen. Für die Kinder und Teenies welche, die in der damaligen Jugendzeit der Eltern vorkamen.

An die Eltern: Was bezeichnet die Redewendung „voll der Burner!"?
  *a) Etwas total Cooles*
  b) Einen nervigen Lehrer
  c) Einen getunten Sportwagen

Für die Jungscharler und Teens: Es wird ein Testbild eingeblendet. Was ist das?
  a) Veraltete mathematische Figur für das Verhältnis geometrischer Körper zueinander
  b) Farbschablone für Maler
  *c) Fernseh-Testbild*

- Babelfishing: Liedtexte werden durch einen Internetübersetzer[118] gejagt. Die Gruppen müssen anhand einer Übersetzung den Originaltext erraten (z. B. Schürhakengesicht = „Pokerface").

- Activity: Begriffe werden abwechselnd gemalt, umschrieben oder pantomimisch dargestellt. Das Spielbrett und die Zeichnungen können mit einer Videokamera aufgenommen und als Livebild an der Wand abgelichtet werden. Alternative: Auch die Arbeit mit einem Tageslichtschreiber ist möglich.

- Eine Runde WII gegeneinander spielen.

Geistlicher Impuls: Ist es ein gewagtes Experiment, sich auf Jesus einzulassen?

## Adventure

Vielleicht kennt ihr das vom Aussterben betroffene Computerspiel-Genre „Adventure". Dort wird eine Spielfigur durch verschiedene Szenen bewegt, um eine Hauptaufgabe zu lösen. Um dies zu schaffen, müssen viele kleinere Aufgaben erledigt werden. So gilt es, eingebaute Knobelaufgaben zu lösen, Gegenstände zu sammeln und anzuwenden bzw. miteinander zu kombinieren. Zusätzlich kann man mittels vorgegebener Dialogvorschläge Hilfreiches von den Personen erfahren, die einem begegnen. Dieses Prinzip kann auch gut als Stadtspiel ins „Real Life" übertragen werden.

Überlegt euch eine spannende Story und lasst die Familien, die jeweils zusammen unterwegs sind und für ihr Adventure mit einem Laufzettel versorgt werden, verschiedene Aufgaben erledigen und mit im Spielgebiet verteilten Mitarbeitern reden, um das vorgegebene Ziel zu erreichen. Natürlich können auch gemischte Gruppen zusammengestellt werden, um auch Jugendliche bzw. Singles einzuladen.

Sollten es wenige Gruppen sein, so können sie von einem Guide begleitet werden, der sie an die Aufgaben heranführt bzw. darauf achtet, dass sie keine Gegenstände oder potenzielle Gesprächspartner übersehen. Pro Tipp, den er gibt, könnte von einem vorher festgelegten Punktekonto ein Teil abgezogen werden. Um das ganze Geschehen etwas besser zu lenken, kann der Leiter den Gruppenmitgliedern bei der Begegnung mit den in die Handlung eingebauten Personen einen Zettel mit verschiedenen Gesprächsthemen vorgeben, aus denen sie ein bis drei auswählen dürfen. Natürlich müssen die Mitarbeiter vorher genauestens über ihre Rolle informiert werden, welche Informationen sie weitergeben müssen, damit die Gruppe zum nächsten Anhaltspunkt dieser Schnitzeljagd findet. Baut auch bewusst die örtlichen Gegebenheiten ein, versteckt Gegenstände, denkt euch Möglichkeiten aus, wie sie miteinander kombiniert werden können. Welche Rätsel könnten unterwegs gelöst werden?

Der Spielfilm „The Game" mit Michael Douglas hilft, das Spielprinzip kennenzulernen. Aber bitte nicht zu sehr zum Vorbild nehmen, das wäre dann doch ein etwas zu spannungsgeladener Ausflug.

### 7.3.3 Sportliche Projekte

Nicht nur Turnvater Jahn wusste um die Bedeutung sportlicher Aktivitäten. Neben gesundheitlichen Aspekten wird zwanglose Gemeinschaft gelebt, das gemeinsame Siegen und Verlieren schweißt zusammen und fördert zudem das Sozialverhalten. Nebenbei wird die Hemmschwelle gesenkt, manche Familien, v. a. Väter, lassen sich eher zu einem sportlichen Event einladen als zu einem Vortragsabend.

*Stockschießen*

Diese traditionsreiche, aber recht unbekannte Sportart kann von Jung und Alt ausgeübt werden. Selbst Rollstuhlfahrer sind von dieser sportlichen Betätigung begeistert. Stockschießen wirkt wie eine Mischung aus Boccia und Kegeln, wobei hier s. g. Stöcke benutzt werden, die über den Boden gleiten, um möglichst nahe an die Daube (kleineres, meistens rundes Ziel aus Gummi oder Holz) heranzukommen. Alternativ dazu kann auch auf Weite gespielt werden. Hier gewinnt, wer den Stock am weitesten gleiten lässt. Ungeübte Spieler sollten zu Beginn – nach Möglichkeit mit einem Stock, der nur dafür verwendet wird – trainieren, um den Stock tief genug ins Spiel zu bringen, damit er übers Spielfeld gleitet, statt zu hoppeln oder auf der Seite liegend wegzurollen. Näheres zum Ablauf findet sich z. B. unter http://www.eisstock-verband.de/technik.shtml.

Neben diesen offiziellen Spielformen ist noch einiges andere denkbar. Anstatt eine Daube anzuvisieren, könnte, ähnlich dem Curling, eine aufgemalte Zielscheibe zum Objekt der mehr oder weniger vorhandenen Treffsicherheit gemacht werden. Wer seinen Stock der Zielscheibenmitte am nächsten stehen hat, gewinnt. Selbst Ringe können mit eingebaut werden, indem sie von den Spielern über die Stockstiele geworfen werden müssen.

Aus Sicherheitsgründen sollten alle Teilnehmer und Zuschauer neben dem im Moment aktiven Spieler stehen und nicht direkt hinter ihm oder im Spielfeldbereich.

Da die benötigten Sportgeräte ihren Preis haben, wäre es überlegenswert, sie sich selbst zusammenzubauen. Im Prinzip besteht ein Stock aus dem Griffstiel, der in einer runden und unten flachen Scheibe steckt, an der ebenfalls nach unten hin ein gleitfähiger Belag angebracht wird. Um den Aufprall zu dämpfen, können die Scheiben mit federndem Kunststoff- oder dickerem Filzmaterial umkleidet werden. So werden Dellen und sonstige Macken verhindert, die ein zu kräftig gespielter Stock verursachen könnte. Die benötigten Utensilien für die auf Eis zu spielende Sportart sind im Handel erhältlich.

Es gibt jedoch auch Sets für drinnen (Hallen-, Fliesen- und Parkettböden) und für draußen (Asphaltböden)[119]. Der Unterschied liegt im jeweils auf den Untergrund abgestimmten Belag, die s. g. Laufsohle, auf der die Stöcke gleiten. Für den Eigenbau der Indoor-Variante können diverse Filzbeläge auf deren Gleitfähigkeit hin ausprobiert werden.

*Ringhockey*
Möglichweise kennst du diese Hockeyvariante aus dem Sportunterricht: Jeder Spieler hält einen Stock (Gymnastikstab oder stabilen(!) Besenstiel), mit dem ein gut gleitender Tennisring gespielt wird. Dieser darf sowohl außen wie innen geführt und geschossen werden. Sollte der Ring einmal nicht vorhanden sein, kann man sich mit einem Schuh behelfen.
Selbst Ältere können hier teilnehmen. Verschiedene Senioren-Demenz-Gruppen haben gute Erfahrungen damit gemacht. Allerdings sollte es dann kein freies Spiel sein. Die Spieler bilden bei dieser Spielform zwei Mannschaften, die sich in zwei Reihen gegenüberstehen. Nun wird der Ring mithilfe der Stöcke vom ersten bis zum letzten Spieler durchgereicht.
Eine andere Variante: Jeder Teilnehmer bekommt auf dem Feld einen Platz zugewiesen, den er nicht verlassen darf. Das Spielfeld sollte hierbei jedoch erheblich kleiner sein. Eventuell wären auch fest aufgemalte Kreise im Durchmesser von ein bis zwei Metern hilfreich, die jedem Mitspieler die Grenzen aufzeigen. Bei durchweg jüngeren Spielern dürfen diese Kreise auch ruhig größer sein und sich mit der Markierung eines Kontrahenten überschneiden. Oder je zwei Gegenspieler teilen sich einen Kreis.
Es gelten die vorab bekannt zu gebenden Sicherheitsvorkehrungen: Auf die Stockhöhe ist zu achten, sie dürfen nicht weiter als bis zu den Knien angehoben werden. Hinter dem Ring führenden Spieler darf sich aufgrund der Ausholbewegung niemand aufhalten. Die Stöcke sind nur für den Ring vorgesehen und nicht als Methode, sich den gegnerischen Spieler vom Leib zu halten bzw. dessen Bewegungsablauf damit zu hindern. Leider gibt es in Deutschland keine auf diese Sportart abgestimmten Spielsets zu kaufen, die Stöcke und Ringe müssen einzeln besorgt werden.
Als witzige Einlage können die Sieger mit Gummiringen gekrönt werden.

*Disc-Golf*
Eine Frisbee-Scheibe wird von einem Startpunkt aus Richtung Ziel geworfen. Wer es mit den wenigsten Würfen erreicht, hat gewonnen. Das Spielgerät wird immer von der Stelle weiter vorwärts geworfen, wo es nach dem vorhergehenden Wurf liegen geblieben ist. Im Original ist das Ziel ein korbartiges

Gebilde, es kann aber auch eine größere Wanne oder ein markiertes Rasenstück genommen werden. Auch wenn es verschiedene Scheiben mit speziellen Flugeigenschaften gibt, kann jedes greifbare Frisbee dafür benutzt werden. Die Regeln können dem Golf entnommen und an die örtlichen Gegebenheiten angepasst werden.

### Sportnacht
Im abgedunkelten Saal oder in einer Turnhalle wird Softfußball gespielt. Dabei hält jeder Spiele eine Taschenlampe in der Hand, deren Glasfront mit dünnem farbigem Pergamentpapier überklebt ist. Je eine Farbe wird für die Lampen eines Teams benutzt! Damit der Lichtschein nicht zu spärlich ausfällt, sollten helle Farben gewählt und vorher getestet werden. Alternativ eignet sich auch Speedminton ganz gut. Für diese Badmintonvariante gibt es fluoreszierende Federbälle.

### Sportwochenende
Sportwochenenden sind gut, um Kinder und ganze Familie fit zu halten. Neben Impulsen aus der Bibel (fitte Seele) werden Mutter-Kind-Gymnastik für die Kindergartenkinder und Väter-Kind-Sport (Fußball, Handball, exotische Sportarten usw.) für die älteren Kinder und Teenager angeboten.

### Streetsoccer-Turnier
Diese Fußball-Variante kann im Hof oder auf Spielstraßen gespielt werden. Hier treten Vater-Kind-Teams gegeneinander an. Um Schäden an den umliegenden Häusern zu vermeiden, wird mit kleineren Plastikbällen gespielt. Die dazu passenden Tore sind im Spielwarenhandel erhältlich. Um einen größeren Hof auf Spielfeldgröße zu verkleinern, können gekippte Bierzelttische als Banden benutzt werden. Damit sie senkrecht stehen, müssen die Füße mit Pflastersteinen bzw. stabilen Holzbrettern unterlegt werden. Um die Spannung anzuheben, werden die letzten 30 Sekunden eines Matchs mit entsprechender Musik unterlegt.

### Minigolf selbst gebaut
Selbstbau einer Minigolfanlage von Vätern mit ihren Kindern motiviert zu einem abschließenden Turnier. Flache Holzleisten werden aneinandergeschraubt, sodass sich zwei rechteckige Minigolfbahnen (ca. 12 m lang und 1,25 m breit) für den geteerten Hof ergeben. Innerhalb dieser Rahmen werden pro Runde unterschiedliche Hindernisse eingebaut und ausgetauscht (Pflastersteine, Pylonen, Rampen usw.).[120]

## Flying Ei

Dieser studentische Wettbewerb lässt sich ebenfalls als Vater-Kind-Aktion durchführen. Dabei bekommt jedes Vater-Kind-Team ein rohes Ei ausgehändigt, das in eine selbst gebaute Konstruktion gebettet weit fliegen und dabei heil bleiben muss. Die angefertigten Flugmodelle, ob Reifen, Mini-Segelflieger o. Ä. können geworfen, geschleudert oder über eine Rampe oder andere Abschussvorrichtung ins Spielfeld katapultiert werden. Entweder zählt der Ort des Aufpralls oder das Ausrollen wird ebenfalls mitgerechnet. Jedes Team hat drei Versuche, der jeweils beste wird in die Wertung aufgenommen. Erreichen zwei Fluggeräte gleiche Weiten, wird für den direkten Vergleich der zweitbeste Anlauf mitberechnet.

## Sportkreis

Nachdenkenswert wäre ein regelmäßiger Sportkreis, eventuell in Kooperation mit einem örtlichen Sportverein, ob nun mit einer einzigen Sportart oder ständig wechselnden Angeboten. Die beste Möglichkeit kann im Gespräch mit den Interessierten abgeklärt werden. Schon allein aus versicherungstechnischen Gründen sollte dieser Sportkreis von einem ausgebildeten Übungsleiter betreut werden.

**Geistlicher Impuls:** Die 10 Gebote – Regeln fürs Leben. Und da diese Gebote wie die Regeln im Sport nicht immer erfüllt werden, brauchen wir Jesus, der die Schuld vergibt und einen Neuanfang ermöglicht.

## 7.3.4 Sonstige Projekte

### Musikalisches
- Noten lernen bzw. Gitarrenkurse für Kinder und Eltern
- Einfache Instrumente basteln, deren Umgang erlernen, abschließende Aufführung
- Generationenchor: Sangesfreudige Eltern und Kinder üben Musikprojekte ein und geben ihr Repertoire bei einem Konzert zum Besten
- Kurse für Instrumente und Gesang

### Kulinarisches
- Cookies – Kinder kochen für ihre Eltern
- Kochen mit ... (dem Kochkönig der Gemeinde)
- Picknick für Familien organisieren
- Picknickkoffer zusammenstellen, den die Familien ausleihen können
- Grillmeisterschaften
- Candle-Light-Dinner, evtl. mit Ehevortrag (siehe Kap. 2.3)

### Generationengarten
Alt und Jung, also Singles, Familien und auch Senioren, pflegen und bebauen einen Garten. Das Motto: Zusammen pflanzen, ernten und genießen.

### Reise durch die Zeit
Alle Generationen werden eingeladen, von den Jungscharlern bis hin zu den Senioren. An diesem Abend geht es um den Ort, in dem ihr wohnt, und wie das Leben dort zu den verschiedenen Jahrzehnten verlief. Sammelt Bilder aus der Zeit, als die Großmütter und -väter jung waren, bis hin zu aktuellen Motiven. Bastelt ein Quiz, z. B. über die Kindheit zurzeit der Älteren, der Mütter und Väter, der Jugendlichen, Teenies bis hin zu den Jungscharlern, was zu dieser Zeit gespielt wurde, wie die Schule verlief, wie man sich angezogen hat, welche Musik man hörte. Im Vorfeld wird jeweils einer aus diesen Generationen gebeten, etwas zu den einzelnen Themen der Quizblöcke zu erzählen. Wenn ihr Leute findet, die gut erzählen können, dann werden die Jüngeren gespannt zuhören, wie die Großeltern bzw. Eltern z. B. ihre Schulzeit erlebt haben. Am besten sich vorab mit den angefragten Erzählern treffen und zusammen überlegen, was sie erzählen könnten. Ein Moderator mit viel Fingerspitzengefühl wird benötigt, um die eventuell ausufernden Erzählungen auf eine gute Weise zu lenken. Aufgelockert werden die Berichte durch verschiedene Spiele aus dieser Zeitepoche. Mit etwas Recherche in

diversen Bildarchiven ist es eventuell sogar möglich Fotografien eines zentralen Punktes, z. B. des Marktplatzes, aus den unterschiedlichen Epochen aufzutreiben und in Form von Postern an die Wände zu hängen.

## Ausflüge

Ziel: Familien dabei unterstützen, etwas gemeinsam zu erleben. Eine feine Sache sind Mitmach- bzw. Kindermuseen[121]: Dort können die Eltern mit ihren Kindern nicht nur schauen, sondern vieles anfassen und ausprobieren. Das spielerische Verstehen und Lernen der Kinder wird gefördert und begeistert auch die Eltern.

Weitere Möglichkeiten:

- Schlittschuhlaufen
- Segelflugplatz; Flughafen (inklusive Besichtigungstour)
- Geocaching, die moderne Variante der Schnitzeljagd
- Besuch bei der Feuerwehr und anderen öffentlichen Einrichtungen, zu denen man sonst keinen Zutritt bekommt.

## Sommerferienspiele

Angebote für die ganze Familie offerieren, wobei die Altersgruppe bewusst eingegrenzt werden sollte. Es wird schwierig sein, ein Projekt zu finden, das Kinder und Teenager gleichermaßen begeistert. Wenn es möglich ist, kann man sich beim Sommerferienprogramm der Kommune einklinken. Besonders geeignet sind Spieleparcours, Ausflüge (s. o.), Hochseilgärten, Lese-, Hörspiel- oder Videonächte usw.

## Vater-Kind-Projekte

Es gibt viele Möglichkeiten, um die Vater-Kind-Beziehung zu stärken. Vor allem mit Söhnen eignet sich z. B. ein Formel-1-Sonntag (TV-Übertragung eines F1-Rennens zusammen ansehen, davor oder danach Fahrradparcours, Carrera-Bahn, Bobby-Car-Rennen[122], Bürostuhl-Rennen, Dardabahn[123], Parcours für ferngesteuerte Autos usw.). Eventuell bietet es sich auch mal an, mit einem Vater zusammen ein sportliches Ereignis (Fußballspiel, Leichtathletikwettkampf usw.) zu besuchen, bei dem dessen Kind mitwirkt.

Weitere Ideen: Pizza backen, Heimwerken und Holzbastelarbeiten[124], Fotosafari (vorgegebene Motive müssen innerhalb von zwei Stunden mit dem Fotoapparat „geschossen" werden, z. B. Hauswand mit vier Fenstern, Tannenbaum, Kreuzung mit einer Ampel, Bäckerei usw.).

## Auf der Jagd nach Mr. X

Umsetzung des Brettspiels „Scotland Yard" als Stadtspiel: Ein Mitarbeiter ist als Mr. X unterwegs, die anderen müssen ihn finden. Die Väter mit ihren Kindern treffen sich um 13.00 Uhr und werden in zwei bis maximal drei Teams eingeteilt (Väter bleiben mit ihren Kindern jeweils in einer Gruppe) und mit dem Spielablauf vertraut gemacht. Ein Mitarbeiter erzählt, dass Mr. X das Juweliergeschäft „Klunker & Co" ausgeraubt hat. Aber eine Überwachungskamera hat ein Bild von ihm aufgezeichnet (Fahndungsfoto zeigen). Jetzt sind die Detektive dran, Mr. X samt seiner Beute zu fassen.

Mr. X startet ab 13.00 Uhr mit einem Handy, einem Fahrplan und einem Linienplan der Stadt und fährt strategisch günstig mit Bussen und S-/U-Bahnen kreuz und quer durch die Stadt. Sollte der Nahverkehrsplan nicht in Quadrate eingeteilt sein, dann sollte der Spielleiter sie – inklusive der Spielfeldgrenzen – einzeichnen.

Mr. X meldet seinen momentanen Standort alle 15 Minuten bei der Telefonzentrale (z. B. „Quadrat A, an der Bushaltestelle Buhlenweg" oder „Quadrat D, im Bus zwischen Haltestelle Marktstätte und Haltestelle Sigismundstraße").

Die Teams sind ebenfalls mit Handys und markierten Fahr- und Linienplänen ausgestattet. Zu ihrer Ausrüstung gehören eine Uhr, eine Infokarte mit den Handynummern der anderen Teams und der Zentrale. Die bereits am Vormittag von einem Mitarbeiter gekauften Gruppenfahrkarten für den öffentlichen Nahverkehr werden den Teams ebenfalls mitgegeben.

Sie starten gemeinsam von einem zentralen Ort und schauen unterwegs in vorbeifahrende Busse und S-Bahnen und an den Haltestellen, ob sich Mr. X gerade dort aufhält.

Die Gruppe wird dazu angehalten, immer zusammenzubleiben, das heißt auch geschlossen ein- und auszusteigen, damit niemand unterwegs verloren geht. Mr. X und die Detektive dürfen sich nur im Verkehrsmittel oder an den Haltestellen aufhalten und auch nicht zur gegenüberliegenden Haltestelle gehen.

Die Detektivteams rufen regelmäßig ab 13.30 Uhr bei der Telefonzentrale an, um zu erfahren, wo Mr. X sich gerade aufhält, und dürfen sich auch untereinander per Handy absprechen. Um die Telefonzentrale nicht laufend zu blockieren, darf sie nur alle 15 Minuten kontaktiert werden.

Sollte eine Gruppe vor 15.00 Uhr zusammen mit Mr. X an derselben Haltestelle stehen bzw. im selben Verkehrsmittel unterwegs sein, gilt er als geschnappt. Nun werden die anderen Gruppen und die Telefonzentrale über das Spielende informiert. Sollte Mr. X von den Detektiven nicht bis 15.00 Uhr gefasst werden, hat er gewonnen.

## Survival-Ausflug

Ausflüge in Wald, Flur und Stadt sind vor allem für die Kinder ein Erlebnis. Umso mehr, wenn sie von ihrem Vater begleitet werden, der ihnen unterwegs wichtige Dinge beibringt, z. B. wie man sich im Wald oder in einer unbekannten Stadt zurechtfindet. Entweder wird das Wissen vorab an die Väter vermittelt, die dann allein mit ihren Kindern oder einem weiteren Vater-Kind-Duo losziehen, oder sie werden dabei von einem Mitarbeiter begleitet. Das Weitergeben folgender Regeln bietet sich an:
- Bleibe in der ersten Zeit dort, wo du dich verirrt hast. So können die Leute, die dich suchen, auch finden.
- Gehe immer in eine Richtung, z. B. auf die Sonne zu, bis du auf einen Weg stößt, der dich aus dem Wald herausführt.
- Solltest du die Sonne einmal nicht sehen können, suche die umliegenden Bäume an der Erde nach Moosen ab. Sie wachsen an der sonnenabgewandten Seite des Baumes. Du musst nun auf der anderen Seite des Baumes weitergehen, dort wo keine Moose wachsen.
- Halte dich warm. Nicht nur den Oberkörper, sondern auch deinen Kopf (Mütze oder Kapuze).
- Wenn du eine Pause machen möchtest, setze dich nicht auf den kalten Boden. Suche Dinge im Wald, die sich als Isolierung eignen: Baumstämme oder Äste.
- Büsche, ein großer Baum oder dessen Wurzeln schützen dich vor Wind.
- Iss niemals unbekannte Beeren, du könntest davon krank werden. Steck dir vor deinem Ausflug lieber einen Müsliriegel ein. Auch eine Trillerpfeife ist hilfreich. Damit kannst du auf dich aufmerksam machen.
- Wenn du dich in der Stadt verirrt hast, suche Hilfe bei öffentlichen Einrichtungen (Polizei, Rathaus, Postamt usw.). Nenne dort deine Adresse und deine Telefonnummer von zuhause.

Wenn diese Erlebnistour mit einem gemeinsamen Outdooressen abgerundet werden soll, gilt es zu beachten, dass offenes Feuer – und dazu zählt z. B. auch ein Campingkocher – im Wald verboten ist! Offenes Lagerfeuer oder Grillen ist nur an besonders gekennzeichneten Feuerstellen erlaubt.

### Vater-Kind-Freizeit

Viele dieser und ähnlicher Programmbeispiele können zu einer Vater-Kind-Freizeit zusammengebaut werden. Spiele, um Väter und Kinder sensibel füreinander zu machen bzw. an ihrer Kommunikation feilen zu lassen, sind zudem ein wichtiges Element einer solchen Freizeit.[125] Als geistlicher Impuls bietet sich eine Betrachtung der Vater-Kind-Geschichten aus 1. Mose an. Die

Stammvätergeschichten beinhalten viele Vater-Kind-Beziehungen. Wie gehen Vater und Kind dort miteinander um? Was kann man daraus lernen? Wie hat es sich Gott vorgestellt? Z. B. Jakob, der seinen Sohn Josef gegenüber dessen Geschwistern bevorzugte. Was löste dies innerhalb der Familie aus? Wie versöhnen sie sich? Wie können Väter und Kinder sich versöhnen? Verliert ein Vater an Autorität, wenn er sich bei seinem Kind entschuldigt? (Weitere Impulse dazu siehe Kap. 1.1.) Das Gleichnis vom verlorenen Sohn kann ebenfalls aufgegriffen werden, um die Liebe des himmlischen Vaters deutlich zu machen.

### Verwöhn- oder Wellnesswochenende für Mütter
Parallel zur Vater-Kind-Freizeit könnte ein *Verwöhn- oder Wellnesswochenende* für Mütter stattfinden: Der Mensch besteht aus Körper, Geist und Seele. Für alles drei muss gleichermaßen gesorgt werden, wenn man ein ausgeglichenes Leben führen möchte. Was tut diesen drei Bereichen gut?

### LEGO®-Events
LEGO®-Nachmittage sind inzwischen weit verbreitet und werden hier und da in verschiedenen Gemeinden angeboten. Nicht ohne Grund, denn LEGO® gehört immer noch zu den beliebtesten Spielwaren, bestens geeignet für Kids von fünf bis ca. 12 Jahren. Die zahlreichen AFOLs[126] beweisen, dass auch Väter und Mütter für diesen „Werkstoff" begeistert werden können.
Hier ist bereits bei der Werbung viel Kreatives denkbar: Ein LEGO®-Stein kann der Einladung beigelegt bzw. auf den Flyer aus dickerem Papier geklebt werden. Er ist auch mit einem abriebfesten Stift beschreibbar. Der Eintritt des Events wird in LEGO®-Steine und Sets investiert, z. B. als Preise für einen Bauwettbewerb oder kleine Teilnehmergeschenke für alle Beteiligten. Für einen solchen Anlass wird je nach Gruppengröße einiges an LEGO®-Material benötigt. Es ist sinnvoll, die Teilnehmerzahl zu beschränken. Falls die Steine bei Familien aus der Gemeinde oder dem eigenen Umfeld ausgeliehen werden, muss darauf geachtet werden, dass nichts vermischt wird! Verschiedene Bauecken sind einzurichten, wo jeweils nur Material einer Familie bereitgelegt wird.
Ziel: Die Erwachsenen motivieren, zusammen mit ihren Kindern zu bauen und nicht nur als Zuschauer dabeizusitzen. Die Familien werden auch aktiv am Aufräumen beteiligt.

LEGO®-Sets und einzelne Steine finden sich nicht nur im Spielwarenhandel, sondern auch in Läden, die von LEGO® selbst betrieben werden, und im Internet.[127] Bitte die Regeln der Fa. LEGO® beachten![128]

Für einen Nachmittag lohnt sich der Aufwand kaum, vor allem wenn größere Mengen an Steinen herbeigeschafft werden müssen. Es bietet sich an, Freitagnachmittag oder Samstagvormittag zu beginnen und am Sonntag mit einem Familiengottesdienst zu enden, bei dem die Ergebnisse präsentiert werden.

<u>Programm-Ideen</u>[129]
- Freestyle: Kiste hinstellen, irgendetwas zusammenstecken lassen. Eignet sich vor allem gegen Ende des Events.
- Vorgaben oder Ideen einbringen, z. B. ein Haus, ein Flugzeug, eine ganze Stadt, den größtmöglichen Turm bauen lassen
- Nachbauen einer Vorlage
- Steinweitwurf
- Schnellbauwettbewerb: Jeder baut das Gleiche und hat dazu die gleichen Steine und identische Aufbauanleitung vor sich
- Barfuß-Parcours mit unterschiedlichen Bereichen erstellen: 2er, 4er, 8er, Männchen, Platten usw.
- Ein Säckchen mit verschiedenen Steinen befühlen lassen. Hinterher schätzt jeder die Anzahl an Steinen, die im Beutel sind. Oder: Unterschiedliche Steine in eine große Glasvase stecken und die Anzahl schätzen lassen
- Blind bauen: Mit verbundenen Augen soll durch Ertasten ein bestimmtes Motiv zusammengesteckt werden
- Wer kann mit den Steinen am schnellsten seinen Namen oder seine Initialen basteln?
- Bauworkshop, bei dem ein „Experte" die verschiedensten teilweise sehr raffinierten Bautechniken erklärt und mit den Teilnehmern zusammen übt.[130]
- Verpackungen von Sets werden aufgestellt, damit sie jeder Teilnehmer gut betrachten kann. Nach einer Minute werden sie wieder weggeräumt. Nun müssen entweder die Sets bezeichnet oder deren Nummern notiert werden.
- Rätselbögen und Ausmalbilder von LEGO® zum Ausdrucken[131]
- LEGO®-Brettspiele und LEGO®-Online-Spiele[132]
- Quiz[133] mit faszinierenden Fakten aus der LEGO®-Welt
- Bilderrahmen basteln: Eine Grundplatte wird in der Mitte mit Fliesen ausgekleidet und mit einem laminierten Foto beklebt. Mit den unterschiedlichsten Steinen wird außen herum ein Rahmen gebaut. Wenn der Bilderrahmen von allein stehen soll, kann die unterste Reihe der Grundplatte mit dickeren Steinen bestückt werden.[134]
- LEGO® eignet sich auch als Thema für einen Kindergeburtstag (siehe Kap. 7.3.1).

- Soll es größer aufgezogen werden, so gibt es verschiedene Anbieter, die mit etlichen Steinen im Gepäck zu euch kommen und das Programm gestalten, z. B. eine LEGO®-Stadt aufbauen und biblische Geschichten anhand von LEGO®-Figuren und Gegenständen erzählen.[135]

Geistliche Impulse
- Motive und Szenen aus biblischen Geschichten bauen lassen und hinterher in einer Andacht aufgreifen.
- Auch wenn der US-Amerikaner Brendan Powell Smith seine biblischen LEGO®-Szenen aus Gründen der Unterhaltung zusammenbaut, abfotografiert und ins Internet stellt bzw. in Buchform packt, sind seine Modelle eine gute Quelle, sich inspirieren zu lassen.[136]
- Biblische Brickfilme erstellen und zeigen. Dabei werden Kulissen aus Lego aufgebaut und Figuren und die mit ihnen agierenden Gegenstände mittels Stop-Motion-Technik fotografiert. Nach jedem Foto werden z. B. die s. g. Minifigs ein kleines Stück weiterbewegt und erneut abfotografiert usw. Die Bildfolge wird anschließend zum Film zusammengebastelt. Zu dieser modernen Form des Daumenkinos findet man genügend Informationen im Internet.[137]

*Internetrallye*
Verschiedene Fragen und Aufgaben müssen von den Familien anhand des Internets gelöst werden. Wenn Homepagebastler greifbar sind, könnte eine Webseite dazu erstellt werden. Jede über ein Formular der Internetseite richtig beantwortete Frage lässt die nächste Frage erscheinen.
Zu Beginn spielt jede Familie von zuhause aus, das Finale wird zusammen an der Großleinwand erlebt. Hier müssen natürlich auch die technischen Gegebenheiten geschaffen werden, um im Internet zu surfen.

*Weltreise*
Welche Nationalitäten bzw. ethnischen Wurzeln haben die Jungscharler bzw. Teenkreisler? Diese Familien oder deren Eltern werden gebeten, mit den Mitarbeitern zusammen einen Abend über ihr Land bzw. ihre Herkunft zu gestalten. So könnte ein türkischer Abend, irischer Abend, japanischer Abend usw. auf dem Programm stehen, jeweils mit Infos zu Land und Leuten, typische Spiele, kulinarische Köstlichkeiten. Der Nebeneffekt dabei: Diese Anlässe helfen euch Mitarbeitern, dass ihr eure ausländischen Jungscharler bzw. Teenies in ihrem Verhalten besser verstehen könnt.

## Essen auf Rädern

Die Jungscharler treffen sich an einem Samstag gegen 10.30 Uhr und laufen bzw. fahren von Familie zu Familie. Dort bekommen sie jeweils einen Gang eines Menüs serviert und ziehen weiter zu den nächsten Gastgebern.

Das Menü wird vorab zusammengestellt und auf Stationen verteilt. Anschließend werden die Eltern angefragt, welchen Teil des Menüs sie übernehmen möchten. Bitte sehr deutlich machen, dass sie nur diesen Teil anbieten und nicht doch noch Fleisch zu den eigentlich vereinbarten Nudeln legen.

## Elternabende

Erst wenn ein gewisser Kontakt vorhanden ist, besteht das Interesse an einem solchen Abend bzw. Treffen. Wie bereits an anderer Stelle erwähnt, sollte es jedoch nicht Elternabend genannt werden.

Beginnen könnte das Ganze mit einem witzigen Ratespiel: Welche Eltern gehören zu welchem Kind? Väter/Mütter stellen sich und ihren (ehemaligen) Job vor. Ablauf wie bei „Was bin ich?".[138] Die Arbeit der Gruppe wird kurz und knackig vorgestellt, evtl. eine gemeinsame kleine Kostprobe einer Gruppenstunde zusammen erlebt.

Die Mitarbeiter stellen sich und ihre Ziele vor. Eine kleine Diashow mit Bildern vom vergangenen Jahr oder ein Kurzfilm aus und über den Kreis bietet den Eltern einen besseren Einblick als ein vorgelesener Bericht. Anschließend kann auf Fragen der Eltern eingegangen werden. Es besteht auch für die Mitarbeiter die Möglichkeit, die Eltern zu fragen, wie sie eure Gruppe sehen und was sie für Wünsche und Vorstellungen haben.

## Projektwochen

Um den Erstkontakt zu fördern, bieten sich neben den klassischen Gemeindeveranstaltungen, die das ganze Jahr über jede Woche stattfinden, auch Projektwochen an: Über einen gewissen Zeitraum hinweg wird an einem Projekt gearbeitet, z. B. Väter und Söhne basteln eine Seifenkiste[139]. Die Teilnahme ist zeitlich begrenzt, so lange bis die Räder befestigt sind und der Stapellauf von stattengegangen ist. Danach löst sich die Gruppe wieder auf. Das Ende ist absehbar. Dieser Umstand hilft manchem, der euch nicht kennt, sich auf die Gemeinde einzulassen.

## 7.3.5 Sammelsurium

Folgende Ideenschnipsel sollen eine Anregung geben, was noch alles möglich ist:

Ballonfahrt[140], Tiefschneewanderung, Radtour, Fitnesskurs, Dorf putzen,

Ersatz-Oma/-Opa, „Wetten dass", Talentwettbewerb, Sandstrand[141],

Drachen basteln[142], Kegeln, Familienjogging, Theaterabend[143],

lange Nacht der Brettspiele, Chillout-Abend, Jonglieren lernen,

Campingplatz-Events, Familien-Computerklub, Basteln mit ...,

Fondue-Abend, Schneemannbauwettbewerb, Schlitten fahren,

Besichtigung einer Schokoladenfabrik, Boule,

Skateboard und Parcours basteln, Expertenrunde[144], Vorleseoma,

Ersatzgroßeltern, Fahrradreparatur, Skiwanderung, Wildwest[145],

UNO-Marathon, zu Gast bei Freunden[146], Autokino, Speiseeis herstellen,

Selbsthilfegruppe[147], Sprechstunde[148], Pizzabäckerei[149],

Infoabend Schwangerschaft und Geburt[150], Langlaufwanderung,

Sandburgenwettbewerb, RC-Moto-Cross[151],

Sponsorenlauf für ein Waisenhaus, Familien besuchen Senioren,

Jungschar zuhause bei ...[152], Renovierungsratgeber, Muttertagsfeier,

Vatertagsausflug[153], Knobelnacht[154], Treffpunkt Bänkchen[155],

Schuldnerberatung[156]

## 7.3.6 Angebote für Gemeinden

Die Ressourcen einer Gemeinde sind begrenzt. Nicht alles ist umsetzbar. Wenn man zu besonderen Anlässen oder einfach so zwischendurch nach einem Highlight Ausschau hält, bieten sich möglicherweise diese beiden Events für die Familienarbeit an.

### *JoeMax Familienshow*[157]

Die Kinderquiz-Show aus dem Fernsehen kommt in die Gemeinde, Schule oder zu jedem Kindertag. Geeignet ist sie für Mädchen und Jungen im Alter von sieben bis zwölf Jahren (auch als Familien-Show). Das „on TOUR"- Programm dauert zwei Stunden. Man kann mit seiner Kindergruppe, Schulklasse oder Jungschar auch zum ERF nach Wetzlar kommen! Im ERF erlebt man, wie Radio-, Fernsehsendungen und das Internet-Angebot entstehen. Auch hier wird die Kinderquiz-Show angeboten. Im Jahr 2007 ist der ERF mit dieser Show auch im Fernsehen gestartet. Sie ist samstags um 17.30 Uhr bei ERF eins (Wdh. montags um 18.30 Uhr) zu sehen. Alle Informationen zur Fernseh-Show findet man unter www.joemax.tv.

Wie sieht so eine Show aus? Der Name „Mitmach-Show" verrät schon, dass es uns darum geht, die Kinder mitmachen zu lassen. Es ist dem ERF wichtig, jedem Kind durch Spiel und Spannung eine Freude zu machen. Nicht als Einzelkämpfer, sondern gemeinsam. Der ERF hat dafür extra eine Kulisse gebaut und diese technisch ausgestattet. Die Kinder werden in zwei Gruppen aufgeteilt. Es kommen immer zwei bis fünf Kinder nach vorne, um für ihre Gruppe zu spielen. Die Fragen behandeln die Themenbereiche Sport, Tierwelt, Abenteuer, Wissen und Bibel. Die Show dauert ca. zwei Stunden. Bevor nach einer Stunde die Endrunde beginnt, sollte eine kleine Spielpause eingelegt werden. In dieser Pause kann ein kleiner Imbiss gereicht werden. Der Imbiss muss von den Gastgebern besorgt und vorbereitet werden. Am Ende der Show gibt es für alle Kinder noch eine kleine, feine Überraschung vom ERF.

Ziel von JoeMax on TOUR ist es, den Kindern auf spielerische und interessante Weise christliche Glaubensinhalte zu vermitteln. Genau das will auch der ERF mit seinen Kindersendungen über Radio und Internet erreichen.

Kontakt: ERF Deutschland e.V., Herr Reiner Strassheim
Telefon: 06441 957-231, E-Mail: reiner.strassheim@erf.de
www.erf.de

## Andy Latte Fußballcamp[158]

Das Andy-Latte-Live-Programm von Hanno Herzler ist für starke, selbstbewusste Kinder. Kinder wollen ihre Kräfte messen und ihre Stärke spüren. Stoßen sie an Grenzen, ist es gut, wenn sie sie wahrnehmen und dann zu erweitern suchen. Darin erfahren sie sich selbst, sie wachsen und finden ihre Rolle in der Welt. Im Miteinander, aber auch in der manchmal nötigen Abgrenzung gegen andere, gewinnen sie Selbstachtung und ein Gespür für ihren einmaligen Wert. Wer sich seiner selbst sicher ist, kann auch mit anderen fair umgehen. „Andy Latte" hilft Kindern, die eigene Würde zu spüren und zu ihr zu stehen. Jetzt gibt es Andy Latte auch als kurzweiliges Live-Programm von und mit dem Autor und Theologen Hanno Herzler.

Dieses Programm ist hauptsächlich auf Schulkinder bis 6. Klasse ausgelegt. Aber auch für Kindergartengruppen ist es in abgewandelter Form durchführbar. Das Altersspektrum beträgt demnach vier bis 13 Jahre, das Programm wird jeweils altersadäquat angepasst. Für die Familienarbeit ist dieses Projekt ebenfalls geeignet, sodass es auch zur Eltern-Kind-Veranstaltung umgewandelt werden kann.

Folgende Themen werden aufgegriffen:
Linien, Regeln: Grenzen spüren – Grenzen erweitern – Grenzen setzen
Fairness: Keine Abkürzung durch Schummeln
Respekt, Vorsicht, Rücksicht
Grenzen erkennen und akzeptieren
Grenzen setzen - verbal und körperlich
Viele verschiedene Elemente holen die Kinder ab:
Interaktiver Vortrag (Frage und Antwort, Mitmachen)
Lesung (z. B. aus „Andy Latte: Ein dramatisches Finale")
Hörspiel-Szenen hören, selbst sprechen und einüben
Gewinnspiel
Lieder (von der CD „Latten-Kracher!")
Torwand-Schießen
Kopfball-Training
Dribbel-Übung
Auf Schubis Tor schießen (Schubi ist der Torwart von Andy Latte)
Abspiel-Übung jeweils mit kleinem Austausch und Gespräch darüber.

Kontakt: Hanno Herzler
Telefon 02779 1528 / 0177 3331528, E-Mail hanno@herzler-web.de
www.sprecher-hanno-herzler.de

# Fußnoten

1    Vgl. Theologisches Begriffslexikon zum Neuen Testament, Brockhaus-Verlag 1997, Bd. 1 Art. Oikos; Das große Bibellexikon, Brockhaus-Verlag, Bd. 2, Art. Haus

2    Siehe auch Mt 20,21 Die Söhne des Zebedäus

3    Siehe z. B. http://www.jg-villingen.de/feste.php#Pessach

4    Mobbing ist nicht wirklich so neu, wie zuweilen angenommen wird – siehe 2. Kön 2,23 und Hiob 19,18.

5    Nach Mt 4,4

6    Siehe Holmen, Mark / Teixeira, Dave: Den Glauben zu Hause leben, Willow Medien 2009

7    http://www.tempus.de/downloads.html: Dort finden sich auch andere interessante Dateien, die euch in eurer Arbeit unterstützen können, z. B. die „biblischen Prinzipien (nicht nur) für das Geschäftsleben". (http://www.tempus.de/index.php?id=4&cmd=download&dlid=246&cat=2)

8    Mk 1,40-45 „Es jammerte ihn."

9    Mehr dazu in „Offene Türen" von Thomas Kröck, erhältlich beim **BORN**-VERLAG

10    Originaltext aus „Hoffnung für alle", an manchen Stellen durch den Begriff „Familie" bzw. „Familien" ergänzt

11    5. Mose 10,18; 5. Mose 16,14; 5. Mose 24,17.19-21

12    Manfred Siebald, „Gib mir die richtigen Worte"

13    http://www.alleinerziehende.info/alleinerziehend/artikel548.html

14    http://www.alleinerziehend.net/artikel288.html

15    2008 waren es laut Statistischem Bundesamt 191.948 Scheidungen im Vergleich zu 377.055 Eheschließungen (2007 187.072 zu 368.922). http://www.destatis.de/jetspeed/portal/cms/Sites/destatis/Internet/DE/Content/Statistiken/Zeitreihen/LangeReihen/Bevoelkerung/Content75/lrbev06a,templateId=renderPrint.psml

16    http://www.ojc.de; http://www.dijg.de/260.html

17    Für diese Familien wäre eine Mischkalkulation eurer Ausflüge und Freizeiten eine große Hilfe. Hebt die für die einzelnen Teilnehmer zu zahlenden Kosten etwas an, um mit dem Überschuss finanziell benachteiligten Kindern die Teilnahme zu ermöglichen.

18    http://www.radiozentrale.de/site/807.0.html

19    Coupland, Douglas: Generation X. Geschichten für eine immer schneller werdende Kultur, Goldmann-Verlag; http://www.wikipedia.de/generation_x

20    Illies, Florian: Generation Golf. Eine Inspektion, Fischer-Verlag; http://www.wikipedia.de/generation_golf

21    http://www.welt.de/print-welt/article402014/Gib_Gas_ich_will_nochmal_Spass.html; http://www.wikipedia.de/null-bock-generation

22    http://www.zeit.de/2005/14/Titel_2fPraktikant_14; http://www.his.de/pdf/22/generationpraktikum.pdf; http://www.wikipedia.de/generation_praktikum

23    http://www.business-wissen.de/personalmanagement/generation-y-junge-kollegen-sind-anspruchsvoll-flexibel-kollegial; http://www.welt.de/motor/article5027311/Die-Generation-Y-hat-keinen-Bock-mehr-auf-Autos.html; http://www.wikipedia.de/Millennials

24 Er empfiehlt zur Vertiefung Wolle, Stefan: Die heile Welt der Diktatur, Alltag und Herrschaft in der DDR 1971-1989, erschienen bei der Bundeszentrale für politische Bildung; Klein, Olaf Georg: Ihr könnt uns einfach nicht verstehen. Warum Ost- und Westdeutsche aneinander vorbeireden, Pro Business Verlag

25 http://www.spiegel.de/wirtschaft/soziales/0,1518,724044,00.html

26 Clarence Seward Darrow, amerikanischer Jurist (1849-1936), http://www.planet-wissen.de/alltag_gesundheit/lernen/erziehung/index.jsp

27 Im Downloadbereich des Bundesministeriums für Familie, Senioren, Frauen und Jugend findet man allerlei Schriftliches (http://www.bmfsfj.de/bmfsfj/genera tor/BMFSFJ/Service/Publikationen/publikationsliste.html?suchtext=&suchberei ch=familie&suchformat=). Auch die Bundesregierung widmet sich dem Thema in verschiedenen Studien (http://de.wikipedia.org/wiki/Familienbericht_der_ Bundesregierung). Vorwerk bringt jährlich eine Familienstudie heraus (http:// www.vorwerk.com/de/html/publikationen.html). Die in diesen Publikationen vertretenen Ansichten und Schlussfolgerungen können allerdings auch durchaus kritisch gelesen werden.

28 http://ivcg.de/

29 Buchtipp von Reiner Knieling, Männer und Kirche

30 Mark Twain, amerikanischer Schriftsteller (1835-1910); http://www.wirtschafts-zitate.de/thema/lohn.php

31 Seneca, röm. Philosoph (1-65 n. Chr.)

32 U. a. Scherer, Kurt: Du musst nicht bleiben, wie du bist

33 Apg 4,29-31: Die Apostel beten gegen ihre Angst. Gott schenkt ihnen „Freimut", den Mut frei zu sein von ihren Ängsten und frei zu reden.

34 http://www.cundp.de. Eine besondere Stärke dieses „Gabentests" ist neben der hilfreichen Beschreibung der einzelnen natürlichen Fähigkeiten und geistlichen Begabungen die Nennung praktischer Beispiele, wo sie in der Gemeinde einge-setzt werden können. Schwarz widmet sich zum einen den Chancen, aber auch den Gefahren gabenorientierter Mitarbeit.

35 http://www.willowcreek.de

36 GPI: Grundrichtungen der Persönlichkeit auf Basis der Individualpsychologie von Alfred Adler; http://www.coachingplus.ch/testverfahren_gpi.htm

37 DISG: Dominant, Initiativ, Stetig, Gewissenhaft; http://www.wikipedia.de/Friedbert_Gay; http://www.persolog.de

38 http://www.weykick.de/seiten/fussball.html

39 http://www.pedalo.de/shop/sport_und_freizeitspiele/spielfestangebote/ tischcurling.html

40 http:// www.mamilade.de. Dies ist auch eine gute Adresse für private oder gemeindliche Familienausflüge und -aktivitäten.

41 http://www.ecja.de/Human-Soccer.html

42 http://www.bundesverlag.de/index.php?id=2242, Pressemeldung vom 15.5.2009

43 Nach Hoffsümmer, Willi: Kurzgeschichten, Bd. 1, Mainz 1998, Nr. 94.

44 http://www.wikipedia.de/Henne-Ei-Problem

45 Hofmann, Irmela: Ermutigung zur Nachfolge, Gießen, nur antiquarisch erhältlich

46 http://www.bsl-muecke.de

47 http://www.acl-deutschland.de/

48 Diese Broschüre ist beim Deutschen EC-Verband (www.ec-jugend.de) erhältlich.

49 http://www.kirche-im-bistum-aachen.de/kiba/dcms/traeger/100/werkzeug-koffer/alles-auf-einen-blick.html;

http://www.wiso-meinbuero.de/unternehmerwiki/index.php/Für_einen_
professionellen_Eindruck. Gute und kostenlose Bilder finden sich u. a. bei
http://www.pixelio.de.

50 Eltern um die 30 Jahre sind mit Hörspielen aufgewachsen und hören sie teilweise
noch heute gern.

51 Paul Deitenbeck, Pfarrer und Schriftsteller (1912-2000);
https://www.lwl.org/pipermail/westfaelische-geschichte/2003-October/
000197.html

52 Benjamin Britten, brit. Komponist (1913-1976);
http://www.zitate.de/kategorie/Lernen/

53 Rudolf von Bennigsen-Foerder, Manager (1926-1989);
http://www.zitate.de/db/ergebnisse.php?sz=4&stichwort=&kategorie=
Fortschritt&autor

54 Johann Wolfgang von Goethe, Dichter (1749-1832); ebd.

55 Siehe Kaufmann, W. und H.: Unsicherheiten als Chance

56 http://de.wikipedia.org/wiki/Strategie

57 Nach Henry Cloud, Teilnehmerunterlagen zur Willow Creek Kleingruppen-Konfe-
renz 2010 in Düsseldorf

58 Eine ausführliche Beschreibung inklusive einer etwas genaueren Methode
der Entscheidungsmatrix (einzelne Kriterien gewichten) findet sich bei
http://www.4managers.de/management/themen/entscheidungsmatrix/
Sie kann auch für andere Überlegungen eingesetzt werden, z. B. zum Finden des
richtigen Veranstaltungsortes.

59 Ihr müsst jetzt noch nicht alles bis ins Detail planen! Wichtig ist, dass nichts
übersehen wird. Brauchbare Checklisten findest du u. a. hier:
http://www.adobe.com/de/acrobatroadshow/pdfs/Adobe_Veranstaltungs_
Checkliste.pdf; oder via Internetsuchmaschine: „Checkliste+Veranstaltungen".

60 Hudson Taylor, englischer Missionar (1832-1905), gefunden in Internet unter
http://www.omf.org/omf/deutschland/die_uemg/uemg_heute

61 Wer ist „man"? Wer verbirgt sich dahinter? Sofern du nicht der offizielle Presse-
sprecher der Mitarbeiterschaft bist, solltest du deine Meinung auch als deine
Meinung rüberbringen.

62 http://www.umsetzungsberatung.de/projekt-management/evaluation.php
Auch wenn ich nicht alle dort geäußerten Ansichten unterschreiben würde, fin-
det sich dort vieles, was euch eine Tür in die nicht immer von allen heiß geliebte
Auswertung öffnet.

63 Das kann aber auch bedeuten, ihm den Schuh wieder auszuziehen, den er sich
fälschlicherweise übergestreift hat. Vielleicht hat er etwas auf sich genommen,
was in Wirklichkeit nicht sein Verschulden war.

64 Johann Peter Hebel, deutscher Dichter (1760-1826); http://de.wiktionary.org/
wiki/Allen_recht_getan,_ist_eine_Kunst,_die_niemand_kann

65 Otto Heuschele, deutscher Schriftsteller (1900-1996);
http://www.stmichael-online.de/nach_denken2.htm

66 U. a. über Jeremia 29,7 „Suchet der Stadt Bestes"; Jesaja 61,1-3; usw.

67 Erhältlich beim Jugendverband ECJA, materialboerse@ecja.de

68 Bei der Endfassung wurde aus Zeitgründen die ein oder andere hier genannte
Frage- bzw. Aufgabenrunde herausgestrichen! Dies wäre bei Weitem zu viel für
einen Abend. Diese Auflistung stellt eine Art Katalog dar, was an einem solchen
80er-Jahre-Abend möglich ist.

69   Siehe z. B. http://www.meinesammelseite.de/html/kleber.html

70   Nenne zwei der Schulfüller, die damals am weitesten verbreitet waren (*Geha,
     Lamy, Pelikan*); Wie hieß das Kindermagazin aus der Apotheke? (Werner und Zini,
     *Medi und Zini*, Maxi und Mini); Welche Kaugummis waren mit Comics und Scherz-
     fragen umwickelt? (Hubba Bubba, Maoam, *Bazooka Joe*), ...

71   Peter Shaw (Drei Fragezeichen), Hanni (Hanni und Nanni), usw.

72   http://www.80er-mode.de/;
     http://www.hairweb.de/historie-styles-80er-jahre.htm;
     http://www.80er.net/mode; http://www.mode-80er.de ...

73   Mischung aus Einfachem und Schwierigem: Reaktorkatastrophe von Tschernobyl,
     Challenger-Unglück (US-Raumfähre), Matthias Rust (Kreml-Flieger), Helmut Kohl
     (Ex-Bundeskanzler), UdSSR-Flagge, Mauerfall, äthiopische Hungerkatastrophe usw.

74   http://www.gfds.de/index.php?id=11; Beispiele: Reisefreiheit (1989), Gesund-
     heitsreform (1988), Glykol (1985), Ellenbogengesellschaft (1982), ...

75   Z. B. Fußball: Wer schoss die berühmten Bananenflanken? (Manfred Kaltz);
     Wintersport: Welche Sportart betrieb „Eddie the Eagle" hartnäckig, aber erfolg-
     los? (Skispringen); Tennis: Bum Bum ... (Boris Becker); Wintersport: Welcher Ski-
     rennfahrer erhielt den Spitznamen „La Bomba"? (Alberto Tomba); Welcher Stab-
     hochspringer überflog als Erster die 6-m-Marke? (Sergej Bubka); Leichtathletik:
     Welcher deutsche Zehnkämpfer unterlag meistens seinem Dauerrivalen Daley
     Thompson? (Jürgen Hingsen)

76   10 Punkte Startguthaben, die betreffende Sportart wurde vor jeder Frage ge-
     nannt. Nun konnten die Gruppen zwischen 1 und 3 Punkten setzen. Wurde die
     Frage richtig beantwortet, gab es die gesetzte Punktzahl dazu, im anderen Fall
     wurde sie vom Punktekonto abgezogen.

77   Charly Körbel (1.602), Mirko Votava (2.546), Eike Immel (3.534), ... www.kicker.de

78   Mofas und Kraftis wurden nicht getunt, sondern ...? (frisiert); Konkurrenzprodukt
     zu VHS? (Video 2000); Ein Ortsgespräch kostete 21, 23 oder 33 Pfennig? (23);
     Wie viel kostete das Benzin ungefähr in den 80ern (+/- 10 Pfg)? (90); Für was
     steht das Kürzel BMX? (Bicycle Moto Cross)

79   http://de.wikipedia.org/wiki/1,_2_oder_3. Fragebeispiele: Was stellt folgendes
     Bild dar? (*1: Fernsehtestbild*; 2: Testbild für Computermonitore; 3: Erstes Sen-
     derlogo des ZDF); Anfang der 80er gab es wie viele Fernsehsender? (1: Zwei; 2:
     Drei; *3: Zehn*); Wann wurde der erste PC verkauft? (*1: 1981*; 2: 1985; 3: 1989);
     Wie viele Rillen hat eine LP? (1: Eine; *2: Zwei*; 3: So viele wie Lieder auf einer LP sind)

80   Spielprinzip siehe http://www.onlinewahn.de/w-spiel.htm und
     http://de.wikipedia.org/wiki/Auf_Los_geht's_los#A.E2.80.93Z-Spiel

81   Windows Media Player (Aktuelle Wiedergabe / Erweiterungen / Wiedergabege-
     schwindigkeit) oder Audacity (http://audacity.sourceforge.net/?lang=de)

82   Yazz (House), Nena (Neue Deutsche Welle), Heinz Rudolf Kunze (Krautrock). Vor
     jedem Lied wurden drei mögliche Stilrichtungen genannt.

83   Wer konnte mit einer Büroklammer ein Atomkraftwerk lahmlegen? (MacGyver);
     Wie hieß das Ermittlerduo aus der Kultserie „Miami Vice"? (Corega + Tabs;
     *Crockett + Tubbs*; Clever + Smart)

84   Frau Sommer (Jacobs); Herr Kaiser (Hamburg-Mannheimer); Ulrike Jokiel (Jogu-
     rette); Tante Tilly (Palmolive); Frau Antje (brachte Käse aus Holland).

85   Schnattern (Flipper); Mimimimimi (Beaker, Muppet-Show); Lachen (Ernie,
     Sesamstrasse) ...

86   Kinderferienprogramm (ZDF): Wie nennt sich die Kunst des Papierfaltens?
     (Origami) ...

87  Rate mal mit Rosenkohl (Rosenthal), Einer wird wimmern (Einer wird gewinnen), Der blaue Rock (Bock), ...

88  http://de.wikipedia.org/wiki/Dingsda

89  http://www.bsl-muecke.de

90  http://www.pep4kids.de; http://www.pep4teens.de

91  www.beratungspraxis-levi.de

92  www.aufsichtspflicht.de

93  https://www.ixquick.com/do/metasearch.pl?language=deutsch&query=kletterpfad

94  U. a. die beiden Hersteller Haba und Selecta stehen für kreative und durchdachte Spiele, die Spaß machen.

95  http://www.industrystock.de/html/Turnmatten/product-result-de-69090-0.html

96  https://www.ixquick.com/do/metasearch.pl?language=deutsch&query=Hüpfburgen

97  Schräg montiertes Brett mit Seitenleisten, um Abstürzen vorzubeugen; Kisten oder Kissen bzw. Teppiche zum Runterrutschen

98  Weich und ohne Knöpfe und andere harte Stellen (Verletzungsgefahr!)

99  http://www.spielmobile.de/spip.php?rubrique6; http://www.google.de/search?q=Spielmobil

100 Bitte beachten, dass es an manchen Orten nicht gestattet wird (http://forum.jurathek.de/showthread.php?t=56057). Manche Eltern sind durchaus heikel, wenn es darum geht, wer an ihr „heiligs Blechle" ran darf.

101 http://kinder.feg.de/index.php?id=189

102 http://www.tafel.de/10-fragen-an-die-tafeln.html

103 http://www.living-puppets.de/

104 http://www.chip.de/artikel/Tipps-Videos-optimal-aufnehmen_12824118.html

105 http://www.filmklub-moenchengladbach.de/basis-tipps-fuer-gutes-filmen.html; http://www.ju-max.de/458.html

106 http://www.parabol.de/parabol/bilder/JuFiFe17-Kino-Tafel.jpg

107 MIB (= Men investigate bugs) in schwarzen Anzügen und Sonnenbrillen. Sie wählen vereinzelte Besucher aus, nämlich diejenigen, von denen klar ist, dass sie hier gern mitspielen, und schicken sie zum Läusearzt (weißer Kittel, Stethoskop, Gummihaushaltshandschuhe, Brille in Flaschenbodenstärke), der ihre Haare untersucht und mit Wasser desinfiziert (Pflanzensprüher).

108 Schwarz/weiß, Schlieren, Aussetzer, etwas schnellere Abspielgeschwindigkeit. Von den Jungscharlern/Teens im Vorfeld aufgenommen. Dauer max. 30 Sekunden!

109 Was gab es auf der Titanic zu essen?
    http://www.chefkoch.de/suche.php?suche=Titanic&wo=0

110 http://de.wikipedia.org/wiki/Krimidinner

111 Habt ihr einen Elektriker in eurer Gemeinde oder Umfeld? Er kann euch das zusammenbasteln.

112 Wissenschaftliche Erklärungen findet man via Internetsuche. Einfach die Stichworte der Experimente eingeben. Die Experimente unbedingt im Vorfeld ausprobieren!

113 http://www.spielkeks.de/index.php/Opas_Tricks.htm;
    http://www.wdrmaus.de/enteseite/fragdochmal/index2.php5;
    http://www.lustige-streiche.de/wetten.php;
    http://www.youtube.com/results?search_query=experiment

114 Die Zinken der Gabel und die Schaufel des Löffels ineinanderstecken und in einen Spalt in der Mitte dieser Konstruktion die Münze klemmen, die andere Seite der Münze auf den Rand des Glases setzen, somit scheinen Gabel und Löffel neben dem Glas zu schweben. Ähnliches siehe http://www.youtube.com/watch?v=TF5fnsR2ZHk und http://www.youtube.com/watch?v=czsoNaf4MeY

115 Erhältlich in der Apotheke (Laborbedarf)
116 http://www.youtube.com/watch?v=hKoBOMHVBvM; http://www.youtube.com/
watch?v=YHccVFCjHJA – Bitte vorab im Freien auf einer Wiese durchführen und
das Video davon an diesem Abend zeigen! Es besteht Lebensgefahr, wenn man
das Experiment im eigenen Körper durchführt, also Mentos isst und Cola light trinkt.
117 Löschmaterial bereithalten!
118 http://de.babelfish.yahoo.com
119 http://www.holz-hoerz.de
120 Günstige Minigolfschläger mit Zielhütchen gibt es im Spielwarenhandel.
121 http://www.mamilade.de/index.php?pattern=Kindermuseum
122 http://de.wikipedia.org/wiki/Bobby-Car;
professioneller Umbau siehe http://www.bobbycarclub.de
123 http://de.wikipedia.org/wiki/Darda-Bahn
124 http://www.neuesvon.de/basteln-mit-holz;
http://www.heimwerker.de/heimwerker/service-lexika/bauplan-archiv.html ...
125 http://www.praxis-jugendarbeit.de/spielesammlung/spiele-kommunikation.html;
http://www.spielekiste.de/archiv/diverses/komm/
126 Adult Fan of LEGO® (Erwachsener LEGO®-Fan), siehe http://www.1000steine.de
127 http://shop.ebay.de/LEGO; http://shop.lego.com; www.bricklink.com
128 http://aboutus.LEGO.com/de-de/corporate/legalnotice.aspx
129 Siehe auch http://club.LEGO.com/de-de/BuildIt/FamilyDetails.aspx?id=52152;
http://parents.LEGO.com/de-de/Default.aspx;
http://parents.LEGO.com/de-de/FamilyTogether/default.aspx;
http://kinder.feg.de/index.php?id=145
130 Anfragen dazu könnten im Forum von http://www.1000steine.de auf Gehör
stoßen.
131 Gibt es bei www.lego.de zum Herunterladen, z.Zt. wird man hier fündig:
http://city.lego.com/de-DE/default.aspx
132 http://city.lego.com/de-DE/default.aspx oder http://www.lego.com/de-de/
games/default.aspx. Bitte die Spiele unbedingt vorher auf ihre Tauglichkeit testen und durchspielen!
133 http://www.recordholders.org/de/list/LEGO.html; http://de.wikipedia.org/
wiki/LEGO; http://aboutus.LEGO.com/de-DE/group/default.aspx
134 U. a. folgende Elemente werden dazu benötigt:
http://www.peeron.com/inv/catpic/save/767355678;
http://www.peeron.com/inv/parts/3068b;
http://www.peeron.com/inv/sets/3493-1?showpic=8254;
http://www.peeron.com/inv/parts/3001
135 http://www.ec-bayern.de; http://www.jugendforumwiedenest.de/LEGO.html;
http://www.bibellesebund.ch/Bibellesebund/Dienstleistungen/LEGO-Stadt/
LEGO-stadt.php;
http://www.adventure-center.de/Gemeinde-intern-LEGOtage.html;
http://kinder.feg.de/index.php?id=145
136 http://www.jesus.ch/neuigkeiten/freizeit_und_sport/114102-LEGOjesus_
wunder_aus_plastik.html;
http://www.crosschannel.de/christliche-themen/internet-computer/
1816-bibelgeschichten-aus-LEGO.htm#;
http://www.thebricktestament.com/;
http://www.thereverend.com/
137 http://www.bricktrick.de u. a.

138    http://de.wikipedia.org/wiki/Was_bin_ich? Eventuell mit verbundenen Augen raten, damit der Vater / die Mutter nicht gesehen wird, dessen/deren Beruf erraten werden soll

139    http://www.seifenkisten.info (Stichwort „Caretti"); http://de.wikipedia.org/wiki/Seifenkiste; http://www.maisause.de/bauanleitung.pdf

140    Oder bei Ballonwettbewerben zuschauen. http://www.ballon.eu/weblinks.html

141    Eine große Plane wird im Hof der Gemeinde ausgebreitet, darauf wird Sand gestreut. Neben einer Getränkebar werden auch Liegestühle und Sonnenschirme aufgestellt.

142    http://www.drachenfliegerinnung.de/bauplaene.htm; http://www.roloplan.de; http://drachen.wtal.de/kitepage/index3.php?showpage=praxis/regeln.dat& showmenu=praxis

143    Alle Familienmitglieder dürfen teilnehmen, Stücke einstudieren, üben und aufführen. Oder gemeinsamer Besuch eines Theaterstücks.

144    Verschiedene Fachleute aus dem Sektor Familie, ob nun Organisationsvertreter, Politiker, Sachbearbeiter von Ämtern werden zu einem relevanten Thema eingeladen.

145    Country-Abend mit Lagerfeuer, Bohnensuppe und Lassowerfen

146    Die außenstehenden Familien werden Gemeindefamilien zugelost, die sie zu sich einladen.

147    Z. B. für Eltern, deren Kinder an einer schweren Krankheit leiden. Eignet sich eher für ein städtisches Umfeld.

148    Ein (Kinder-)Arzt wird eingeladen, um z. B. über Kinderkrankheiten, Impfungen oder gesunde Ernährung zu informieren.

149    Jede Familie belegt ihr eigenes Blech. Wer zaubert die kreativste Pizza?

150    Geleitet von einer Hebamme.

151    Ferngesteuerte Rennwagen müssen einen abgesteckten Kurs über Hügel, Stock und Stein zurücklegen.

152    Die Jungschar findet reihum bei den außenstehenden Familien statt, die das möchten.

153    Als Gegenpol zu den „Alkoholwanderungen", zusammen mit den Söhnen.

154    Verschiedene Rätsel und Knobeleien werden zusammengestellt, Wer löst die meisten?

155    Ein oder zwei Bänkchen werden als Treffpunkt vor das Gemeindehaus nahe der Straße gestellt, evtl. unter Bäumen. Möglicherweise wird daraus ein Treffpunkt für die Nachbarschaft.

156    Mit einem Experten, dieses Angebot dürfte nur im städtischen Umfeld angenommen werden.

157    Auszug mit freundlicher Genehmigung aus http://www.erf.de/4646-JoeMax_on_ TOUR.html

158    Auszug mit freundlicher Genehmigung von Hanno Herzler

*Stand der Internetadressen: Dezember 2010.*

# Mehr Medien für Gemeinden